律师来了

LAWYER
IS
COMING

④

labour disputes

劳动纠纷律师答疑

（第二版）

温陈静 主编

法律出版社
LAW PRESS · CHINA
—— 北京 ——

图书在版编目(CIP)数据

律师来了.劳动纠纷律师答疑/温陈静主编.--2版.--北京:法律出版社,2024
ISBN 978-7-5197-7956-6

Ⅰ.①律… Ⅱ.①温… Ⅲ.①劳动争议—处理—中国—问题解答 Ⅳ.①D92-44

中国国家版本馆CIP数据核字(2023)第091717号

律师来了:劳动纠纷律师答疑(第二版)
LÜSHI LAILE: LAODONG JIUFEN LÜSHI DAYI
(DI-ER BAN)

温陈静 主编

责任编辑 朱海波
装帧设计 李 瞻

出版发行 法律出版社
编辑统筹 法律应用出版分社
责任校对 王 丰
责任印制 刘晓伟
经 销 新华书店

开本 A5
印张 12 字数 280千
版本 2024年3月第2版
印次 2024年3月第1次印刷
印刷 三河市龙大印装有限公司

地址:北京市丰台区莲花池西里7号(100073)
网址:www.lawpress.com.cn
投稿邮箱:info@lawpress.com.cn
举报盗版邮箱:jbwq@lawpress.com.cn

销售电话:010-83938349
客服电话:010-83938350
咨询电话:010-63939796

书号:ISBN 978-7-5197-7956-6
定价:48.00元
凡购买本社图书,如有印装错误,我社负责退换。电话:010-83938349

前言

任何部门法都有其特定的调整范围。劳动法的调整对象主要是劳动关系。劳动关系是劳动者与用人单位之间在实现社会化劳动生产过程中的关系。劳动关系是基本的社会关系之一，劳动关系的稳定和顺利发展不仅关系到个人的劳动权利能否得到有效保护，也关系到一个企业能否正常运转，更有可能会影响整个社会的安定和发展。劳动法除调整劳动关系外，还调整与劳动关系密切相连的其他社会关系。如关系到劳动关系产生的就业培训、职业介绍等社会关系。此外，还涉及劳动关系产生的必然结果，如失业、工伤保险等；涉及与劳动关系产生、变更、消灭有一定牵连的事项，如集体协商、劳动监察、劳动争议的处理等。由此可见，劳动法的调整对象已经深刻的嵌入到我们工作生活的方方面面。

因此，如何系统地学习劳动法的基础知识和掌握劳动法的关键要点成为我们解决劳动争议、规避社会风险的重要一环。而撰写本书的目的正在于此，本书通过生活中现实案例的通俗讲解和法律依据的实际应用对劳动者未来面临的执业风险和企业应承担的生产经营责任起到了预警作用。本书的特点如下：

第一，实用性。本书所涉及的劳动法问题，大多是律师在办案中所遇到的法律问题，在这里，我们由专业的律师来进行答疑，再附之相关的法律条文，帮助人们去认识和了解法律，以便运用法律武器解决自己遇到的各种难题，维护自身的合法权益。面对生活中发生的实际问题，大家可以有选择地对照运用，一定会有开卷有益、醍醐灌顶的感觉。因而，非常具有实用性。

第二，便捷性。本书以劳动争议中最常见的小问题做目录，采取一问一答的形式，对我们日常生活中的各类劳动纠纷“疑难杂症”对症下药。同时，本书还对各类问题按照科学的方式加以分类整理，使大家能在最短的时间完成对某一法律问题的检索。

第三，通俗性。在我们编辑本书的过程中，始终奉行着这样一个初衷——用最通俗易懂的语言把每一个法律知识点都交代得清清楚楚、明明白白，让每一位读者都能从中受益。对于每一个知识点，我们都站在读者的立场上，从具体实在的生活案例出发，律师答疑时也尽可能地深入浅出，相信读者一定能看得懂。

希望大家读过此书后，对这方面的法律知识至少能有一个初步的了解，能够妥善地处理自己面对的劳动争议问题，使自己的合法权利得到切实的维护。

温陈静

2024 年 2 月

目录

第一章 劳动关系

第二章 求职就业

第四章 试用期与竞业限制

第八章 劳务派遣和约定服务期劳动合同

第十章　劳动就业中的刑事问题

第十一章　劳动争议的处理

Chapter 1

第一章

劳动关系

1. 学生在校期间勤工助学是否受劳动法的保护？

法律咨询

小田是某高校的大学生，家庭生活困难。得知学校有勤工助学名额后，为了减轻家里的经济负担，小田向学校申请勤工助学，被安排到了学校图书馆做图书整理工作。那么，学生在校期间勤工助学是否受劳动法的保护？

律师答疑

依据《劳动部关于贯彻执行〈中华人民共和国劳动法〉若干问题的意见》第 12 条的规定，在校生利用业余时间勤工助学，不视为就业，未建立劳动关系，可以不签订劳动合同。因此在通常情况下，对于在读的大学生可能被认定为不具有《劳动法》中劳动者的主体身份，但是法律并无明确规定在校生不具备劳动合同关系的主体资格。因此在司法实践中，对于临近毕业的大学生，特别是对于已经基本完成自身学业并和用人单位建立了事实上的劳动关系的，则仍有可能受到劳动法的保护。当然，对于在校学生勤工助学的程序，法律上有着严格的规定和限制。

2007 年，为了规范管理高等学校学生勤工助学工作，保障学生的合法权益，教育部、财政部联合制定了《高等学校学生勤工助学管理办法》，2018 年该办法进行了修订。根据该办法第 29 条的规定，学生在校外开展勤工助学活动的，学生勤工助学管理服务组织必须经学校授权，代表学校与用人单位和学生三方签订具有法律效力的协议书。签订协议书并办理相关聘用手续后，学生方可开展勤工助学活动。

由此可见，在校生的打工行为是受到严格限制的：

第一，必须履行相关的法律程序才能实施。这与劳动者可以自由择业，平等与用人单位签订劳动合同，建立劳动关系存在明显的不同。

第二，劳动合同的签订主体是劳动者和用人单位双方，而学生校外开展勤工助学活动，勤工助学协议书的签订主体则是学校、学生、用工单位三方。

第三，依据《高等学校学生勤工助学管理办法》第30条的规定，在勤工助学活动中，若出现协议纠纷或学生意外伤害事故，协议各方应按照签订的协议协商解决。如果不能达成一致意见，按照有关法律法规规定的程序办理。这一点也与《劳动法》以及相关的法律法规的规定存在明显不同。劳动者因工作遭受事故伤害，应根据《工伤保险条例》的有关规定进行处理。对于劳动纠纷解决途径问题，法律规定可以通过调解组织调解、仲裁委员会仲裁、法院的诉讼途径进行解决。而勤工助学学生的意外伤害事故和发生协议纠纷后的处理却明显不同。

法律依据

《劳动部关于贯彻执行〈中华人民共和国劳动法〉若干问题的意见》12（内容略）

《高等学校学生勤工助学管理办法》

第二十九条　在校内开展勤工助学活动的，学生及用人单位须遵守国家及学校勤工助学相关管理规定。学生在校外开展勤工助学活动的，勤工助学管理服务组织必须经学校授权，代表学校与用人单位和学生三方签订具有法律效力的协议书。签订协议书并办理相关聘用手续后，学生方可开展勤工助学活动。协议书必须明确学校、用人单位和学生等各方的权利和义务，开展勤工助学活动的学生如发生意外伤害事故的处理办法以及争议解决方法。

第三十条 在勤工助学活动中，若出现协议纠纷或学生意外伤害事故，协议各方应按照签订的协议协商解决。如不能达成一致意见，按照有关法律法规规定的程序办理。

2. 挂靠关系中的用人单位如何确定？

法律咨询

张某是一名货车司机，受雇于齐某，从事煤炭运输工作。经查，齐某是该货车的所有者，将车挂靠在某煤炭运输公司。后来张某在运输途中发生意外，身体受到伤害。那么，张某的工伤如何认定？挂靠关系中的用人单位如何确定？

律师答疑

挂靠全称是企业挂靠经营，是一个行业术语，是指机构或组织从属或依附于另一机构或组织。而车辆挂靠经营，是指个人出资购买车辆，以运输企业为车主登记，并以其名义进行运输经营，由被挂靠单位提供适于营运的法律条件、手续等，并收取相应的管理费或者有偿服务费的经营方式。然而挂靠经营并不被法律所承认；在实务中，挂靠一方所聘用的员工与被挂靠单位是否形成劳动关系存在争议。一旦劳动者和挂靠单位发生劳动争议，就会出现劳动者与挂靠方、被挂靠方三方权利义务纠缠不清的问题。由于挂靠往往都是没有资质的个人或者组织挂靠有资质的单位，而劳动者是挂靠方招聘并实际使用的，在判断三方关系中，如果按照实际情形来判断，劳动者应当是挂靠方（没有资质的个人或者组织）雇用的员工，双方形成雇佣合同关系，而与被挂靠的单位不存在劳动关系。但由于被挂靠方违法出借资质，也应承担相应责任。因此，《最高人民法院关于审理劳动争议案件适用法律问题的解释（一）》第 30 条规定，未办理营业执照、营业执照被吊销或者营业期限届满仍继续经营的用人单位，以挂靠等方式借用他人营业执照经营的，应当将用人单位和营业执照出借方列为当事人。

关于本案挂靠劳动关系的归属，根据《最高人民法院关于车辆实际所有人聘用的司机与挂靠单位之间是否形成事实劳动关系的答复》的规定，个人购买的车辆挂靠其他单位且以挂靠单位的名义对外经营的，根据 2008 年 1 月 1 日起实施的《劳动合同法》规定的精神，其聘用的司机与挂靠单位之间不具备劳动关系的基本特征，不宜认定其形成了事实劳动关系。因此张某与煤炭运输公司不存在劳动关系。因实际经营人的偿付能力较差，根据《最高人民法院关于审理工伤保险行政案件若干问题的规定》第 3 条的规定个人挂靠其他单位对外经营，其聘用的人员因工伤亡的，被挂靠单位为承担工伤保险责任的单位。由此得知，由被挂靠单位承担工伤保险责任，是对挂靠一方所雇用员工的劳动者权益的保护。

法律依据

《最高人民法院关于审理劳动争议案件适用法律问题的解释（一）》

第三十条 未办理营业执照、营业执照被吊销或者营业期限届满仍继续经营的用人单位，以挂靠等方式借用他人营业执照经营的，应当将用人单位和营业执照出借方列为当事人。

《最高人民法院关于车辆实际所有人聘用的司机与挂靠单位之间是否形成事实劳动关系的答复》

个人购买的车辆挂靠其他单位且以挂靠单位的名义对外经营的，根据2008年1月1日起实施的《劳动合同法》规定的精神，其聘用的司机与挂靠单位之间不具备劳动关系的基本特征，不宜认定其形成了事实劳动关系。

《最高人民法院关于审理工伤保险行政案件若干问题的规定》

第三条 社会保险行政部门认定下列单位为承担工伤保险责任单位的，人民法院应予支持：

…………

（五）个人挂靠其他单位对外经营，其聘用的人员因工伤亡的，被挂靠单位为承担工伤保险责任的单位。

…………

3. 劳务派遣关系中劳动者与用工单位之间是否存在劳动关系？

法律咨询

小李大学毕业后参加了A人力资源公司组织的B单位劳务派遣工的招聘考试，并被录用。小李与该人力资源公司签订了为期两年的劳务派遣合同，然后被派遣到B单位工作。那么，劳务派遣关系中劳动者与用工单位之间是否存在劳动关系？

律师答疑

劳务派遣，又称劳动派遣或劳动力派遣，是指派遣单位按照用工单位或劳动力市场的需要招收劳动者并与之签订劳动合同，按照其与用工单位订立的劳务派遣协议将劳动者派遣到用工单位劳动的一种用工形式。

随着经济、社会的发展，劳动关系也逐渐出现新的形式，如远程就业、家庭就业、独立就业、兼职劳动、临时用工、平台用工等，劳务派遣也是其中之一。在劳务派遣这种用工方式中，用人单位与劳动者之间的劳动关系不再像传统的劳动关系那么密切，劳动者不参加用人单位的直接生产，而是为第三者服务；用工单位虽直接使用劳动者，但并不是法律意义上的用人单位。简单来说，劳务派遣是指派遣公司作为用人单位，与劳动者签订劳动合同，在得到劳动者同意并维持劳动关系的基础上，将劳动者派往用工单位工作，提供劳动、接受指挥，但劳动者与用工单位间并不存在劳动关系。

法律依据

《中华人民共和国劳动合同法》

第五十八条 劳务派遣单位是本法所称用人单位,应当履行用人单位对劳动者的义务。劳务派遣单位与被派遣劳动者订立的劳动合同,除应当载明本法第十七条规定的事项外,还应当载明被派遣劳动者的用工单位以及派遣期限、工作岗位等情况。

劳务派遣单位应当与被派遣劳动者订立二年以上的固定期限劳动合同,按月支付劳动报酬;被派遣劳动者在无工作期间,劳务派遣单位应当按照所在地人民政府规定的最低工资标准,向其按月支付报酬。

4. 劳动关系与劳务关系一样吗?

法律咨询

张某和齐某是好朋友。大学毕业后张某与某单位签订了劳动合同,并按照合同约定到该单位上班;而齐某从事个人装修工作,为别人提供房屋装修的劳务。那么,劳动关系与劳务关系一样吗?二者有何区别?

律师答疑

劳动关系,是指机关、企事业单位、社会团体和个体经济组织(以下统称用人单位)与劳动者个人之间,依法签订劳动合同,劳动者接受用人单位的管理，从事用人单位安排的工作，成为用人单位的成员，从用人单位领取报酬和受劳动保护所产生的法律关系。劳务关系是提供劳务者与用工者根据口头或书面约定，由提供劳务者向用工者提供一次性的或者是特定的劳务服务，用工者依约向提供劳务者支付劳务报酬的一种有偿服务的法律关系。

两者的主要区别有：

（1）规范和调整劳动关系与劳务关系的法律依据不同。劳动关系由《劳动法》《劳动合同法》规范和调整，而且建立劳动关系必须签订书面劳动合同。劳务关系由《民法典》进行规范和调整，建立和存在劳务关系的当事人之间是否签订书面劳务合同，由当事人双方协商确定。

（2）劳动关系主体与劳务关系主体有所不同。劳动关系的主体必须是“A+B”：A 必须是符合法定条件的用人单位；B 必须是符合劳动年龄条件且具有与履行劳动合同义务相适应的能力的自然人，即劳动者。劳务关系的主体类型较多：既可是“A+B”，也可以是“A+A”“B+B”“B+A”。而且，劳务关系中的 A 既可以是符合法定条件的用人单位，也可以是没有独立资格的分支机构或其他团体；B 也可以是任何自然人，不局限于符合劳动年龄条件且具有与履行劳动合同义务相适应的能力的自然人。

（3）当事人之间承担的义务不同。劳动关系中的用人单位必须按照法律法规和地方规章等为职工承担社会保险义务，且用人单位承担其职工的社会保险义务是法律的确定性规范。而劳务关系中的一方当事人不存在必须承担另一方当事人社会保险的义务，相关保险等事项由双方协商确定。

（4）用人单位对当事人的管理方式不同。劳动关系中用人单位具有对劳动者违章违纪进行处理的管理权。如对职工严重违反用人单位劳动纪律和规章制度、严重失职、营私舞弊等行为进行处理，有权依据其依法制定的规章制度解除与当事人的劳动合同，或者对当事人给予警告、记过、降职等处分。劳务关系中一般只能解除劳务关系或者要求当事人承担一定的经济责任，不存在对其解除劳动合同或给予其他形式的纪律处分。

（5）支付报酬的方式不同。劳动关系中的用人单位对劳动者具有行使工资、奖金等方面的分配权利。用人单位向劳动者支付的工资应遵循按劳分配、同工同酬的原则，必须遵守当地有关最低工资标准的规定。在劳务关系中的一方当事人向另一方支付的报酬数额由双方协商确定。

（6）纠纷的处理方式不同。劳动争议发生后，应先到有管辖权的劳动人事争议仲裁委员会申请仲裁，经过此程序后当事人才可以到人民法院起诉，劳动仲裁是前置程序；但劳务合同纠纷出现后可以诉讼，也可以经双方当事人协商解决。

此外，在法律责任、用人单位的支配力、劳动时间的安排等方面也不尽相同。总体来说，劳务关系是一种私法关系，几乎所有的事项都可以在双方协商一致的基础上确定，但劳动关系则要受到《劳动法》《劳动合同法》等相关法律的严格限制。

法律依据

《中华人民共和国劳动法》

第十六条 劳动合同是劳动者与用人单位确立劳动关系、明确双方权利和义务的协议。

建立劳动关系应当订立劳动合同。

第十九条 劳动合同应当以书面形式订立，并具备以下条款：

（一）劳动合同期限；

（二）工作内容；

（三）劳动保护和劳动条件；

（四）劳动报酬；

（五）劳动纪律；

（六）劳动合同终止的条件；

（七）违反劳动合同的责任。

劳动合同除前款规定的必备条款外，当事人可以协商约定其他内容。

第四十六条第一款 工资分配应当遵循按劳分配原则，实行同工同酬。

第七十二条 社会保险基金按照保险类型确定资金来源，逐步实行社会统筹。用人单位和劳动者必须依法参加社会保险，缴纳社会保险费。

第七十九条 劳动争议发生后，当事人可以向本单位劳动争议调解委员会申请调解；调解不成，当事人一方要求仲裁的，可以向劳动争议仲裁委员会申请仲裁。当事人一方也可以直接向劳动争议仲裁委员会申请仲裁。对仲裁裁决不服的，可以向人民法院提起诉讼。

《中华人民共和国劳动合同法》

第十条第一款 建立劳动关系，应当订立书面劳动合同。

5. 雇佣关系与承揽关系有什么区别?

法律咨询

朱某的妻子刚刚生完孩子,为了让孩子得到更好的照顾,朱某雇用了保姆田某照看孩子,又雇用张师傅到家里为孩子定做一张儿童床。那么,朱某与田某、张师傅分别是什么关系?二者有什么区别?

律师答疑

朱某与田某是雇佣关系,与张师傅是承揽关系。

雇佣合同(劳务合同),是指从事雇主授权或者指示范围内的生产经营活动或者其他劳务活动。

雇佣合同具有以下两个显著特征:(1)雇佣关系是一种劳务关系,以完成一定的劳动为标的,雇主为提供劳务的一方支付报酬,至于工作成果则不是合同的标的;(2)雇员的工作不具有独立性,他一般以雇主的设备、技术为依托而工作,受雇主的指挥管理。

承揽合同一般是指当事人双方中的一方按照另一方的要求完成一定的工作并交付工作成果,另一方应接受该成果并给付一定报酬的合同。应完成工作并交付成果的一方为承揽人,应接受承揽人的工作成果并给付报酬的一方为定作人。承揽人所完成的工作成果为定作物。承揽的特征有:承揽以完成一定的工作成果为目的。承揽的标的是特定的工作成果。承揽人在完成工作中具有独立性;定作人只有在不影响承揽人工作的前提下,才能对承揽人的工作情况进行指示、监督和检查。

在雇佣关系中,雇员在从事雇佣活动中致人损害的,雇主应当承担赔偿责任;雇员因故意或者重大过失致人损害的,应当与雇主承担连带赔偿责任。雇主承担连带赔偿责任的,可以向雇员追偿。

雇员在从事雇佣活动中遭受人身损害，雇主应当承担赔偿责任。雇佣关系以外的第三人造成雇员人身损害的，赔偿权利人可以请求第三人承担赔偿责任，也可以请求雇主承担赔偿责任。雇主承担赔偿责任后，可以向第三人追偿。

在承揽关系中，承揽人在完成工作过程中对第三人造成损害或者造成自身损害的，定作人不承担赔偿责任。但定作人对定作、指示或者选任有过失的，应当承担相应的赔偿责任。

当事人双方就雇佣与承揽的性质发生争议时，为了准确区分二者，可以综合分析下列因素，结合案件具体情况予以认定：当事人之间是否存在控制、支配和从属关系；是否由一方指定工作场所、提供劳动工具或设备、限定工作时间；是定期给付劳动报酬还是一次性结算劳动报酬；是连续性提供劳务，还是一次性提供劳动成果；当事人一方所提供的劳动是其独立的业务或者经营活动，还是构成合同相对方的业务或者经营活动的组成部分。如当事人之间存在控制、支配和从属关系，由一方指定工作场所、提供劳动工具或设备、限定工作时间，定期给付劳动报酬，所提供的劳动是接受劳务一方生产经营活动的组成部分的，可以认定为雇佣。反之，则应当认定为承揽。

法律依据

《中华人民共和国民法典》

第七百七十条第一款　承揽合同是承揽人按照定作人的要求完成工作，交付工作成果，定作人支付报酬的合同。

第七百七十二条第一款　承揽人应当以自己的设备、技术和劳力，完成主要工作，但是当事人另有约定的除外。

6. 劳动者提供哪些证据可以证明其与用人单位之间存在劳动关系?

法律咨询

2017 年 6 月,丛某经朋友介绍到某公司上班,未与公司签订劳动合同。丛某始终服从公司的管理,公司按时向其发放工资。但是 2018 年 1 月至今,公司一直拖欠丛某工资。丛某多次索要,公司以其未与公司签订劳动合同,不存在劳动关系为由拒绝支付。那么,劳动者提供哪些证据可以证明其与用人单位之间存在劳动关系?

律师答疑

根据《劳动和社会保障部关于确立劳动关系有关事项的通知》的有关规定,用人单位招用劳动者未订立书面劳动合同,但同时具备下列情形的,劳动关系成立:(1)用人单位和劳动者符合法律、法规规定的主体资格;(2)用人单位依法制定的各项劳动规章制度适用于劳动者,劳动者受用人单位的劳动管理,从事用人单位安排的有报酬的劳动;(3)劳动者提供的劳动是用人单位业务的组成部分。

劳动者要证明与用人单位建立了劳动关系,可以提交的证据包括:工资支付凭证或记录(职工工资发放花名册)、缴纳各项社会保险费的记录;用人单位向劳动者发放的“工作证”“服务证”等能够证明身份的证件;劳动者填写的用人单位招工招聘“登记表”“报名表”等招用记录;考勤记录;其他劳动者的证言等。

法律依据

《劳动和社会保障部关于确立劳动关系有关事项的通知》

一、用人单位招用劳动者未订立书面劳动合同，但同时具备下列情形的，劳动关系成立。

（一）用人单位和劳动者符合法律、法规规定的主体资格；

（二）用人单位依法制定的各项劳动规章制度适用于劳动者，劳动者受用人单位的劳动管理，从事用人单位安排的有报酬的劳动；

（三）劳动者提供的劳动是用人单位业务的组成部分。

二、用人单位未与劳动者签订劳动合同，认定双方存在劳动关系时可参照下列凭证：

（一）工资支付凭证或记录（职工工资发放花名册）、缴纳各项社会保险费的记录；

（二）用人单位向劳动者发放的“工作证”、“服务证”等能够证明身份的证件；

（三）劳动者填写的用人单位招工招聘“登记表”、“报名表”等招用记录；

（四）考勤记录；

（五）其他劳动者的证言等。

其中，（一）、（三）、（四）项的有关凭证由用人单位负举证责任。

7. 超过法定退休年龄的劳动者与用人单位的用工关系是否为劳动关系?

法律咨询

2018年,61岁的陈某受聘于某建筑公司,但未与该公司签订书面劳动合同。后建筑公司拖欠陈某工资,陈某向劳动人事争议仲裁委员会申请仲裁,请求确认与建筑公司之间存在劳动关系,请求建筑公司支付拖欠工资及未签订劳动合同的二倍工资、违法解除劳动关系的赔偿金。陈某进入公司时已61周岁,超过国家规定的退休年龄,能与该用人单位认定劳动关系吗?

律师答疑

该案的争议焦点是陈某是否与用人单位建立事实劳动关系。劳动关系的确立,要求用人单位和劳动者双方均符合法律、法规规定的主体资格。《最高人民法院关于审理劳动争议案件适用法律问题的解释(一)》第32条第1款规定:“用人单位与其招用的已经依法享受养老保险待遇或者领取退休金的人员发生用工争议而提起诉讼的,人民法院应当按照劳务关系处理。”亦即应将已经依法享受养老保险待遇或领取退休金的人员与用人单位发生的争议按劳务关系处理。而陈某已经依法享受养老保险待遇,不具备劳动关系要求的主体资格,不是劳动合同的适格主体,因此建筑公司无须向陈某支付赔偿金。虽然超过退休年龄的员工未必能认定为劳动关系,但依据《人力资源和社会保障部关于执行〈工伤保险条例〉若干问题的意见(二)》的规定,对于符合规定的情况,用人单位仍需要承担工伤保险责任。

法律依据

《最高人民法院关于审理劳动争议案件适用法律问题的解释(一)》

第三十二条　用人单位与其招用的已经依法享受养老保险待遇或者领取退休金的人员发生用工争议而提起诉讼的，人民法院应当按劳务关系处理。

企业停薪留职人员、未达到法定退休年龄的内退人员、下岗待岗人员以及企业经营性停产放长假人员，因与新的用人单位发生用工争议而提起诉讼的，人民法院应当按劳动关系处理。

Chapter 2

第二章

求职就业

8. 用人单位能否拒绝录用携带传染病病原的劳动者?

法律咨询

何某参加了某公司面试,由于表现优异被该公司拟录用。公司在组织拟录用人员进行体检时,发现何某是乙肝病原携带者,随即以此为由拒绝对其录用。那么,用人单位能否拒绝录用携带传染病病原的劳动者?

律师答疑

根据《就业促进法》第30条的规定,“用人单位招用人员,不得以是传染病病原携带者为由拒绝录用。但是,经医学鉴定传染病病原携带者在治愈前或者排除传染嫌疑前,不得从事法律、行政法规和国务院卫生行政部门规定禁止从事的易使传染病扩散的工作”。《就业服务与就业管理规定》第19条也规定,“用人单位招用人员,不得以是传染病病原携带者为由拒绝录用。但是,经医学鉴定传染病病原携带者在治愈前或者排除传染嫌疑前,不得从事法律、行政法规和国务院卫生行政部门规定禁止从事的易使传染病扩散的工作。用人单位招用人员,除国家法律、行政法规和国务院卫生行政部门规定禁止乙肝病原携带者从事的工作外,不得强行将乙肝病毒血清学指标作为体检标准”。通常情况下,用人单位不得以劳动者系传染病病原携带者为由拒绝录用,但是也存在一些特殊的情况。

目前,经国务院卫生行政主管部门核准的乙肝表面抗原携带者不得从事的职业和可以开展相关检测的行业有:

(1)根据人力资源和社会保障部等发布的《公务员录用体检特

殊标准（试行）》，“乙肝病原携带者，特警职位，不合格”。

（2）根据《卫生部关于民航空勤人员体检鉴定乙肝检测调整意见的复函》的要求，民航招收飞行学生可以保留体检鉴定乙肝项目检测。

（3）血站从事采血、血液成分制备、供血等业务工作的员工。根据《卫生部关于修订〈血站质量管理规范〉“8.4”条的通知》（卫医政发〔2010〕69号）的要求，血站应“建立员工健康档案。对从事采血、血液成分制备、供血等业务工作的员工，应当每年进行一次经血传播病原体感染情况的检测。对乙型肝炎病毒表面抗体阴性者，征求本人意见后，应当免费进行乙型肝炎病毒疫苗接种”。

法律依据

《中华人民共和国就业促进法》

第三十条　用人单位招用人员，不得以是传染病病原携带者为由拒绝录用。但是，经医学鉴定传染病病原携带者在治愈前或者排除传染嫌疑前，不得从事法律、行政法规和国务院卫生行政部门规定禁止从事的易使传染病扩散的工作。

《就业服务与就业管理规定》

第十九条　用人单位招用人员，不得以是传染病病原携带者为由拒绝录用。但是，经医学鉴定传染病病原携带者在治愈前或者排除传染嫌疑前，不得从事法律、行政法规和国务院卫生行政部门规定禁止从事的易使传染病扩散的工作。

用人单位招用人员，除国家法律、行政法规和国务院卫生行政部门规定禁止乙肝病原携带者从事的工作外，不得强行将乙肝病毒血清学指标作为体检标准。

9. 用人单位可以以工作岗位需要值夜班为由拒绝录用女职工吗?

法律咨询

谭女士看到某企业发布了招聘仓库保管员的公告,便报名参加了该单位的面试。谭女士各方面都很优秀,但最后该公司以该工作岗位需要值夜班为由拒绝录用谭女士。那么,用人单位可以以工作岗位需要值夜班为由拒绝录用女职工吗?

律师答疑

妇女享有与男子平等的就业权利。在招录职工时,除国家规定的不适合妇女的工种或者岗位外,不得以性别为由拒绝录用妇女或者提高对女职工的录用标准。国家规定的不适合妇女的工种或者岗位主要在《女职工劳动保护特别规定》附录中一一列明。据此,单纯值夜班并不是拒绝女性劳动者的理由。

法律依据

《中华人民共和国劳动法》

第五十八条第一款 国家对女职工和未成年工实行特殊劳动保护。

第五十九条 禁止安排女职工从事矿山井下、国家规定的第四级体力劳动强度的劳动和其他禁忌从事的劳动。

第六十条 不得安排女职工在经期从事高处、低温、冷水作业和国家规定的第三级体力劳动强度的劳动。

第六十一条　不得安排女职工在怀孕期间从事国家规定的第三级体力劳动强度的劳动和孕期禁忌从事的劳动。对怀孕七个月以上的女职工，不得安排其延长工作时间和夜班劳动。

10. 用人单位招聘隐瞒真实信息或披露虚假信息要承担什么责任？

法律咨询

唐某与某玩具制造公司签订了劳动合同，合同签订时该公司表示车间的生产设备及原材料都符合国家安全标准，不存在任何安全隐患。唐某工作一段时间后，觉得头晕恶心，去医院检查，结果显示是吸入过多有毒物质导致感染肺部疾病。原来该公司的原材料不符合国家标准。那么，用人单位招聘时隐瞒真实信息或披露虚假信息要承担什么责任？

律师答疑

用人单位不仅有向劳动者披露与订立劳动合同有关信息的义务，而且还有真实披露的义务。不依法进行信息披露或者披露信息不真实的，用人单位应当承担相应的法律责任。概括而言，劳动者权利主要包括以下几个方面：

（1）劳动者有权拒绝接受。针对用人单位未向劳动者披露或与披露内容不一致的相关要素，劳动者可以拒绝接受。如劳动者发现存在职业危害但是并没有被事先告知，劳动者可以拒绝从事有职业危害的工作。

（2）劳动者有权解除劳动合同。用人单位披露信息不真实的，劳动者可以依据用人单位未按照劳动合同约定提供劳动条件或劳动报酬为由解除劳动合同；用人单位不仅不得拒绝，还应当向劳动者支付解除劳动合同的经济补偿。

（3）劳动者可以向用人单位索赔。若用人单位不依法披露信息或披露不实信息，导致劳动者遭受损失的，用人单位还应当承担相应的赔偿责任。

（4）导致劳动合同全部或部分无效。隐瞒重要信息或披露信息不真实都属于欺诈，导致劳动者在违背真实意思表示的情况下订立劳动合同的，劳动合同无效或者部分无效。

法律依据

《中华人民共和国劳动合同法》

第三条 订立劳动合同，应当遵循合法、公平、平等自愿、协商一致、诚实信用的原则。

依法订立的劳动合同具有约束力，用人单位与劳动者应当履行劳动合同约定的义务。

第八条 用人单位招用劳动者时，应当如实告知劳动者工作内容、工作条件、工作地点、职业危害、安全生产状况、劳动报酬，以及劳动者要求了解的其他情况；用人单位有权了解劳动者与劳动合同直接相关的基本情况，劳动者应当如实说明。

第二十六条 下列劳动合同无效或者部分无效：

（一）以欺诈、胁迫的手段或者乘人之危，使对方在违背真实意思的情况下订立或者变更劳动合同的；

…………

第三十八条　用人单位有下列情形之一的，劳动者可以解除劳动合同：

…………

（五）因本法第二十六条第一款规定的情形致使劳动合同无效的；

…………

Chapter 3

第三章

劳动合同

第一节 劳动合同的内容与期限

11. 劳动合同对劳动报酬约定不明确的时候怎么办?

法律咨询

某公司为了招到各方面都很优秀的刘某,在劳动合同中将工资定为12,000元。刘某入职后发现,劳动合同中约定的工资不是标准工资,而是总的收入,包含了加班费、奖金等。关于劳动合同中约定的是什么工资,刘某和公司各执一词,争论不休。那么,劳动合同对劳动报酬约定不明确的时候怎么办?

律师答疑

在劳动报酬与劳动条件等标准约定不明确从而引发争议的情况下,用人单位与劳动者可以就这些不明确的事项重新进行沟通与协商,协商一致后通过变更劳动合同的方式,重新加以明确。同时需要注意的是,用人单位与劳动者重新约定不明确事项的,应当采用书面形式。

如果协商不成功,有集体合同的则适用集体合同的规定。集体合同就是企业职工一方与用人单位通过平等协商,就劳动报酬、工作时间、休息休假、劳动安全卫生、保险福利等事项达成的协议，对用人单位和劳动者都具有约束力。

但有的企业、行业、区域内并没有集体合同，或是虽然有集体合同但其中并没有关于劳动报酬或劳动条件的约定，在这种情况下，用人单位在确定劳动者报酬时应当遵循同工同酬的原则，也要按照国家有关规定如《劳动法》《劳动合同法》《工资支付暂行规定》来确定劳动条件相应事项的标准。此外，还有很多地方性行政法规等也对劳动条件等事项作出了相关规定。

法律依据

《中华人民共和国劳动合同法》

第十八条　劳动合同对劳动报酬和劳动条件等标准约定不明确，引发争议的，用人单位与劳动者可以重新协商；协商不成的，适用集体合同规定；没有集体合同或者集体合同未规定劳动报酬的，实行同工同酬；没有集体合同或者集体合同未规定劳动条件等标准的，适用国家有关规定。

12. 用人单位能否单方延长劳动合同期限？

法律咨询

某科技股份有限公司与李某签订了为期两年的劳动合同，李某作为公司的技术骨干，为公司带来不少收益。两年的劳动合同到期后，该公司未征得李某同意，单方面表示与刘某的劳动合同期限再延长两年。那么，用人单位能否单方延长劳动合同期限？

律师答疑

劳动合同期限延长或续订，是指劳动合同期满后用人单位和劳动者双方平等协商，达成一致意思表示，就继续建立劳动关系而重新订立劳动合同的法律行为。劳动合同续订是劳动合同管理中一个非常重要的环节，直接影响用人单位和劳动者双方的权利义务，处理不好极易引发劳动争议。

我国《劳动法》第16条规定："劳动合同是劳动者与用人单位确立劳动关系、明确双方权利和义务的协议。建立劳动关系应当订立劳动合同。"由此看出，《劳动法》规定的劳动关系的建立，依赖于劳动合同的订立，即订立劳动合同这一法律行为，是启动劳动关系产生的法律事实。《劳动法》第17条第1款规定，订立和变更劳动合同，应当遵循平等自愿、协商一致的原则，不得违反法律、行政法规的规定。劳动合同期满后，双方如果同意续订合同，应当平等自愿进行协商。一方不愿续订劳动合同的，另一方不得强迫与其续订劳动合同。《劳动合同法》第44条明确规定，劳动合同期满，劳动合同终止。依据上述法律规定续订劳动合同或变更劳动合同的期限，必须采用书面形式，即属于要式法律行为。

劳动合同期满，在法律上意味着劳动关系双方当事人确定的劳动关系结束，通过终止劳动合同并办理有关手续来加以确定。对于已经期限届满的劳动合同，作为劳动关系一方的用人单位必须依法为劳动者办理终止劳动合同的有关手续，这是用人单位的义务，不得以种种理由不予办理。拖延不予办理终止劳动合同手续，构成对劳动者权益的侵犯；如果造成损失，应承担赔偿责任。

法律依据

《中华人民共和国劳动法》

第十六条　劳动合同是劳动者与用人单位确立劳动关系、明确双方权利和义务的协议。

建立劳动关系应当订立劳动合同。

第十七条　订立和变更劳动合同，应当遵循平等自愿、协商一致的原则，不得违反法律、行政法规的规定。

劳动合同依法订立即具有法律约束力，当事人必须履行劳动合同规定的义务。

《中华人民共和国劳动合同法》

第四十四条　有下列情形之一的，劳动合同终止：

（一）劳动合同期满的；

（二）劳动者开始依法享受基本养老保险待遇的；

（三）劳动者死亡，或者被人民法院宣告死亡或者宣告失踪的；

（四）用人单位被依法宣告破产的；

（五）用人单位被吊销营业执照、责令关闭、撤销或者用人单位决定提前解散的；

（六）法律、行政法规规定的其他情形。

13. 无固定期限劳动合同就是“铁饭碗”吗？

法律咨询

小侯大学毕业后与某单位签订了劳动合同，合同约定无确定的终止时间。小侯的家人都认为该单位效益不错，且该劳动合同无确定的终止时间，小侯可以长期在此单位工作，因此觉得小侯找到了一个“铁饭碗”。那么，无固定期限的劳动合同就是“铁饭碗”吗？

律师答疑

无固定期限劳动合同，是指用人单位与劳动者约定无确定终止时间的劳动合同。由于缺乏对无固定期限劳动合同制度的正确认识，不少人认为无固定期限劳动合同是“铁饭碗”“终身制”。

无固定期限的劳动合同也是劳动合同的一种类型，在履行过程中，双方如果就解除劳动合同经协商达成一致意见，就可以依据《劳动合同法》第36条的规定解除劳动合同。此外，当法律规定的可以解除劳动合同的条件出现，无固定期限的劳动合同就可以依法解除。为了防止对无固定期限劳动合同的误读，《劳动合同法实施条例》明确了无固定期限劳动合同可以解除的各类情形。

法律依据

《中华人民共和国劳动合同法》

第十四条 无固定期限劳动合同，是指用人单位与劳动者约定无确定终止时间的劳动合同。

用人单位与劳动者协商一致，可以订立无固定期限劳动合同。有下列情形之一，劳动者提出或者同意续订、订立劳动合同的，除劳动者提出订立固定期限劳动合同外，应当订立无固定期限劳动合同：

（一）劳动者在该用人单位连续工作满十年的；

（二）用人单位初次实行劳动合同制度或者国有企业改制重新订立劳动合同时，劳动者在该用人单位连续工作满十年且距法定退休年龄不足十年的；

（三）连续订立二次固定期限劳动合同，且劳动者没有本法第三十九条和第四十条第一项、第二项规定的情形，续订劳动合同的。

用人单位自用工之日起满一年不与劳动者订立书面劳动合同的，视为用人单位与劳动者已订立无固定期限劳动合同。

第三十六条　用人单位与劳动者协商一致，可以解除劳动合同。

《劳动合同法实施条例》

第十九条　有下列情形之一的，依照劳动合同法规定的条件、程序，用人单位可以与劳动者解除固定期限劳动合同、无固定期限劳动合同或者以完成一定工作任务为期限的劳动合同：

（一）用人单位与劳动者协商一致的；

（二）劳动者在试用期间被证明不符合录用条件的；

（三）劳动者严重违反用人单位的规章制度的；

（四）劳动者严重失职，营私舞弊，给用人单位造成重大损害的；

（五）劳动者同时与其他用人单位建立劳动关系，对完成本单位的工作任务造成严重影响，或者经用人单位提出，拒不改正的；

（六）劳动者以欺诈、胁迫的手段或者乘人之危，使用人单位在违背真实意思的情况下订立或者变更劳动合同的；

（七）劳动者被依法追究刑事责任的；

（八）劳动者患病或者非因工负伤，在规定的医疗期满后不能从事原工作，也不能从事由用人单位另行安排的工作的；

（九）劳动者不能胜任工作，经过培训或者调整工作岗位，仍不能胜任工作的；

（十）劳动合同订立时所依据的客观情况发生重大变化，致使劳动合同无法履行，经用人单位与劳动者协商，未能就变更劳动合同内容达成协议的；

（十一）用人单位依照企业破产法规定进行重整的；

（十二）用人单位生产经营发生严重困难的；

（十三）企业转产、重大技术革新或者经营方式调整，经变更劳动合同后，仍需裁减人员的；

（十四）其他因劳动合同订立时所依据的客观经济情况发生重大变化，致使劳动合同无法履行的。

第二节　劳动合同的效力

14. 劳动合同可以口头约定吗？

法律咨询

胡某是一个农民。为了贴补家用，胡某到镇上一饭店打工，饭店老板与胡某口头约定了胡某每日中午到饭店从事服务员工作 4 小时，饭店每周向胡某支付 300 元。那么，劳动合同可以口头约定吗？

律师答疑

劳动合同的订立，是指劳动者和用人单位经过相互选择和平等协商，就劳动合同条款达成协议，从而确立劳动关系和明确相互权利义务的法律行为。劳动合同订立的形式一般有书面形式与口头形式之分。根据《劳动法》的规定，劳动合同应当以书面形式订立；而根据《劳动合同法》的规定，建立劳动关系应当订立书面劳动合同，但非全日制用工可以采用口头形式。我国《劳动法》和《劳动合同法》明确规定，建立劳动关系，应当订立书面劳动合同。用书面形式订立劳动合同严肃慎重、准确可靠、有据可查，一旦发生争议，便于查清事实，分清是非，也有利于有关主管部门和劳动行政部门进行监督检查。另外，书面劳动合同能够加强合同当事人的责任感，促使合同所规定的各项义务能够全面履行。与书面形式相对应的口头形式由于没有可以保存的文字依据，随意性大，容易发生纠纷，且难以举证，不利于保护当事人的合法权益。

法律依据

《中华人民共和国劳动法》

第十九条　劳动合同应当以书面形式订立，并具备以下条款：

（一）劳动合同期限；

（二）工作内容；

（三）劳动保护和劳动条件；

（四）劳动报酬；

（五）劳动纪律；

（六）劳动合同终止的条件；

（七）违反劳动合同的责任。

劳动合同除前款规定的必备条款外，当事人可以协商约定其他内容。

《中华人民共和国劳动合同法》

第十条 建立劳动关系，应当订立书面劳动合同。

已建立劳动关系，未同时订立书面劳动合同的，应当自用工之日起一个月内订立书面劳动合同。

用人单位与劳动者在用工前订立劳动合同的，劳动关系自用工之日起建立。

15. 没有劳动者签字确认的劳动合同是否有效？

法律咨询

范某与某单位签订的劳动合同到期后，表示愿意与该公司续签劳动合同。该单位自行拟定好劳动合同后在合同上加盖了公章，范某并未在合同上签字。那么，没有劳动者签字确认的劳动合同是否有效？

律师答疑

劳动者未签字的劳动合同主要涉及两种情形：（1）初步订立劳动合同阶段，用人单位与劳动者经过平等协商达成一致，用人单位在劳动合同文本上加盖公章，但是劳动者并未在合同文本上签字捺印；（2）新变更的劳动合同或者续签劳动合同阶段，用人单位未经劳动者本人同意，自行拟定劳动合同并在合同文本上加盖公章，劳动者并未在合同上签名捺手印。

我国《劳动合同法》第16条第1款规定："劳动合同由用人单位与劳动者协商一致，并经用人单位与劳动者在劳动合同文本上签字或者盖章生效。"因此，从形式上来说，劳动合同必须由用人单位和劳动者双方签字或盖章后才成立，缺少任何一方的签字或盖章，劳动合同都不成立；从意思表达上说，合同的订立一般经过选择合同当事人和签约两个阶段。劳动合同的续签，是在原有合同到期，合同权利义务即行终止时，合同当事人双方互相选择对方再签订劳动合同的过程，实际上也是一个新的劳动合同的签订过程。《劳动法》第17条第1款的规定："订立和变更劳动合同，应当遵循平等自愿、协商一致的原则，不得违反法律、行政法规的规定。"因此，用人单位和劳动者双方如果需要订立或者续签劳动合同，也必须遵循平等自愿、协商一致的原则，并经用人单位与劳动者在劳动合同文本上签字或者盖章才生效。无劳动者本人签字确认的劳动合同，无论在形式上还是在意思表达上，都不具备劳动合同成立生效的要件。

法律依据

《中华人民共和国劳动合同法》

第十六条第一款 劳动合同由用人单位与劳动者协商一致，并经用人单位与劳动者在劳动合同文本上签字或者盖章生效。

《中华人民共和国劳动法》

第十七条第一款 订立和变更劳动合同，应当遵循平等自愿、协商一致的原则，不得违反法律、行政法规的规定。

16. 未加盖用人单位公章的劳动合同是否有效?

法律咨询

陈某应聘到某公司做财务经理,其与公司约定了劳动内容和报酬情况。陈某和公司法定代表人在劳动合同上签了字,但合同上并没有加盖公司的公章。那么,未加盖用人单位公章的劳动合同是否有效?

律师答疑

我国《劳动合同法》第16条第1款规定,劳动合同由用人单位与劳动者协商一致,并经用人单位与劳动者在劳动合同文本上签字或者盖章生效。协商一致是指劳动合同双方当事人就劳动合同文本的具体内容进行磋商,最终达成一致的活动过程。用人单位与劳动者在劳动合同文本上签字或盖章,表明了双方的合意成立,劳动合同开始生效。双方签字或者盖章是劳动合同成立的必要条件,有权代表用人单位在劳动合同上签字的人是单位法定代表人或者其授权代理人。《劳动合同法》第26条第1款规定了劳动合同在下列三种情形下无效或部分无效:(1)以欺诈、胁迫的手段或者乘人之危,使对方在违背真实意思的情况下订立或者变更劳动合同的;(2)用人单位免除自己的法定责任、排除劳动者权利的;(3)违反法律、行政法规强制性规定的。因此,未加盖用人单位公章的劳动合同应当分情况而言,对于用人单位未在劳动合同上加盖公章,但是有其法定代表人或用人单位授权的人签字的劳动合同,尽管劳动合同在签订时形式上存在一定的瑕疵,但只要该合同内容是合法的,不存在《劳动合同法》规定的应当认定劳动合同无效的情形，就应当认定双方当事人签订的劳动合同具备法律效力，应当认定有效。

法律依据

《中华人民共和国民法典》

第六十一条　依照法律或者法人章程的规定，代表法人从事民事活动的负责人，为法人的法定代表人。

法定代表人以法人名义从事的民事活动，其法律后果由法人承受。

法人章程或者法人权力机构对法定代表人代表权的限制，不得对抗善意相对人。

《中华人民共和国劳动合同法》

第十六条第一款　劳动合同由用人单位与劳动者协商一致，并经用人单位与劳动者在劳动合同文本上签字或者盖章生效。

第二十六条第一款　下列劳动合同无效或者部分无效：

（一）以欺诈、胁迫的手段或者乘人之危，使对方在违背真实意思的情况下订立或者变更劳动合同的；

（二）用人单位免除自己的法定责任、排除劳动者权利的；

（三）违反法律、行政法规强制性规定的。

17. 假冒学历签订的劳动合同是否有效？

法律咨询

余某高中毕业后便参加工作。其偶然看到某大型国企在招聘本科学历职工,待遇十分优厚,便通过不法手段伪造了本科学历,成功应聘到该单位工作,并与该单位签订了劳动合同。那么,假冒学历签订的劳动合同是否有效?

律师答疑

诚实信用是劳动合同签订的一项重要原则,主要表现在合同签订过程中不能编造虚假信息,欺诈合同相对人。依据《劳动合同法》第 8 条的规定,用人单位招用劳动者时,应当如实告知劳动者有关工作的情况,而劳动者也应如实说明自己与劳动合同直接相关的信息。利用虚假的学历证明骗取用人单位的信任,并签订了劳动合同,属于《劳动法》第 18 条、《劳动合同法》第 26 条规定的采取欺诈手段签订的合同,该合同应该归于无效或部分无效,无效的后果及于合同签订之日。当然,这里提到的合同无效的前提是劳动者提供假冒学历要与其工作内容及用人单位招聘要求直接相关,如果用人单位招用劳动者时没有相关学历要求或劳动者从事的工作与其学历完全无关的情况下则另当别论。依据《劳动合同法》第 26 条第 2 款的规定,对劳动合同的无效或者部分无效有争议的,由劳动争议仲裁机构或者人民法院确认。

法律依据

《中华人民共和国劳动法》

第十八条第一款 下列劳动合同无效:

(一)违反法律、行政法规的劳动合同;

(二)采取欺诈、威胁等手段订立的劳动合同。

《中华人民共和国劳动合同法》

第八条　用人单位招用劳动者时，应当如实告知劳动者工作内容、工作条件、工作地点、职业危害、安全生产状况、劳动报酬，以及劳动者要求了解的其他情况；用人单位有权了解劳动者与劳动合同直接相关的基本情况，劳动者应当如实说明。

第二十六条　下列劳动合同无效或者部分无效：

（一）以欺诈、胁迫的手段或者乘人之危，使对方在违背真实意思的情况下订立或者变更劳动合同的；

（二）用人单位免除自己的法定责任、排除劳动者权利的；

（三）违反法律、行政法规强制性规定的。

对劳动合同的无效或者部分无效有争议的，由劳动争议仲裁机构或者人民法院确认。

18. 使用虚假姓名与用人单位签订的劳动合同是否有效？

法律咨询

石某打算应聘某公司的装卸工，由于其有多次受到行政处罚及刑事处罚的记录，为了能顺利入职，其伪造了身份证，姓名为“潘某”，使用该姓名与公司签订了劳动合同。那么，使用虚假姓名与用人单位签订的劳动合同是否有效？

律师答疑

缔约告知义务是指在劳动合同订立过程中，尤其是招聘阶段，用人单位和劳动者依法承担的相互如实告知必要信息以满足对方信息需求的义务。这属于劳动合同的先合同义务,是因用人单位与劳动者为订立劳动合同而相互接触、磋商所产生的义务。《劳动合同法》关于劳动者告知义务的规定有以下特点:(1)劳动者只负有被动告知义务,而无主动告知义务;(2)劳动者有义务告知的信息只限于"与劳动合同直接相关的基本情况",如果劳动者应当告知而不告知,或者告知信息不真实,就违反了告知义务,构成欺诈。劳动者以欺诈的手段使对方在违背真实意思的情况下订立或者变更劳动合同的,劳动合同可被确认为无效或部分无效;给对方当事人造成损失的,还要承担赔偿责任。

用人单位决定是否与劳动者订立劳动合同的考量标准应当是劳动者是否符合单位设定的录用条件。录用条件一般应为用人单位确定的某劳动者是否符合待聘职位要求的条件,如学历、工作经历、职业技能等。如果劳动者不提供真实姓名与用人单位签订劳动合同,则意味着劳动者未向用人单位提供有关自身的真实情况,用人单位的知情权受到侵害。劳动者的行为属欺诈行为。所谓欺诈,是指故意告知虚假信息或隐瞒真实情况,使对方产生错误认识而做出不真实的意思表示的行为。《劳动合同法》第 26 条规定:以欺诈的手段使对方在违背真实意思的情况下订立或者变更的劳动合同无效或者部分无效。根据法律规定,劳动者以虚假的姓名与用人单位签订的劳动合同应属无效。

法律依据

《中华人民共和国劳动合同法》

第二十六条第一款 下列劳动合同无效或者部分无效:

（一）以欺诈、胁迫的手段或者乘人之危，使对方在违背真实意思的情况下订立或者变更劳动合同的；

（二）用人单位免除自己的法定责任、排除劳动者权利的；

（三）违反法律、行政法规强制性规定的。

19. 未毕业的大学生与用人单位签订的劳动合同是否有效？

法律咨询

王某是某大学的大四学生。由于大四课程安排不多，王某想提前积累工作经验，便四处投简历寻找工作。最终王某通过了某单位的面试，与该单位签订了劳动合同。那么，未毕业的大学生与用人单位签订的劳动合同是否有效？

律师答疑

近年来，即将毕业的大学生与用人单位签订劳动合同后，用人单位又以大学生未领毕业证，仍是学生，不具备劳动关系主体资格为由否定合同效力的情形较为常见。在此情况下，双方签订的劳动合同是否有效，直接关系到即将毕业大学生的合法权益。如果确定劳动合同有效，则双方为劳动关系，发生纠纷后可适用《劳动法》和《劳动合同法》的相关规定，更有利于保护劳动者的合法权益。《劳动部关于贯彻执行〈中华人民共和国劳动法〉若干问题的意见》第 4 条规定：公务员和比照实行公务员制度的事业组织和社会团体的工作人员，以及农村劳动者（乡镇企业职工和进城务工、经商的农民除外）、现役军人和家庭保姆等不适用劳动法。该规定并未将即将毕业的大学生包括在内。即将毕业的大学生因在高校已完成或基本完成学业，如其不属于利用业余时间勤工助学的情况，且明确表达了求职就业的意愿，为用人单位付出劳动，接受用人单位的管理并获取劳动报酬，完全符合劳动关系的本质特征，构成事实劳动关系。即法律并未限制即将毕业的大学生与用人单位建立劳动关系。这不仅是落实国家促进就业政策的需要，也是保障劳动者合法权益的需要。故即将毕业的大学生与用人单位签订的劳动合同通常被认为有效。

法律依据

《劳动部关于贯彻执行〈中华人民共和国劳动法〉若干问题的意见》

4. 公务员和比照实行公务员制度的事业组织和社会团体的工作人员，以及农村劳动者（乡镇企业职工和进城务工、经商的农民除外）、现役军人和家庭保姆等不适用劳动法。

20. 用人单位与劳动者约定“社会保险费由职工自理”的协议是否有效？

法律咨询

何某大学毕业后应聘到某企业做技术开发人员，在经过了2个月试用期后，公司与其签订了劳动合同。并在合同中约定了相关待遇，何某对薪酬和奖金情况很满意，但对合同约定的“社会保险由职工自理”不满意。那么，用人单位与劳动者约定“社会保险费由职工自理”的协议是否有效？

律师答疑

现实生活中，很多用人单位与劳动者约定，由劳动者自行缴纳社会保险费，其中包括应当由用人单位负担的部分。之所以出现这样的情况，多数是因为用人单位长期经营效益不好，没有能力为劳动者缴纳社会保险费。而劳动者为了自身利益，特别是考虑到将来退休养老的问题，也同意与用人单位签订“保险费用自理”的协议。根据《劳动法》第 70 条的规定，国家发展社会保险事业，建立社会保险制度，设立社会保险基金，使劳动者在年老、患病、工伤、失业、生育等情况下获得帮助和补偿。《社会保险法》第 4 条第 1 款规定，中华人民共和国境内的用人单位和个人依法缴纳社会保险费……同时，《社会保险费征缴暂行条例》第 2 条第 2 款进一步规定，本条例所称缴费单位、缴费个人，是指依照有关法律、行政法规和国务院的规定，应当缴纳社会保险费的单位和个人。该条例第 7 条第 1 款规定，缴费单位必须向当地社会保险经办机构办理社会保险登记，参加社会保险。该条例第 12 条规定，缴费单位和缴费个人应当以货币形式全额缴纳社会保险费。缴费个人应当缴纳的社会保险费，由所在单位从其本人工资中代扣代缴。社会保险费不得减免。上述法律规定，明确了社会保险费由国家、企业和个人共同承担的原则。而缴纳社会保险是企业应尽的法定义务，具有强制性。虽然企业与职工约定了由职工个人负担保险费用，但该约定违反了国家的法律规定，属于无效条款，但需要注意的是该条款的无效并不直接导致整个劳动合同的无效,若劳动合同其他条款符合法律法规的规定,则有效。

法律依据

《中华人民共和国劳动法》

第七十条 国家发展社会保险事业,建立社会保险制度,设立社会保险基金,使劳动者在年老、患病、工伤、失业、生育等情况下获得帮助和补偿。

《中华人民共和国社会保险法》

第四条第一款 中华人民共和国境内的用人单位和个人依法缴纳社会保险费,有权查询缴费记录、个人权益记录,要求社会保险经办机构提供社会保险咨询等相关服务。

《社会保险费征缴暂行条例》

第二条第二款 本条例所称缴费单位、缴费个人,是指依照有关法律、行政法规和国务院的规定,应当缴纳社会保险费的单位和个人。

第七条第一款 缴费单位必须向当地社会保险经办机构办理社会保险登记,参加社会保险。

第十二条 缴费单位和缴费个人应当以货币形式全额缴纳社会保险费。

缴费个人应当缴纳的社会保险费,由所在单位从其本人工资中代扣代缴。

社会保险费不得减免。

21. 没有仔细看清合同条款的内容，可以主张合同条款无效吗？

法律咨询

罗某入职A公司担任质量工程师，后由于部门组织架构的调整，A公司与罗某达成解除劳动关系的协议。关于经济补偿金的数额，罗某与A公司存在争议。罗某称A公司2020年4月29日找其谈话，称公司架构调整需裁员，若协商一致解除劳动合同则给予“N＋2个月”工资的经济补偿；若不接受协商一致解除则A公司发送单方解除通知，给予“N＋1个月”工资的经济补偿，还告知“N”的计算方式为罗某的工作年限乘以劳动合同解除前12个月平均工资（包括年终奖以及“十三薪”）。罗某当时未同意“N＋2个月”工资的方案，后A公司告知将方案变更为“N＋3个月”工资，但对“N”的构成并未重新协商，罗某就于2020年4月29日签署了协议，4月30日并未至A公司处上班。罗某签署《解除劳动合同与劳动关系协议》后才发现，A公司并未将罗某的双薪以及年终奖计入补偿金计算基数，与先前协商中告知的内容不符，构成欺诈，但A公司提供的补偿金高于法定标准。那么罗某没有看清合同条款的内容，可以主张合同条款无效吗？

律师答疑

在签署合同的过程中，我们需要对合同文本的内容进行仔细阅读和理解，为自己的签字和盖章负责。特殊情况下，如有《民法典》第496条、第497条所规定的情形，即一方能充分举证对方存在“提供格式条款一方不合理地免除或者减轻其责任、加重对方责任、限制对方主要权利”“排除对方主要权利”等或其他类似情形，才可能得到法院的认可。而在本案中，A公司提供的补偿金额明显高于法定标准，且与罗某多次协商，远达不到欺诈罗某的程度。而罗某对于合同条款的内容具有注意义务，因此罗某的主张不能得到法院的支持。在此提醒广大劳动者，在与用人单位签订各类合同、协议等文本时，应当看清文本的条款和内容，尽到自己的注意义务，不要因为自己的疏忽过失使自身的权益受到损失。

法律依据

《中华人民共和国民法典》

第四百九十六条　格式条款是当事人为了重复使用而预先拟定，并在订立合同时未与对方协商的条款。

采用格式条款订立合同的，提供格式条款的一方应当遵循公平原则确定当事人之间的权利和义务，并采取合理的方式提示对方注意免除或者减轻其责任等与对方有重大利害关系的条款，按照对方的要求，对该条款予以说明。提供格式条款的一方未履行提示或者说明义务，致使对方没有注意或者理解与其有重大利害关系的条款的，对方可以主张该条款不成为合同的内容。

第四百九十七条　有下列情形之一的，该格式条款无效：

（一）具有本法第一编第六章第三节和本法第五百零六条规定的无效情形；

（二）提供格式条款一方不合理地免除或者减轻其责任、加重对方责任、限制对方主要权利；

（三）提供格式条款一方排除对方主要权利。

第三节　劳动合同的签订和变更

22. 不签订书面劳动合同有哪些法律后果？

法律咨询

樊某应聘到某纺织工厂上班，工作了 1 个月，单位还未与其签订书面劳动合同。其向单位人事部反映该情况，得到的回复是不用签订书面劳动合同，口头约定即可。那么，不签订书面劳动合同有哪些法律后果？

律师答疑

劳动合同作为劳动关系双方当事人权利义务的协议，有书面形式和口头形式之分。以书面形式订立劳动合同是指劳动者在与用人单位建立劳动关系时，直接用书面文字形式表达和记载当事人经过协商而达成一致的协议。书面劳动合同的好处在于“白纸黑字”，有据可查，一旦发生争议时，便于查清事实，分清是非，也有利于主管部门和劳动行政部门进行监督检查。

对于已经建立劳动关系，但没有同时订立书面劳动合同的情况，法律要求用人单位与劳动者应当自用工之日起 1 个月内订立书面劳动合同。没有签订书面合同将面临一系列的法律后果，将会大大加重用人单位的违法成本。

根据《劳动合同法》及相关法律法规的规定，用人单位自用工之日起超过1个月但不满1年未与劳动者订立书面劳动合同的，应当向劳动者每月支付2倍的工资，并与劳动者补订书面劳动合同；用人单位向劳动者每月支付2倍工资的起算时间为用工之日起满1个月的次日，截止时间为补订书面劳动合同的前1日。

根据《劳动合同法》《劳动合同法实施条例》的规定，用人单位自用工之日起满1年未与劳动者订立书面劳动合同的，此时自用工之日起满1个月的次日至满1年的前1日应当向劳动者每月支付2倍的工资，并视为自用工之日起满1年的当日已经与劳动者订立无固定期限劳动合同，应当立即与劳动者补订书面劳动合同。如果用人单位违反法律规定不与劳动者订立无固定期限劳动合同，自应当订立无固定期限劳动合同之日起向劳动者每月支付2倍的工资。

法律依据

《中华人民共和国劳动合同法》

第八十二条 用人单位自用工之日起超过一个月不满一年未与劳动者订立书面劳动合同的，应当向劳动者每月支付二倍的工资。

用人单位违反本法规定不与劳动者订立无固定期限劳动合同的，自应当订立无固定期限劳动合同之日起向劳动者每月支付二倍的工资。

《中华人民共和国劳动合同法实施条例》

第五条 自用工之日起一个月内，经用人单位书面通知后，劳动者不与用人单位订立书面劳动合同的，用人单位应当书面通知劳动者终止劳动关系，无需向劳动者支付经济补偿，但是应当依法向劳动者支付其实际工作时间的劳动报酬。

第六条 用人单位自用工之日起超过一个月不满一年未与劳动者订立书面劳动合同的，应当依照劳动合同法第八十二条的规定向劳动者每月支付两倍的工资，并与劳动者补订书面劳动合同；劳动者不与用人单位订立书面劳动合同的，用人单位应当书面通知劳动者终止劳动关系，并依照劳动合同法第四十七条的规定支付经济补偿。

前款规定的用人单位向劳动者每月支付两倍工资的起算时间为用工之日起满一个月的次日，截止时间为补订书面劳动合同的前一日。

第七条 用人单位自用工之日起满一年未与劳动者订立书面劳动合同的，自用工之日起满一个月的次日至满一年的前一日应当依照劳动合同法第八十二条的规定向劳动者每月支付两倍的工资，并视为自用工之日起满一年的当日已经与劳动者订立无固定期限劳动合同，应当立即与劳动者补订书面劳动合同。

23. 没有营业执照的经营实体能否与劳动者签订劳动合同？

法律咨询

应某得知某影视有限责任公司刚成立，急需人才，便到该公司应聘，并最终与该公司签订了劳动合同，约定了丰厚的待遇。后从朋友处得知，该公司刚组建成功，还未取得营业执照。那么，公司与应某的劳动合同是否有效？没有营业执照的经营实体能否与劳动者签订劳动合同？

律师答疑

只有符合法律规定的用人单位才能与劳动者签订劳动合同。根据《劳动法》第 2 条、《劳动合同法》第 2 条的规定，符合法律规定的用人单位包括了法定用人单位和视同为用人单位两种情形。法定用人单位，包括中华人民共和国境内的企业、个体经济组织、民办非企业单位三类组织。视同用人单位，是指国家机关、事业单位、社会团体和劳动者依据《劳动合同法》建立劳动关系的用人单位。此外，依据《劳动合同法实施条例》第 4 条的规定，劳动合同法规定的用人单位设立的分支机构，依法取得营业执照或者登记证书的，可以作为用人单位与劳动者订立劳动合同；未依法取得营业执照或者登记证书的，受用人单位委托可以与劳动者订立劳动合同。

因此，没有独立营业执照的经营实体是不适格的用人单位，不具有用人权，不能与劳动者签订劳动合同。没有营业执照包括未办理营业执照、营业执照被吊销或者营业执照期限届满仍继续经营。但是，如果该没有独立营业执照的经营实体是某一有营业执照的经营实体的分支机构，并且取得了该分支机构的授权，则可以与劳动者签订劳动合同。

此外，需要注意的是，新成立的公司在未取得营业执照前与劳动者签订的劳动合同虽然无效，但根据《最高人民法院关于审理劳动争议案件适用法律问题的解释（一）》第 29 条和第 30 条的规定，仍应承认劳动关系的存在。当劳动者与未办理营业执照、营业执照被吊销或营业期限届满仍继续经营的用人单位发生纠纷时，将用人单位或者出资人列为当事人，由用人单位承担相应的责任，当用人单位不存在或无力承担责任时由出资人承担责任；对于以挂靠等方式借用他人营业执照经营的，应当将用人单位和营业执照出借方列为当事人。

法律依据

《中华人民共和国劳动法》

第二条第一款 在中华人民共和国境内的企业、个体经济组织（以下统称用人单位）和与之形成劳动关系的劳动者，适用本法。

《中华人民共和国劳动合同法》

第二条第一款 中华人民共和国境内的企业、个体经济组织、民办非企业单位等组织（以下称用人单位）与劳动者建立劳动关系，订立、履行、变更、解除或者终止劳动合同，适用本法。

《中华人民共和国劳动合同法实施条例》

第四条 劳动合同法规定的用人单位设立的分支机构，依法取得营业执照或者登记证书的，可以作为用人单位与劳动者订立劳动合同；未依法取得营业执照或者登记证书的，受用人单位委托可以与劳动者订立劳动合同。

《最高人民法院关于审理劳动争议案件适用法律问题的解释（一）》

第二十九条 劳动者与未办理营业执照、营业执照被吊销或者营业期限届满仍继续经营的用人单位发生争议的，应当将用人单位或者其出资人列为当事人。

第三十条　未办理营业执照、营业执照被吊销或者营业期限届满仍继续经营的用人单位,以挂靠等方式借用他人营业执照经营的,应当将用人单位和营业执照出借方列为当事人。

24. 外国公司驻华代表机构能否与劳动者签订劳动合同?

法律咨询

某公司是一家美国科技公司。为拓展国外市场,2018 年,其在北京设立了一家代表机构。为了吸引人才,该驻华代表机构打算在华招聘一批工作人员。那么,外国公司驻华代表机构能否与劳动者签订劳动合同?

律师答疑

依据《劳动和社会保障部关于确立劳动关系有关事项的通知》的规定,劳动关系成立的一个基本前提是用人单位和劳动者符合法律、法规规定的主体资格。在我国现有的法律体系下哪些单位具备用工的主体资格呢?《劳动法》第 2 条第 1 款以及《劳动合同法》第 2 条第 1 款作出了明确的规定,只有中国境内的企业、个体经济组织、民办非企业单位等组织和劳动者建立的劳动关系才适用上述两部法律。而中国境内的企业则是指:在中国境内设立的内资企业以及三资企业(中外合资经营企业、中外合作经营企业和外资企业)。内资企业和三资企业住所地均在国内,是中华人民共和国的企业法人。而外国企业,是指非中国企业法人的外国公司、企业和其他经济组织,不属于境内企业之列。故外国公司驻华办事处在中国没有用工权利,不是劳动关系的合法主体。

对于外国企业常驻代表机构在我国招募工作人员的问题,《中华人民共和国国务院关于管理外国企业常驻代表机构的暂行规定》第 11 条作出了规定,“常驻代表机构租用房屋、聘请工作人员,应当委托当地外事服务单位或者中国政府指定的其它单位办理”。所以,要想进入外国公司企业驻华代表机构、办事处工作,并有效地维护自身的合法权益,只能通过当地外事服务单位向外国驻华外交代表机构、外国企业常驻代表机构求职应聘,并与当地外事服务单位签订劳动合同,外事服务单位再将劳动者以劳务派遣的方式派遣到代表机构。具体的有关事项应该依据劳务派遣的有关规定执行。

除上述规定外,2005 年 2 月,《劳动和社会保障部关于外国使馆雇佣中国公民有关问题的复函》也对外国使领馆雇佣中国公民做出了的规定。该复函指出,“外国驻华外交代表机构聘用中国雇员,应按照现行法律规定,也要由外交人员服务机构派遣雇员,代理社会保险事务”。

因此,中国雇员与外事服务机构之间是劳动关系,而该公司驻京代表处因没有在我国的用工权,与代表处没有劳动关系;如果依法与外事服务机构签订劳动合同,雇员与外国企业驻中国代表处发生争议申请仲裁时,应以外事服务机构为被申请人。因案件处理结果往往与该代表处有直接利害关系,仲裁委员会可以将其列为第三人参加到仲裁程序中。

法律依据

《中华人民共和国劳动法》

第二条第一款 在中华人民共和国境内的企业、个体经济组织(以下统称用人单位)和与之形成劳动关系的劳动者,适用本法。

《中华人民共和国劳动合同法》

第二条第一款 中华人民共和国境内的企业、个体经济组织、民办非企业单位等组织(以下称用人单位)与劳动者建立劳动关系,订立、履行、变更、解除或者终止劳动合同,适用本法。

《中华人民共和国国务院关于管理外国企业常驻代表机构的暂行规定》

第十一条 常驻代表机构租用房屋、聘请工作人员,应当委托当地外事服务单位或者中国政府指定的其它单位办理。

《劳动和社会保障部关于外国使馆雇佣中国公民有关问题的复函》

外国驻华外交代表机构聘用中国雇员,应按照现行法律规定,也要由外交人员服务机构派遣雇员,代理社会保险事务。

25. 用人单位是否应与返聘人员签订劳动合同?

法律咨询

张某是某大学一位德高望重的教授,其学术水平高,为人也十分随和。2018 年,其到了退休的年龄,但学校由于缺乏像张某这样的高端人才，决定对张某进行返聘，张某同意。那么，用人单位是否应与返聘人员签订劳动合同？

律师答疑

已经享受社会养老保险待遇的离退休人员再次被聘用的，由于不再具备劳动者的主体身份，不能再依据《劳动法》的有关规定享受相关的待遇。具体理由如下：

第一，依据《劳动合同法》第44条的规定，劳动者开始依法享受基本养老保险待遇的情形下，劳动合同依法终止。

第二，依据《最高人民法院关于审理劳动争议案件适用法律问题的解释（一）》第32条第1款的规定，用人单位与其招用的已经依法享受养老保险待遇或者领取退休金的人员发生用工争议而提起诉讼的，人民法院应当按劳务关系处理。由此可见，退休享受基本养老保险待遇的返聘人员与用人单位之间并非劳动关系，而是劳务关系。

综上所述，返聘人员不能像退休前一样享受劳动者的待遇。返聘人员与原工作的高校建立有劳动关系，并已经享有养老保险等依照劳动法律关系建立的相应的社会保障，故返聘人员与学校再次签订的聘任合同就不再具有劳动合同的性质，而具有劳务合同的性质，受《民法典》等法律法规的调整。

法律依据

《中华人民共和国劳动合同法》

第四十四条 有下列情形之一的，劳动合同终止：

（一）劳动合同期满的；

(二)劳动者开始依法享受基本养老保险待遇的;

(三)劳动者死亡,或者被人民法院宣告死亡或者宣告失踪的;

(四)用人单位被依法宣告破产的;

(五)用人单位被吊销营业执照、责令关闭、撤销或者用人单位决定提前解散的;

(六)法律、行政法规规定的其他情形。

《最高人民法院关于审理劳动争议案件适用法律问题的解释(一)》

第三十二条第一款 用人单位与其招用的已经依法享受养老保险待遇或者领取退休金的人员发生用工争议而提起诉讼的,人民法院应当按劳务关系处理。

26. 单位可以拒绝与连续工作满10年的劳动者签订无固定期限劳动合同吗?

法律咨询

赵某是某钢铁制造公司的老员工,在车间工作已经11年了,一直兢兢业业。2018年2月,赵某与公司签订的劳动合同到期,赵某表示要与公司签订无固定期限劳动合同。此时,单位可以拒绝与连续工作满10年的劳动者签订无固定期限劳动合同吗?

律师答疑

依据《劳动法》第23条、《劳动合同法》第44条的有关规定,劳动合同到期之后即发生终止的法律效力，任何一方都有权决定是否续签劳动合同。但是，依据《劳动合同法》第 14 条第 2 款的规定，满足“劳动者在该用人单位连续工作满十年”和“劳动者提出或者同意续订、订立劳动合同”这种情况，不适用上述规定，用人单位无权决定是否续签劳动合同，必须与劳动者续签合同。续签合同的形式一般为无固定期限合同，除非劳动者提出订立固定期限劳动合同。所以，在这种情况下，无论用人单位是否愿意续订劳动合同，只要劳动者提出，用人单位就必须同意，而且签订的应当是无固定期限的劳动合同。相反，如果用人单位提出续订劳动合同，劳动者则可以拒绝签订。

总之，与劳动者签订无固定期限的劳动合同，是用人单位的法定义务，只要法定条件成就，用人单位就必须履行，别无选择；而对于劳动者而言，是否选择签订劳动合同，是否选择签订无固定期限的劳动合同，是法律赋予的权利。权利是可以放弃的，所以，如果劳动者不愿意签订无固定期限的劳动合同，而是提出签订固定期限的劳动合同，用人单位应当同意。

法律依据

《中华人民共和国劳动法》

第二十三条 劳动合同期满或者当事人约定的劳动合同终止条件出现，劳动合同即行终止。

《中华人民共和国劳动合同法》

第十四条 无固定期限劳动合同，是指用人单位与劳动者约定无确定终止时间的劳动合同。

用人单位与劳动者协商一致，可以订立无固定期限劳动合同。有下列情形之一,劳动者提出或者同意续订、订立劳动合同的,除劳动者提出订立固定期限劳动合同外,应当订立无固定期限劳动合同:

(一)劳动者在该用人单位连续工作满十年的;

…………

第四十四条 有下列情形之一的,劳动合同终止:

(一)劳动合同期满的;

(二)劳动者开始依法享受基本养老保险待遇的;

(三)劳动者死亡,或者被人民法院宣告死亡或者宣告失踪的;

(四)用人单位被依法宣告破产的;

(五)用人单位被吊销营业执照、责令关闭、撤销或者用人单位决定提前解散的;

(六)法律、行政法规规定的其他情形。

27. 劳动者能否同时与不同的用人单位签订非全日制用工合同?

法律咨询

时某是一个农民,农闲时间想进城打工挣些钱。为充分利用时间,多挣一些钱,时某分别找了白班和夜班两份工作,在保证时间不冲突的情况下,与两家单位签订了非全日制用工合同。那么,劳动者能否同时与不同的用人单位签订非全日制用工合同?

律师答疑

依据《劳动合同法》第 39 条的规定，劳动者同时与其他用人单位建立劳动关系，对完成本单位的工作任务造成严重影响，或者经用人单位提出，拒不改正的，可以成为用人单位单方解除劳动合同的理由。这种情况仅限于固定期限的劳动合同。

但是，非全日制用工却是例外。依据《劳动合同法》第 69 条第 2 款、《劳动和社会保障部关于非全日制用工若干问题的意见》第 1 条第 2 款的有关规定，从事非全日制用工的劳动者可以与一个或者一个以上用人单位订立劳动合同。所以，作为非全日制用工的劳动者，只要符合法律规定的相应条件，就可以与其他用人单位订立非全日制劳动合同。但是，尽管法律并不禁止同时与多家用人单位签订非全日制用工合同，却应当注意的一个问题是，后订立的劳动合同不得影响先订立的劳动合同的履行，否则用人单位也可以行使合同解除权。

法律依据

《中华人民共和国劳动合同法》

第三十九条　劳动者有下列情形之一的，用人单位可以解除劳动合同：

…………

（四）劳动者同时与其他用人单位建立劳动关系，对完成本单位的工作任务造成严重影响，或者经用人单位提出，拒不改正的；

…………

第六十八条　非全日制用工，是指以小时计酬为主，劳动者在同一用人单位一般平均每日工作时间不超过四小时，每周工作时间累计不超过二十四小时的用工形式。

第六十九条 非全日制用工双方当事人可以订立口头协议。

从事非全日制用工的劳动者可以与一个或者一个以上用人单位订立劳动合同；但是，后订立的劳动合同不得影响先订立的劳动合同的履行。

《劳动和社会保障部关于非全日制用工若干问题的意见》

1.非全日制用工是指以小时计酬、劳动者在同一用人单位平均每日工作时间不超过5小时累计每周工作时间不超过30小时的用工形式。

从事非全日制工作的劳动者，可以与一个或一个以上用人单位建立劳动关系。用人单位与非全日制劳动者建立劳动关系，应当订立劳动合同。劳动合同一般以书面形式订立。劳动合同期限在一个月以下的，经双方协商同意，可以订立口头劳动合同。但劳动者提出订立书面劳动合同的，应当以书面形式订立。

28. 履行劳动合同时工作地点发生变更怎么办?

法律咨询

唐某家住在A市东区，为了上班方便，其选择到离家近的某单位上班，并与该公司签订了劳动合同，约定工作地点在东区。唐某在该单位工作了半年后，该公司由于在西区新建办公场所，因此唐某的工作地点需要转移到西区，由于东、西区相距较远，交通不便，给唐某造成了诸多困扰。那么，履行劳动合同时工作地点发生变更怎么办？

律师答疑

工作地点是劳动合同的核心内容之一，《劳动合同法》将其列为劳动合同的必备条款，是建立劳动关系最重要的因素。工作地点是劳动合同的实际履行地（也是劳动争议的管辖地），是劳动者履行劳动合同中所约定的工作岗位的空间所在，关系到劳动者的生活环境与就业选择。因此劳动合同中应对这一内容进行明确，但在实际运作中，用人单位的住所地有可能发生变化，或者用人单位新建分部或厂房等情况时有发生，往往需要劳动者随之变化工作地点，此时一旦用人单位在合同期内因生产经营需要或其他原因调整劳动者工作地点的，双方应协商一致，用人单位应尽量提供相应的便捷措施以方便劳动者，如提供班车接送劳动者上下班等，而劳动者对于用人单位合理的变更要求应给予尽可能的理解。如果确因客观情况发生重大变化，如工作地点由一个市区搬迁到另一市区，而劳动者已在原市区买房定居，涉及孩子上学等诸多因素，导致劳动合同的确无法履行，而双方又无法就变更劳动合同达成协议的，用人单位则可依法解除劳动合同，但用人单位需要依法支付解除劳动合同的经济补偿。

法律依据

《中华人民共和国劳动合同法》

第十七条第一款　劳动合同应当具备以下条款：

（一）用人单位的名称、住所和法定代表人或者主要负责人；

（二）劳动者的姓名、住址和居民身份证或者其他有效身份证件号码；

（三）劳动合同期限；

（四）工作内容和工作地点；

（五）工作时间和休息休假；

（六）劳动报酬；

（七）社会保险；

（八）劳动保护、劳动条件和职业危害防护；

（九）法律、法规规定应当纳入劳动合同的其他事项。

第三十五条第一款 用人单位与劳动者协商一致，可以变更劳动合同约定的内容。变更劳动合同，应当采用书面形式。

29. 公司单方面调岗，员工可以拒绝吗？

法律咨询

吕某在基金公司工作，负责公司保密工作，因吕某违反《员工手册》保密管理规定，公司对吕某进行调岗，职级和福利待遇不变。然而吕某不同意岗位调动。后公司多次以邮件形式通知吕某到岗，而吕某以未经本人同意为由拒绝到岗，A 公司以严重违纪向吕某送达单方解除劳动合同通知书。吕某则认为公司单方面调岗不具有合理性。那么，对于公司的单方面调岗，员工可以拒绝吗？

律师答疑

根据《劳动合同法》的规定，用人单位与劳动者协商一致，可以变更劳动合同约定的内容。劳动合同的变更应当采取书面形式。调岗是指岗位变动，工作岗位属于劳动合同的必备条款，故用人单位调整劳动岗位需与劳动者协商一致，且以书面形式变更劳动合同。在生活实践中，用人单位根据自身生产经营需要调整员工的岗位和薪酬，必须受到合理性原则的制约，应当从调岗的合理性、合法性、工资待遇以及工作强度等多方面进行考量，不能滥用权利损害劳动者的利益。吕某因为违反员工手册的管理规定，基金公司从维护自身利益的角度出发，对吕某进行调岗具有合理的考量。同时其福利待遇、职级不变，工作内容未有重大变化。因此，吕某对用人单位调岗的拒不服从理应承担严重违反公司规章制度的责任，公司有权单方面解除劳动合同。

法律依据

《劳动合同法》

第三十五条　用人单位与劳动者协商一致，可以变更劳动合同约定的内容。变更劳动合同，应当采用书面形式。

变更后的劳动合同文本由用人单位和劳动者各执一份。

第三十九条　劳动者有下列情形之一的，用人单位可以解除劳动合同：

（一）在试用期间被证明不符合录用条件的；

（二）严重违反用人单位的规章制度的；

（三）严重失职，营私舞弊，给用人单位造成重大损害的；

（四）劳动者同时与其他用人单位建立劳动关系，对完成本单位的工作任务造成严重影响，或者经用人单位提出，拒不改正的；

（五）因本法第二十六条第一款第一项规定的情形致使劳动合同无效的；

（六）被依法追究刑事责任的。

30. 用人单位的老板变了，是否会影响劳动合同的履行?

法律咨询

王某在参加A公司的面试过程中，得到了公司老板汤某的赏识，并最终与该公司签订了劳动合同。不久后，公司领导层发生变动，顾某接替汤某成为公司的老板。王某担心自己会被辞退。那么，用人单位的老板变了，是否会影响劳动合同的履行?

律师答疑

商场如战场，任何时候都在发生各种变化，因此用人单位尤其是公司企业等常常会有新的投资进入、股东的更换或者减少等情况发生。对于劳动者来说，这就意味着幕后老板的变更，但可以明确的是，用人单位的投资人是用人单位的所有权人，而不是用人单位本身，两者并不是等同的。换句话讲，和劳动者签订劳动合同的是用人单位，而不是用人单位的投资人。所以，用人单位投资人的变更并不等于用人单位主体的变更，而劳动合同是劳动者与用人单位之间签订的合同，用人单位作为劳动合同主体的地位没有发生变化，劳动合同的效力也就不会发生变化。因此，用人单位变更投资人（包括更换股东、增加股东和减少股东）后，虽然用人单位的所有者变了，但能够与劳动者建立劳动关系、签订劳动合同的用工实体——用人单位仍然存在，变更后的用工单位仍应继续与劳动者履行此前签订的劳动合同，非经法律程序不得轻易变更或者解除。

法律依据

《中华人民共和国劳动合同法》

第三十三条　用人单位变更名称、法定代表人、主要负责人或者投资人等事项，不影响劳动合同的履行。

31. 劳动者可以和两家或两家以上用人单位签订劳动合同吗？

法律咨询

楚某是某学校法学系的一名民商法老师，工作之余时间充足，因此其与某律所签订了劳动合同，约定在课余之时可以代理案件。那么，劳动者可以和两家或两家以上用人单位签订劳动合同吗？

律师答疑

劳动者同时与两家以上用人单位签订劳动合同常存在以下情况：

(1)劳动者通过兼职和两家以上用人单位有劳动关系,兼职肯定会对主业有影响,用人单位往往也不会赞成劳动者这样的做法,如果劳动者同时与其他用人单位建立劳动关系,对完成本单位的工作任务造成严重影响,或者经用人单位提出,拒不改正时,用人单位有权解除劳动合同并不支付经济补偿。所以,劳动者在兼职时一定要处理好多个劳动合同之间的关系。

(2)劳动者在准备跳槽时往往是“骑驴找马”,有时和下家签订劳动合同时还没有和上家解除劳动合同,此时劳动者就相当于与两家用人单位签订了劳动合同,此时,如果造成上家用人单位的损失,劳动者自然需要承担损失的赔偿责任,而接收劳动者跳槽的新用人单位,招用与其他用人单位尚未解除或者终止劳动合同的劳动者,给其他用人单位造成损失的,应当与劳动者一起对原用人单位的损失承担连带赔偿责任。

(3)非全日制用工中,由于劳动者的时间相对自由,从事非全日制用工的劳动者可以与一个或者一个以上用人单位订立劳动合同;但是,后订立的劳动合同不得影响先订立的劳动合同的履行。

因此,劳动者可以和两家以上用人单位同时签订劳动合同,但要注意把握分寸,避免造成损失,连累自己和用人单位。

法律依据

《中华人民共和国劳动合同法》

第三十九条 劳动者有下列情形之一的,用人单位可以解除劳动合同:

…………

(四)劳动者同时与其他用人单位建立劳动关系,对完成本单位的工作任务造成严重影响，或者经用人单位提出，拒不改正的；

…………

第六十九条　非全日制用工双方当事人可以订立口头协议。

从事非全日制用工的劳动者可以与一个或者一个以上用人单位订立劳动合同；但是，后订立的劳动合同不得影响先订立的劳动合同的履行。

《劳动保障部关于非全日制用工若干问题的意见》

第一条第二款　从事非全日制工作的劳动者，可以与一个或一个以上用人单位建立劳动关系。用人单位与非全日制劳动者建立劳动关系，应当订立劳动合同。劳动合同一般以书面形式订立。劳动合同期限在一个月以下的，经双方协商同意，可以订立口头劳动合同。但劳动者提出订立书面劳动合同的，应当以书面形式订立。

32. 变更劳动合同必须要采用书面形式吗？

法律咨询

戴某毕业后应聘某公司财务会计的职位，并与该公司签订了为期2年的劳动合同，合同约定月薪为5000元。工作1年后，戴某由于表现优异，公司决定提升其为财务主管，月薪8000元，此时需要变更劳动合同。那么，变更劳动合同必须要采用书面形式吗？

律师答疑

《劳动合同法》第 35 条第 1 款规定，用人单位与劳动者协商一致，可以变更劳动合同约定的内容。变更劳动合同，应当采用书面形式。因此，一般情形而言，变更劳动合约应当采用书面形式。同时，《最高人民法院关于审理劳动争议案件适用法律问题的解释（一）》第 11 条规定，变更劳动合同未采用书面形式，但已经实际履行了口头变更的劳动合同超过 1 个月，且变更后的劳动合同内容不违反法律、行政法规且不违背公序良俗，当事人以未采用书面形式为由主张劳动合同变更无效的，人民法院不予支持。可见，特定情形下的劳动合同变更即使不通过书面形式也会被认定。

法律依据

《中华人民共和国劳动合同法》

第三十五条第一款 用人单位与劳动者协商一致，可以变更劳动合同约定的内容。变更劳动合同，应当采用书面形式。

《最高人民法院关于审理劳动争议案件适用法律问题的解释（一）》

第四十三条 用人单位与劳动者协商一致变更劳动合同，虽未采用书面形式，但已经实际履行了口头变更的劳动合同超过一个月，变更后的劳动合同内容不违反法律、行政法规且不违背公序良俗，当事人以未采用书面形式为由主张劳动合同变更无效的，人民法院不予支持。

第四节　劳动合同的解除和终止

33. 劳动者辞职必须经用人单位同意吗?

法律咨询

付某在某单位从事销售工作5年了,考虑到自己的长远发展,其决定从单位辞职。付某向人事部递交了自己的辞职申请,但遭到了人事部门的拒绝,人事主管表示公司正处于上升期,需要人才,因此不同意付某辞职。那么,劳动者辞职必须经用人单位同意吗?

律师答疑

对于劳动者辞职是否需要经过用人单位的批准,很多用人单位和劳动者都存在认识上的偏差,以至于经常出现用人单位不批准辞职,限制劳动者的正常择业权,而劳动者不敢另找工作的情况发生。根据《劳动法》第31条的规定,劳动者解除劳动合同,应当提前30日以书面形式通知用人单位。《劳动合同法》第37条规定,劳动者提前30日以书面形式通知用人单位,可以解除劳动合同。劳动者在试用期内提前3日通知用人单位,可以解除劳动合同。这两条规定是法律对劳动者解除劳动合同的程序的限制性规定,法律赋予了劳动者辞职权,规定了劳动者在劳动合同正常履行的情况下有权单方解除劳动合同,但是必须履行法律所规定的程序。

劳动者拥有解除劳动合同的权利,不需要用人单位的同意,与依照法定程序解除劳动合同并非同一个问题。辞职权是一种形成权,即劳动者不需要任何理由,只要做出辞职的意思表示即可成立。用人单位没有法定理由不得拒绝。赋予劳动者辞职权使劳动力可以在市场中自由流动。法律赋予劳动者辞职权的同时,也设定了一个程序规定,即试用期内提前3日通知,或者非试用期内提前30日以书面形式通知用人单位。这并不是赋予用人单位是否同意辞职的批准权,而是为了让单位有个过渡期。可以在一定时间内物色新的劳动者,调整生产或工作任务,采取补救措施等,以免员工的辞职给单位生产经营造成不必要的损失。因此,如果员工没有履行上述法定的程序,应当赔偿损失。

法律依据

《中华人民共和国劳动法》

第三十一条 劳动者解除劳动合同,应当提前三十日以书面形式通知用人单位。

《中华人民共和国劳动合同法》

第三十七条 劳动者提前三十日以书面形式通知用人单位,可以解除劳动合同。劳动者在试用期内提前三日通知用人单位,可以解除劳动合同。

34. 双方都有解除劳动合同的意向时，劳动者先提出与用人单位先提出有什么区别？

法律咨询

高某在某单位工作，业务十分繁忙，高某经常加班加点，整个人一直处于高压状态，因此其精神状态欠佳，打算辞职。公司在对员工进行考核时发现高某状态不佳，工作拖延，常有差错，也打算将其辞退。那么，双方都有解除劳动合同的意向时，劳动者先提出与用人单位先提出有什么区别？

律师答疑

劳动关系是一个双方合作，互惠互利的关系。最好的劳动关系应该是融洽的，双方共同为单位的发展而努力，但并非所有工作环境与劳动者都能达到这样和谐的程度。随着用人单位和劳动者自身的发展，还在合同期内，可能劳动者发现单位工作已经不再适合自身发展，同时，单位也不再需要这样的劳动者继续工作。在这种情况下，根据《劳动合同法》的规定，用人单位与劳动者可以协商一致，解除劳动合同。协商解除劳动合同的条件只有一样，即只要双方协商一致就可。因为劳动合同签订的一个重要原则，就是平等自愿，那么在平等自愿的基础上解除劳动合同，从而解除劳动关系，也是十分正常的。

协商也总是需要有人提出才能进行的，虽然协商的结果可能是和平分手，解除劳动合同，但是，哪一方先提出解除的请求，后果却完全不一样。如果劳动者先提出解除请求的，用人单位可以不支付经济补偿，因为劳动者主动跳槽，与用人单位协商解除劳动合同,此时劳动者一般不会失业,或者对失业早有准备,如果要求用人单位支付经济补偿不太合理;如果用人单位先提出解除劳动合同的,就要向劳动者支付经济补偿。

可见,即使在协商一致的情况下,由用人单位提出解除劳动合同的,比由劳动者提出解除劳动合同对劳动者来说更为有利,这样,劳动者能从单位得到工作年限的经济补偿。但是这一原则并非完全僵硬的,在其他情况下,如果由于用人单位的过错导致劳动者被迫提出解除劳动合同的,用人单位仍应支付经济补偿。此时,劳动者要注意收集证明用人单位过错的证据,实现自己的最大权益。

法律依据

《中华人民共和国劳动合同法》

第三十六条 用人单位与劳动者协商一致,可以解除劳动合同。

第三十七条 劳动者提前三十日以书面形式通知用人单位,可以解除劳动合同。劳动者在试用期内提前三日通知用人单位,可以解除劳动合同。

第三十八条第一款 用人单位有下列情形之一的,劳动者可以解除劳动合同:

(一)未按照劳动合同约定提供劳动保护或者劳动条件的;

(二)未及时足额支付劳动报酬的;

(三)未依法为劳动者缴纳社会保险费的;

(四)用人单位的规章制度违反法律、法规的规定,损害劳动者权益的；

（五）因本法第二十六条第一款规定的情形致使劳动合同无效的；

（六）法律、行政法规规定劳动者可以解除劳动合同的其他情形。

第四十六条 有下列情形之一的，用人单位应当向劳动者支付经济补偿：

（一）劳动者依照本法第三十八条规定解除劳动合同的；

（二）用人单位依照本法第三十六条规定向劳动者提出解除劳动合同并与劳动者协商一致解除劳动合同的；

…………

35. 劳动者在用人单位连续工作达 15 年，用人单位不得与之解除劳动合同吗？

法律咨询

常某在某单位从事仓库保管工作已经 15 年了，是公司的元老级人物，还有 3 年其就达到退休年龄了。一日，常某在仓库吸烟，将未熄灭的烟头丢在仓库地上，导致仓库失火，存放在内的公司产品部分被烧毁，给公司造成巨大损失。此时，用人单位能将其辞退吗？劳动者在用人单位连续工作达 15 年，用人单位不得与之解除劳动合同吗？

律师答疑

劳动者在本单位连续工作满 15 年，且距法定退休年龄不足 5

年的，用人单位不得依据《劳动合同法》第 40 条、第 41 条的规定与之解除劳动合同。需要注意的是，此情形作为禁止解除劳动合同条件，只是禁止用人单位不得与无过失的劳动者解除劳动合同。如果用人单位提供证据证明引起辞退的事由在法定禁止性条件的使用范围之外，例如，劳动者严重违反用人单位的规章制度，或者严重失职给用人单位造成重大损害，或者劳动者被依法追究刑事责任等情形下，用人单位仍可以按照《劳动合同法》第 39 条的规定，通知劳动者解除劳动合同。

法律依据

《中华人民共和国劳动合同法》

第三十九条 劳动者有下列情形之一的，用人单位可以解除劳动合同：

（一）在试用期间被证明不符合录用条件的；

（二）严重违反用人单位的规章制度的；

（三）严重失职，营私舞弊，给用人单位造成重大损害的；

（四）劳动者同时与其他用人单位建立劳动关系，对完成本单位的工作任务造成严重影响，或者经用人单位提出，拒不改正的；

（五）因本法第二十六条第一款第一项规定的情形致使劳动合同无效的；

（六）被依法追究刑事责任的。

第四十二条 劳动者有下列情形之一的，用人单位不得依照本法第四十条、第四十一条的规定解除劳动合同：

…………

（五）在本单位连续工作满十五年，且距法定退休年龄不足五年的；

…………

36. 劳动合同到期而劳动者还处在医疗期内的，用人单位能解除劳动合同吗？

法律咨询

2016 年 1 月，郑某与某公司签订了为期两年的劳动合同，其工作任务主要是进行零件焊接。2017 年 9 月，郑某被查出患有心脏病，需要进行手术治疗。单位给其 6 个月时间进行治疗。郑某因此停工。2018 年 1 月，其与公司签订的劳动合同到期，此时用人单位能与其解除劳动合同吗？

律师答疑

医疗期是指职工因病或者非因工负伤而需要停止工作治病休息时，用人单位不得解除劳动合同的时限。也就是说，在医疗期内，用人单位不得因为劳动者患病无法参加工作而与劳动者解除劳动合同关系。

一般情况下，劳动者患病或者非因工负伤，在规定的医疗期满后不能从事原工作，也不能从事由用人单位另行安排的工作，用人单位可以提前 30 日以书面形式通知其本人或额外支付劳动者 1 个月工资后，解除劳动合同。因为如果劳动者对用人单位重新安排的工作也无法完成，说明劳动者履行合同不能。用人单位额外支付的工资应当按照该劳动者上 1 个月的工资标准确定。

如果劳动合同期满，而劳动者患病或者非因工负伤，在规定的医疗期内的，此时用人单位不得解除劳动合同，劳动合同应当续延至相应的情形消失时终止。

法律依据

《中华人民共和国劳动合同法》

第四十条 有下列情形之一的，用人单位提前三十日以书面形式通知劳动者本人或者额外支付劳动者一个月工资后，可以解除劳动合同：

（一）劳动者患病或者非因工负伤，在规定的医疗期满后不能从事原工作，也不能从事由用人单位另行安排的工作的；

…………

第四十二条 劳动者有下列情形之一的，用人单位不得依照本法第四十条、第四十一条的规定解除劳动合同：

…………

（三）患病或者非因工负伤，在规定的医疗期内的；

…………

37. 劳动者在医疗期内违反单位规章制度，用人单位可否解除劳动合同？

法律咨询

韩某是某公司的会计，由于工作原因，其患上了严重的颈椎病和腰间盘突出，需要停工进行治疗，公司给予其3个月的医疗期。在医疗期内，韩某有一次回公司取东西，趁人不注意，在公司收支账簿上做了手脚，将公司的10万元材料款转移到了自己账户上。那么，劳动者在医疗期内违反单位规章制度，用人单位可否解除劳动合同？

律师答疑

依据《企业职工患病或非因工负伤医疗期规定》第3条的规定，企业职工因患病或非因工负伤，需要停止工作医疗时，根据本人实际参加工作年限和在本单位工作年限，给予3个月到24个月的医疗期，在此期间停止工作治病休息，单位不得与其解除劳动合同。但是《劳动合同法》第42条的规定，只规定劳动者患病或者非因工负伤，在规定的医疗期内的，用人单位不得依照该法第40条、第41条的规定解除劳动合同，但并不禁止依据《劳动合同法》第39条的规定解除劳动合同。所以，即使劳动者在规定的医疗期内，如果存在《劳动合同法》第39条所规定的情形，例如，劳动者严重违反用人单位的规章制度，或者严重失职给用人单位造成重大损害，或者劳动者被依法追究刑事责任等，用人单位照样可以解除劳动合同，而且不用支付经济补偿。

法律依据

《企业职工患病或非因工负伤医疗期规定》

第三条 企业职工因患病或非因工负伤，需要停止工作医疗时，根据本人实际参加工作年限和在本单位工作年限，给

予三个月到二十四个月的医疗期:

(一)实际工作年限十年以下的,在本单位工作年限五年以下的为三个月;五年以上的为六个月。

(二)实际工作年限十年以上的,在本单位工作年限五年以下的为六个月;五年以上十年以下的为九个月;十年以上十五年以下的为十二个月;十五年以上二十年以下的为十八个月;二十年以上的为二十四个月。

《中华人民共和国劳动合同法》

第三十九条 劳动者有下列情形之一的,用人单位可以解除劳动合同:

(一)在试用期间被证明不符合录用条件的;

(二)严重违反用人单位的规章制度的;

(三)严重失职,营私舞弊,给用人单位造成重大损害的;

(四)劳动者同时与其他用人单位建立劳动关系,对完成本单位的工作任务造成严重影响,或者经用人单位提出,拒不改正的;

(五)因本法第二十六条第一款第一项规定的情形致使劳动合同无效的;

(六)被依法追究刑事责任的。

第四十二条 劳动者有下列情形之一的,用人单位不得依照本法第四十条、第四十一条的规定解除劳动合同:

…………

(三)患病或者非因工负伤,在规定的医疗期内的;

…………

38. 解除劳动合同后，用人单位不办理档案转移手续，怎么办?

法律咨询

闫某大学毕业后到某公司工作，并将个人档案转移到该公司，由该公司进行保管。1 年后，闫某找到了更好的工作，便与该公司解除了劳动合同。但是，该公司一直以各种理由拒绝归还闫某档案。那么，解除劳动合同后，用人单位不办理档案转移手续，怎么办?

律师答疑

在解除或者终止劳动合同后，有的用人单位刁难劳动者，不开具有关解除或者终止劳动合同的证明，扣押劳动者档案，对社会保险问题含糊其词等，都会对劳动者下一份工作造成不小的麻烦。对于单位的这些做法，《劳动合同法》明令禁止。劳动者依法解除或者终止劳动合同，用人单位扣押劳动者档案或者其他物品的，由劳动行政部门责令限期退还劳动者本人，按每一名劳动者 500 元以上 2000 元以下的标准处以罚款；给劳动者造成损害的，用人单位应当承担赔偿责任。在救济方面，劳动者离职后，用人单位应当在解除或者终止劳动合同 15 日内为劳动者办理档案和社会保险关系转移手续。因社会保险或档案关系等移转手续办理与原单位产生争议的，可以作为劳动争议申请劳动仲裁，如对仲裁结果不服，还可以到人民法院起诉。

法律依据

《中华人民共和国劳动合同法》

第五十条第一款 用人单位应当在解除或者终止劳动合同时出具解除或者终止劳动合同的证明，并在十五日内为劳动者办理档案和社会保险关系转移手续。

《最高人民法院关于审理劳动争议案件适用法律问题的解释（一）》

第四十三条 用人单位与劳动者协商一致变更劳动合同，虽未采用书面形式，但已经实际履行了口头变更的劳动合同超过一个月，变更后的劳动合同内容不违反法律、行政法规且不违背公序良俗，当事人以未采用书面形式为由主张劳动合同变更无效的，人民法院不予支持。

39. 用人单位未依法出具解除劳动合同证明需要承担法律责任吗？

法律咨询

蒋某与某单位签订了为期 3 年的劳动合同。蒋某工作 1 年后，由于觉得该职位不适合自己便与单位协商，解除了劳动合同，单位并未向蒋某出具相应证明。后蒋某多次找到公司要求其出具证明，公司以各种理由拒绝。那么，用人单位未依法出具解除劳动合同证明需要承担法律责任吗？

律师答疑

用人单位应当在解除或者终止劳动合同的同时出具解除或者终止劳动合同的证明，并应当写明劳动合同期限、解除或者终止劳动合同的日期、工作岗位、在本单位的工作年限，以方便劳动者在下一份工作要求时出具。用人单位违反劳动合同法规定未向劳动者出具解除或者终止劳动合同的书面证明，由劳动行政部门责令改正；给劳动者造成损害的，应当承担赔偿责任。

法律依据

《中华人民共和国劳动合同法》

第五十条第一款 用人单位应当在解除或者终止劳动合同时出具解除或者终止劳动合同的证明，并在十五日内为劳动者办理档案和社会保险关系转移手续。

第八十九条 用人单位违反本法规定未向劳动者出具解除或者终止劳动合同的书面证明，由劳动行政部门责令改正；给劳动者造成损害的，应当承担赔偿责任。

40. 用人单位招用尚未解除劳动合同的劳动者，给原用人单位造成损失的怎么办？

法律咨询

梁某是一名法律专业学生，毕业后应聘到某单位做法务。公司为更好地让其掌握公司业务，对其进行了 2 个月的专业培训。

梁某的业务能力很快得到提升。梁某工作期间,该单位的竞争对手为了挖人,表示愿以高一倍的工资聘用他。梁某未与原公司解除合同,便跳槽到对手公司。那么,用人单位招用尚未解除劳动合同的劳动者,给原用人单位造成损失的怎么办?

律师答疑

在市场经济条件下,随着就业的市场化和多样化,劳动者就业越来越灵活多样,跳槽或者兼职都时有发生,但有时为了恶意竞争,用人单位可能恶意挖人,招用掌握原单位重要商业秘密的劳动者致使原用人单位的培训花费落空,《劳动合同法》第91条规定,用人单位招用与其他用人单位尚未解除或者终止劳动合同的劳动者,给其他用人单位造成损失的,应当承担连带赔偿责任。向原用人单位赔偿损失包括:(1)对生产、经营和工作造成的直接经济损失;(2)因获取商业秘密给原用人单位造成的经济损失。

法律依据

《中华人民共和国劳动合同法》

第九十一条 用人单位招用与其他用人单位尚未解除或者终止劳动合同的劳动者,给其他用人单位造成损失的,应当承担连带赔偿责任。

41. 用人单位不缴纳社会保险费，劳动者能否解除无固定期限劳动合同？

法律咨询

汪某与某公司签订了无固定期限劳动合同，但合同约定社会保险费由劳动者个人缴纳，公司不负责缴纳。那么，用人单位不缴纳社会保险费，劳动者能否解除无固定期限劳动合同？

律师答疑

依据《劳动合同法》第38条第1款第3项、《劳动合同法实施条例》第18条第6项的规定，未依法为劳动者缴纳社会保险的，劳动者可以通知用人单位解除劳动合同。同时，依据《劳动合同法》第46条的规定，在上述情形下，劳动者解除劳动合同的，用人单位还应该依法支付经济补偿。另外，需要注意的是，对于《劳动合同法》第38条所规定的解除合同的情形，适用于固定期限的劳动合同、无固定期限的劳动合同以及以完成一定工作任务为期限的劳动合同。

法律依据

《中华人民共和国劳动合同法》

第三十八条　用人单位有下列情形之一的，劳动者可以解除劳动合同：

…………

（三）未依法为劳动者缴纳社会保险费的；

…………

第四十六条 有下列情形之一的，用人单位应当向劳动者支付经济补偿：

（一）劳动者依照本法第三十八条规定解除劳动合同的；

…………

《中华人民共和国劳动合同法实施条例》

第十八条 有下列情形之一的，依照劳动合同法规定的条件、程序，劳动者可以与用人单位解除固定期限劳动合同、无固定期限劳动合同或者以完成一定工作任务为期限的劳动合同：

…………

（六）用人单位未依法为劳动者缴纳社会保险费的；

…………

42. 末位淘汰能成为解除劳动合同的理由吗？

法律咨询

某软件开发公司招聘技术人员 15 名，并对这些员工进行了 3 个月的技能培训，然后根据该岗位的实际情况设定了一定的考核标准，对他们进行考核。6 个月后，公司根据考核的结果将得分靠后的两名人员淘汰。小明就是被淘汰人员之一，所以他认为该淘汰制度不合理，因为他并非不能胜任工作。那么，末位淘汰能成为解除劳动合同的理由吗？

律师答疑

末位淘汰制，是指用人单位根据本单位的总体目标和具体目标，结合各个岗位的实际情况，设定一定的考核指标体系，以此指标体系为标准对员工进行考核，根据考核的结果对得分靠后的员工进行淘汰的绩效管理制度。目前，很多用人单位都采用末位淘汰制度作为人员考核机制。作为一项人员考核制度，一种激励措施，倒也并不存在什么问题，但是，如果仅以“末位”为由就解除与劳动者的劳动合同，有可能存在违法的风险。

从法律意义上来讲，“末位淘汰”制度是否违法，存在截然不同的两种观点：第一种观点认为违法。其具体理由为：《劳动法》《劳动合同法》明确规定了用人单位单方解除劳动合同的法定条件，除此之外不得任意解除合同，而“末位淘汰”的约定或规定，不在法定之列。且“末位”并不完全等同于“劳动者不能胜任”工作。所以，仅以末位为由解除劳动合同，有违法之嫌。第二种观点则认为不构成违法。其具体理由为：采用末位淘汰制是用人单位引进激励竞争机制的体现，优胜劣汰、奖勤罚懒，可以充分调动员工劳动的积极性。而且处于末位者也可能构成不能胜任工作，以此为由解除合同，符合法律规定。笔者认为，对于“末位淘汰”制度是否违反相关劳动法律法规不能一概而论。这取决于通过这种制度考核所得出的“末位”劳动者，是否符合法定的合同解除事由。依据《劳动法》第 26 条以及《劳动合同法》第 40 条的规定，劳动者不能胜任工作，经过培训或者调整工作岗位，仍不能胜任工作的，用人单位提前 30 日以书面形式通知劳动者本人或者额外支付劳动者 1 个月工资后，可以解除劳动合同。

但是，由于各个用人单位所制定考核标准的差异问题，且从客观上来讲，无论何种考核标准，必然有人处于“末位”，而“末位”并不必然等同于“劳动者不能胜任”工作。劳动者处在“末位”的，存在两种可能性：第一种，不能胜任工作而处在末位的；第二种，胜任工作而处在末位的。所以，考核出来的“末位”结论，只能作为认定是否构成不能胜任工作的参考因素。最终认定不能胜任工作，还需要其他的证据来予以证明。由此看来，用人单位如果以排在末位为由解除合同，就需要慎重地考虑。

另外，需要注意的是，如果处于“末位”的劳动者的确不能胜任工作，也需要对其进行培训或者调整工作岗位，然后进行考核，如果再次证明劳动者不能胜任工作，还需要提前 30 天通知，或者支付 1 个月的工资后解除劳动合同。对于解除劳动合同的程序，用人单位必须执行，否则构成违法解除劳动合同，应该承担相应的赔偿责任。

法律依据

《中华人民共和国劳动法》

第二十六条 有下列情形之一的，用人单位可以解除劳动合同，但是应当提前三十日以书面形式通知劳动者本人：

（一）劳动者患病或者非因工负伤，医疗期满后，不能从事原工作也不能从事由用人单位另行安排的工作的；

（二）劳动者不能胜任工作，经过培训或者调整工作岗位，仍不能胜任工作的；

（三）劳动合同订立时所依据的客观情况发生重大变化，致使原劳动合同无法履行，经当事人协商不能就变更劳动合同达成协议的。

《中华人民共和国劳动合同法》

第四十条　有下列情形之一的，用人单位提前三十日以书面形式通知劳动者本人或者额外支付劳动者一个月工资后，可以解除劳动合同：

（一）劳动者患病或者非因工负伤，在规定的医疗期满后不能从事原工作，也不能从事由用人单位另行安排的工作的；

（二）劳动者不能胜任工作，经过培训或者调整工作岗位，仍不能胜任工作的；

（三）劳动合同订立时所依据的客观情况发生重大变化，致使劳动合同无法履行，经用人单位与劳动者协商，未能就变更劳动合同内容达成协议的。

43. 单位能否开除被错误追究刑事责任的劳动者？

法律咨询

侯某是某单位员工。2017 年，侯某因涉嫌故意伤害罪被法院判处了有期徒刑，后侯某经过上诉，最终被判处无罪。但侯某所在单位却以侯某曾被追究刑事责任为由，要开除侯某。那么，单位能否开除被错误追究刑事责任的劳动者？

律师答疑

依据《劳动法》《劳动合同法》的规定，劳动合同的解除分协商解除、通知解除、单方解除三种情形。所谓单方解除，是指用人单位在法定解除条件成就时，不必提前 30 日通知，即可单方解除劳动合同的情形。《劳动合同法》第 39 条、《劳动法》第 25 条明确规定了单方解除劳动合同的条件,用人单位不得违反。依据上述法律的规定,劳动者被依法追究刑事责任的情况下,用人单位可以单方解除劳动合同。所谓"依法被追究刑事责任",依据《劳动部关于贯彻执行〈中华人民共和国劳动法〉若干问题的意见》第 29 条第 2 款的规定,是指被人民检察院免予起诉的、被人民法院判处处罚的、被人民法院依据《刑法》第 32 条免予刑事处分的。依据《劳动部关于贯彻执行〈中华人民共和国劳动法〉若干问题的意见》第 28 条的规定,劳动者涉嫌违法犯罪被有关机关收容审查、拘留或逮捕的,用人单位在劳动者被限制人身自由期间,可与其暂时停止劳动合同的履行。暂时停止履行劳动合同期间,用人单位不承担劳动合同规定的相应义务。劳动者经证明被错误限制人身自由的,暂时停止履行劳动合同期间劳动者的损失,可由其依据《国家赔偿法》要求有关部门赔偿。

法律依据

《中华人民共和国劳动法》

第二十五条 劳动者有下列情形之一的,用人单位可以解除劳动合同:

(一)在试用期间被证明不符合录用条件的;

(二)严重违反劳动纪律或者用人单位规章制度的;

(三)严重失职,营私舞弊,对用人单位利益造成重大损害的;

(四)被依法追究刑事责任的。

《中华人民共和国劳动合同法》

第三十九条　劳动者有下列情形之一的，用人单位可以解除劳动合同：

（一）在试用期间被证明不符合录用条件的；

（二）严重违反用人单位的规章制度的；

（三）严重失职，营私舞弊，给用人单位造成重大损害的；

（四）劳动者同时与其他用人单位建立劳动关系，对完成本单位的工作任务造成严重影响，或者经用人单位提出，拒不改正的；

（五）因本法第二十六条第一款第一项规定的情形致使劳动合同无效的；

（六）被依法追究刑事责任的。

44. 迟到两次是否构成用人单位解除劳动合同的理由？

法律咨询

郭某到某公司应聘，觉得合同的待遇情况很不错，便与该单位签订了劳动合同。不久，郭某收到了公司的辞退通知，理由是其已经上班迟到了两次，严重违反了公司规章制度。原来，公司在规章中约定了“凡迟到两次以上（含两次）的，就自动解除合同”的条款。那么，迟到两次是否构成用人单位解除劳动合同的理由？

律师答疑

根据《劳动法》第25条第2项的规定，劳动者严重违反劳动纪律或者用人单位规章制度的，用人单位可以解除劳动合同。依据《劳动合同法》第39条第2项的规定，严重违反用人单位的规章制度的，用人单位可以解除劳动合同。但是《劳动法》《劳动合同法》都未对劳动纪律、规章制度问题作出专门具体的规定，尤其是如何认定严重违反劳动纪律和规章制度。由此，为用人单位滥用“违反规章制度”解除权提供了空间，同时给劳动争议的仲裁及审判工作造成了困难。依据《最高人民法院关于审理劳动争议案件适用法律问题的解释(一)》第50条第1款的规定，用人单位根据《劳动合同法》第4条的规定，通过民主程序制定的规章制度，不违反国家法律、行政法规及政策规定，并已向劳动者公示的，可以作为确定双方权利义务的依据。因此，对于劳动者的行为是否构成严重违反劳动纪律和用人单位的规章制度，可以从如下几个方面予以认定：

第一，规章制度的内容合法。这是认定违反规章制度的前提之一，没有规章制度就不存在违反的问题，规章制度违法就丧失遵守的前提。

第二，规章制度制定的程序合法。所谓程序合法，就是指依据《劳动合同法》的规定，用人单位在制定、修改或者决定有关劳动纪律等直接涉及劳动者切身利益的规章制度或者重大事项时，应当经职工代表大会或者全体职工讨论，提出方案和意见，与工会或者职工代表平等协商确定。

第三，规章制度要依法进行公示，为劳动者所知。法律只有经过公布才具有法律效力，单位的规章制度也不例外。用人单位应当采取各种方式，将直接涉及劳动者切身利益的规章制度予以公示，或者告知劳动者。具体的方式可以在工作场所进行张贴宣传，也可以将该内容作为合同的附件。

第四，违反规章制度要达到严重的程度。具备上述三个条件的规章制度是劳动者遵守的前提，若劳动者严重违反，可以作为用人单位解除合同的合法依据。

因此，用人单位虽有“凡迟到两次以上（含两次）的，就自动解除合同”的规定，首先要根据前三条判定这样的规定是否合法有效的，如果有效，则要根据第四条判定迟到两次以上是否达到严重违反规章的程度。如何认定“严重违反”，相关法律并没有具体的标准，这就为仲裁员、法官审理案件提供了自由裁量的空间。认定“严重”情节应该从行为人的主观心理状态、行为所造成的客观不良影响、后果、经济损失等各个方面综合进行考虑。如偶尔的迟到违反了单位的规章制度，但不构成严重的违反，如果迟到成为一种习惯，且屡教不改就完全可以认为是严重违反。

法律依据

《中华人民共和国劳动法》

第四条　用人单位应当依法建立和完善规章制度，保障劳动者享有劳动权利和履行劳动义务。

第二十五条　劳动者有下列情形之一的，用人单位可以解除劳动合同：

…………

（二）严重违反劳动纪律或者用人单位规章制度的；

…………

《中华人民共和国劳动合同法》

第四条 用人单位应当依法建立和完善劳动规章制度,保障劳动者享有劳动权利、履行劳动义务。

用人单位在制定、修改或者决定有关劳动报酬、工作时间、休息休假、劳动安全卫生、保险福利、职工培训、劳动纪律以及劳动定额管理等直接涉及劳动者切身利益的规章制度或者重大事项时,应当经职工代表大会或者全体职工讨论,提出方案和意见,与工会或者职工代表平等协商确定。

…………

第三十九条 劳动者有下列情形之一的,用人单位可以解除劳动合同:

…………

(二)严重违反用人单位的规章制度的;

…………

《最高人民法院关于审理劳动争议案件适用法律问题的解释(一)》

第五十条 用人单位根据《劳动合同法》第四条规定,通过民主程序制定的规章制度,不违反国家法律、行政法规及政策规定,并已向劳动者公示的,可以作为确定双方权利义务的依据。

Chapter 4

第四章

试用期与竞业限制

第一节 试 用 期

45. 任何劳动合同都需要试用期吗？

法律咨询

2018 年年初，某著名高校博士毕业生高某找到了一份新工作。签订劳动合同时，他发现需要经过试用期才能转正。高某认为自己的学历已经能够证明他的劳动能力较强，因此无须约定试用期。那么，任何劳动合同都需要约定试用期吗？

律师答疑

试用期是在法定范围内的可约定条款，并不是强制要求的，双方协商一致就可以不约定试用期。劳动合同期限在 3 个月以上的，可以约定试用期。也就是说，固定期限劳动合同能够约定试用期的最低起点是 3 个月，因此劳动合同期限为 3 个月以下的固定期限劳动合同不得约定试用期。此外，以完成一定工作任务为期限的劳动合同和非全日制用工也不得约定试用期。

法律依据

《中华人民共和国劳动合同法》

第十七条 劳动合同应当具备以下条款：

（一）用人单位的名称、住所和法定代表人或者主要负责人；

（二）劳动者的姓名、住址和居民身份证或者其他有效身份证件号码；

（三）劳动合同期限；

（四）工作内容和工作地点；

（五）工作时间和休息休假；

（六）劳动报酬；

（七）社会保险；

（八）劳动保护、劳动条件和职业危害防护；

（九）法律、法规规定应当纳入劳动合同的其他事项。

劳动合同除前款规定的必备条款外，用人单位与劳动者可以约定试用期、培训、保守秘密、补充保险和福利待遇等其他事项。

第十九条第三款　以完成一定工作任务为期限的劳动合同或者劳动合同期限不满三个月的，不得约定试用期。

第七十条　非全日制用工双方当事人不得约定试用期。

46. 试用期包含在劳动合同期限内吗？

法律咨询

不久前，电脑程序员夏某与甲单位签订了一份劳动合同。合同中约定了 1 个月的试用期，但是，合同还写明该试用期不包含在劳动合同期限内。那么，试用期是否包含在劳动合同期限中呢？

律师答疑

答案是肯定的，不管劳动合同双方当事人订立的是 1 年期限的劳动合同，还是 3 年、5 年期限的劳动合同，如果约定了试用期，劳动合同期限的前一段期限（可能是 3 天、5 天或者 1 个星期，可能是 1 个月或者 2 个月）是试用期，试用期包括在整个劳动合同期限内。

法律依据

《中华人民共和国劳动合同法》

第十九条第四款 试用期包含在劳动合同期限内。劳动合同仅约定试用期的，试用期不成立，该期限为劳动合同期限。

47. 求职者在试用期内，享有哪些权益？

法律咨询

蔡某是一名刚刚步入社会的有志青年，经过多日的奔波，他决定在甲公司就职。但是，甲公司告知蔡某：试用期结束后才能签订劳动合同。那么，甲公司的做法是否侵犯了蔡某的权益？求职者在试用期内，享有哪些权益呢？

律师答疑

本案中甲公司的做法侵犯了蔡某的合法权益。试用期是一个敏感的阶段，应聘的毕业生虽已踏进用人单位，但在成为正式员工前总是惴惴不安，生怕失去眼前的工作，所以对用人单位总是百依百顺、答应一切要求。一些用人单位也摸透了毕业生的这种心理，借机牟取非法利益。用人单位的做法主要有以下几种：

一是试用期不签订劳动合同。试用期原本是用人单位与劳动者为相互了解对方而约定的考察期，然而却成了很多用人单位降低人工成本、使用廉价劳动力的借口。部分用人单位在试用期不与毕业生签订劳动合同，在试用期满后以各种理由辞退应聘者。这使应聘的毕业生白白付出大量时间精力，也错过最佳就业期，造成很大损失。

针对此现象，《劳动合同法》第 10 条第 1 款以及第 19 条第 1 款、第 2 款规定，“建立劳动关系，应当订立书面劳动合同”“劳动合同期限三个月以上不满一年的，试用期不得超过一个月；劳动合同期限一年以上不满三年的，试用期不得超过二个月；三年以上固定期限和无固定期限的劳动合同，试用期不得超过六个月”“同一用人单位与同一劳动者只能约定一次试用期”。这些规定，将会有效地约束用人单位滥用试用期的行为。

二是试用期内随意解除劳动合同。劳动者勤勤恳恳地在用人单位工作 3 个月，眼看试用期将满，没有收到转正通知，却得到因不符合录用条件而被辞退的消息。这种情况在毕业生就业时也十分常见，也是用人单位不合法的用工方式。

根据《劳动合同法》第 39 条第 1 项的规定，劳动者在试用期间被证明不符合录用条件的，用人单位可以解除劳动合同。但这并不意味着用人单位可以在试用期内随意辞退劳动者。用人单位可解除劳动合同的条件是必须举证证明劳动者在试用期间不符合录用条件；如果用人单位没有证据证明劳动者在试用期间不符合录用条件，就不能解除劳动合同。否则，须承担因违法解除劳动合同所带来的一切法律后果。

三是“试用期”等于“白用期”。以前很多毕业生对劳动法律法规不了解，以为试用期就应该拿低工资或者没有劳动报酬，这是一种误解。基于劳动关系的劳动应当得到相应的劳动报酬，《劳动合同法》第 20 条对此明确规定，“劳动者在试用期的工资不得低于本单位相同岗位最低档工资或者劳动合同约定工资的百分之八十，并不得低于用人单位所在地的最低工资标准”。这意味着，今后用人单位不能再让应届毕业生做廉价劳动力，而毕业生也可以依法取得自己在试用期应得的劳动报酬。

法律依据

《中华人民共和国劳动合同法》

第十条 建立劳动关系，应当订立书面劳动合同。

已建立劳动关系，未同时订立书面劳动合同的，应当自用工之日起一个月内订立书面劳动合同。

用人单位与劳动者在用工前订立劳动合同的，劳动关系自用工之日起建立。

第十九条第一款 劳动合同期限三个月以上不满一年的，试用期不得超过一个月；劳动合同期限一年以上不满三年的，试用期不得超过二个月；三年以上固定期限和无固定期限的劳动合同，试用期不得超过六个月。

第二款 同一用人单位与同一劳动者只能约定一次试用期。

第二十条　劳动者在试用期的工资不得低于本单位相同岗位最低档工资或者劳动合同约定工资的百分之八十，并不得低于用人单位所在地的最低工资标准。

第三十九条　劳动者有下列情形之一的，用人单位可以解除劳动合同：

（一）在试用期间被证明不符合录用条件的；

…………

48. 用人单位能否随意延长试用期？

法律咨询

不久前，胡某与甲单位签订了一份劳动合同，合同中约定试用期为2个月。2个月后，甲单位以无法判定胡某是否适应工作内容为由将试用期延长了1个月。那么，用人单位能否随便延长试用期呢？

律师答疑

《劳动合同法》第19条规定：“劳动合同期限三个月以上不满一年的，试用期不得超过一个月；劳动合同期限一年以上不满三年的，试用期不得超过二个月；三年以上固定期限和无固定期限的劳动合同，试用期不得超过六个月。同一用人单位与同一劳动者只能约定一次试用期。以完成一定工作任务为期限的劳动合同或者劳动合同期限不满三个月的，不得约定试用期。试用期包含在劳动合同期限内。劳动合同仅约定试用期的，试用期不成立，该期限为劳动合同期限。”

现实中，大多数公司与员工签订的劳动合同期限不超过3年，而《劳动合同法》规定，劳动合同期限1年以上不满3年的，试用期不得超过2个月。由于2个月的试用期太短，往往看不出员工是否适合这个工作岗位，有时候一些岗位又急缺人才，如果辞退了员工，又一时难以找到新的员工，于是有很多企业就延长了员工的试用期，一来可以暂时缓解缺人的压力，二来可以进一步考察员工是否适合工作岗位，以决定是否正式录用。

用人单位违反法律规定与劳动者约定试用期的，由劳动行政部门责令改正；违法约定的试用期已经履行的，由用人单位以劳动者试用期满月工资为标准，按已经履行的超过法定试用期的期间向劳动者支付赔偿金。

法律依据

《中华人民共和国劳动合同法》

第十九条 劳动合同期限三个月以上不满一年的，试用期不得超过一个月；劳动合同期限一年以上不满三年的，试用期不得超过二个月；三年以上固定期限和无固定期限的劳动合同，试用期不得超过六个月。

同一用人单位与同一劳动者只能约定一次试用期。

以完成一定工作任务为期限的劳动合同或者劳动合同期限不满三个月的，不得约定试用期。

试用期包含在劳动合同期限内。劳动合同仅约定试用期的，试用期不成立，该期限为劳动合同期限。

第八十三条 用人单位违反本法规定与劳动者约定试用

期的，由劳动行政部门责令改正；违法约定的试用期已经履行的，由用人单位以劳动者试用期满月工资为标准，按已经履行的超过法定试用期的期间向劳动者支付赔偿金。

49. 试用期意味着企业可以对员工“试着用用看”吗？

法律咨询

张某入职C公司，公司未与其签订书面劳动合同，而是向张某出具了录用通知书，载明张某承担/在电气设计岗位工作，试用期1～2个月，2个月后，公司向张某发送短信，告知张某不能胜任应聘的岗位工作，并解除试用期。那么企业在试用期内可以对员工“试着用用看”吗？

律师答疑

因用人单位做出的开除、除名、辞退、解除劳动合同、减少劳动报酬、计算劳动报酬工作年限等决定而发生的争议，由用人单位负举证责任。C公司以张某不能胜任为由解除劳动关系，并未告知考核标准以及考核结果，因此难以证明张某存在不符合录用条件的事实，即C公司以张某试用期不能胜任应聘的岗位工作为由通知张某解除劳动关系无事实依据。因此试用期并不意味着企业可以对员工“试着用用看”，同时，也不能只签订试用期合同而不签订劳动合同，否则可能面临承担未签订劳动合同二倍工资的风险。除此之外，根据劳动合同法，对于试用期员工，企业单方面解除劳动合同，必须承担举证责任，证明员工在试用期间不符合录用条件。因此企业在管理试用期员工时，应当注意量化试用期的考核标准，做好考核记录并及时准确告知员工。

法律依据

《中华人民共和国劳动合同法》

第十九条第四款 试用期包含在劳动合同期限内。劳动合同仅约定试用期的，试用期不成立，该期限为劳动合同期限。

第二十一条 在试用期中，除劳动者有本法第三十九条和第四十条第一项、第二项规定的情形外，用人单位不得解除劳动合同。用人单位在试用期解除劳动合同的，应当向劳动者说明理由。

《最高人民法院关于审理劳动争议案件适用法律问题的解释（一）》

第四十四条 因用人单位作出的开除、除名、辞退、解除劳动合同、减少劳动报酬、计算劳动者工作年限等决定而发生的劳动争议，用人单位负举证责任。

50. 工作过程中更换了工作岗位，还需要再次约定试用期吗？

法律咨询

几年来，虞某一直是甲公司的职员。由于他对公司的业务非常熟悉，公司领导决定为他调换岗位，并约定了 1 个月的“试用期”。那么，工作过程中更换了工作岗位的，还需要再次约定试用期吗？

律师答疑

约定新员工试用期可以让公司对新员工是否合适做出更为理性的判断；而续签劳动合同则不再约定试用期，因为用人单位对于劳动者已经有了评价和判断，续签代表着对于劳动者之前工作和能力的认可，因而一般不会再设置试用期的“门槛”。可是如果在工作过程中劳动者的岗位发生变化，如从技术岗换到管理岗，这相当于对劳动者提出了新的岗位要求，那么用人单位是否还能约定试用期呢？

用人单位出于更换劳动者岗位的需要，对其是否适应新岗位的工作进行考核，无可厚非，规定一定的过渡考核阶段也是可以理解的。但这种用人单位在任命职务或安置新岗位时所规定的“试用期”，与劳动者订立劳动合同时所约定的试用期，是两个不同的概念。前者是按照用人单位的规章制度来执行，后者则是受到法律法规约束的。这也是用人单位不得对同一劳动者进行两次试用的体现，所以工作期间，劳动者更换工作岗位，用人单位不得对其进行劳动法意义上试用期的要求。

法律依据

《中华人民共和国劳动合同法》

第十九条第二款　同一用人单位与同一劳动者只能约定一次试用期。

51. 劳动者在试用期内患病，用人单位能否解除合同？

法律咨询

不久前，万某与丙公司签订了一份劳动合同。但是，还没过试用期，万某就突然患上了心脏病。丙公司获悉后，决定解除与万某的劳动合同。那么，劳动者在试用期内患病，用人单位能否解除合同呢？

律师答疑

依据《劳动合同法》第 42 条的规定，劳动者患病或者非因工负伤，在规定的医疗期内的，用人单位不得依照《劳动合同法》第 40 条、第 41 条的规定与其解除劳动合同。同时，《劳动法》第 25 条、《劳动合同法》第 39 条又规定，在试用期间被证明不符合录用条件的，用人单位可以解除与劳动者的劳动合同。如果将上述两种情况叠加，即在试用期内劳动者患病并在法定的医疗期内但被证明不符合录用条件的，用人单位能否有权解除劳动合同呢？答案是肯定的，依据《劳动合同法》第 42 条的规定，劳动者患病在规定的医疗期内，用人单位不得以该法第 40 条、第 41 条的规定解除劳动合同，但是，并没有禁止依据第 39 条解除劳动合同。所以，只要在试用期内，用人单位具有充足的证据证明劳动者不符合录用条件，就可以行使解除权，而不受劳动者患病尚处在规定的医疗期内的条件限制。

另外，还需要特别注意的问题是，如果用人单位以劳动者试用期不符合录用条件为由而解除劳动合同，必须在试用期内提出，超过试用期，则企业就不能再以试用期内不符合录用条件为由解除劳动合同。如果此时劳动者还处在医疗期就更不能解除劳动合同了。只有符合《劳动法》第 26 条所规定的情形或者《劳动合同法》第 40 条所规定的情形，即在规定的医疗期满后不能从事原工作，也不能从事由用人单位另行安排的工作的法定情形，采取提前 30 日以书面形式通知劳动者本人或者额外支付劳动者 1 个月工资后，才可以解除劳动合同，且依据《劳动合同法》第 40 条解除劳动合同还需要依法支付经济补偿。

法律依据

《中华人民共和国劳动法》

第二十五条　劳动者有下列情形之一的，用人单位可以解除劳动合同：

（一）在试用期间被证明不符合录用条件的；

（二）严重违反劳动纪律或者用人单位规章制度的；

（三）严重失职，营私舞弊，对用人单位利益造成重大损害的；

（四）被依法追究刑事责任的。

第二十六条　有下列情形之一的，用人单位可以解除劳动合同，但是应当提前三十日以书面形式通知劳动者本人：

（一）劳动者患病或者非因工负伤，医疗期满后，不能从事原工作也不能从事由用人单位另行安排的工作的；

（二）劳动者不能胜任工作，经过培训或者调整工作岗位，仍不能胜任工作的；

（三）劳动合同订立时所依据的客观情况发生重大变化，

致使原劳动合同无法履行,经当事人协商不能就变更劳动合同达成协议的。

第二十七条 用人单位濒临破产进行法定整顿期间或者生产经营状况发生严重困难,确需裁减人员的,应当提前三十日向工会或者全体职工说明情况,听取工会或者职工的意见,经向劳动行政部门报告后,可以裁减人员。

用人单位依据本条规定裁减人员,在六个月内录用人员的,应当优先录用被裁减的人员。

第二十九条 劳动者有下列情形之一的,用人单位不得依据本法第二十六条、第二十七条的规定解除劳动合同:

(一)患职业病或者因工负伤并被确认丧失或者部分丧失劳动能力的;

(二)患病或者负伤,在规定的医疗期内的;

(三)女职工在孕期、产期、哺乳期内的;

(四)法律、行政法规规定的其他情形。

《中华人民共和国劳动合同法》

第三十九条 劳动者有下列情形之一的,用人单位可以解除劳动合同:

(一)在试用期间被证明不符合录用条件的;

(二)严重违反用人单位的规章制度的;

(三)严重失职,营私舞弊,给用人单位造成重大损害的;

(四)劳动者同时与其他用人单位建立劳动关系,对完成本单位的工作任务造成严重影响,或者经用人单位提出,拒不改正的;

(五)因本法第二十六条第一款第一项规定的情形致使劳

动合同无效的；

（六）被依法追究刑事责任的。

第四十条　有下列情形之一的，用人单位提前三十日以书面形式通知劳动者本人或者额外支付劳动者一个月工资后，可以解除劳动合同：

（一）劳动者患病或者非因工负伤，在规定的医疗期满后不能从事原工作，也不能从事由用人单位另行安排的工作的；

（二）劳动者不能胜任工作，经过培训或者调整工作岗位，仍不能胜任工作的；

（三）劳动合同订立时所依据的客观情况发生重大变化，致使劳动合同无法履行，经用人单位与劳动者协商，未能就变更劳动合同内容达成协议的。

第四十二条　劳动者有下列情形之一的，用人单位不得依照本法第四十条、第四十一条的规定解除劳动合同：

（一）从事接触职业病危害作业的劳动者未进行离岗前职业健康检查，或者疑似职业病病人在诊断或者医学观察期间的；

（二）在本单位患职业病或者因工负伤并被确认丧失或者部分丧失劳动能力的；

（三）患病或者非因工负伤，在规定的医疗期内的；

（四）女职工在孕期、产期、哺乳期的；

（五）在本单位连续工作满十五年，且距法定退休年龄不足五年的；

（六）法律、行政法规规定的其他情形。

第二节 竞业限制

52. 用人单位可以要求所有劳动者签订竞业限制条款或协议吗?

法律咨询

不久前,支某顺利应聘为甲公司的一名高管。双方签订劳动合同时,支某发现公司在劳动合同中设定了竞业限制条款。那么,用人单位可否要求所有劳动者签订竞业限制条款或协议呢?

律师答疑

竞业限制制度产生的缘由是通过限制劳动者的择业权来保护用人单位的商业秘密等利益。《劳动合同法》第 24 条第 1 款规定,竞业限制适用于用人单位的高级管理人员、高级技术人员和其他负有保密义务的人员。此规定将竞业限制的主体限定在知悉用人单位商业秘密的人员范围内。若对劳动者是否掌握商业秘密不加区分,要求劳动者一概适用竞业限制制度,不但有悖于竞业限制制度设立的初衷,还会增加用人单位的用工成本。

在通常情况下,普通劳动者不可能接触到用人单位重要的商业秘密,而且普通劳动者在就业市场上处于弱势地位;若要求这些没有掌握用人单位商业秘密的普通劳动者签订竞业限制协议,则违反了公平原则，失去限制的合理性。受竞业限制协议约束的劳动者应是因职务关系接触或者有可能接触本单位重要商业秘密的劳动者。具体而言，可以与用人单位签订竞业限制合同的主体主要包括以下几类人员：（1）高级管理人员，如总经理、副总经理、厂长、各部门的负责人等高级管理层人员。他们作为用人单位的决策者，往往掌握着用人单位的核心经营秘密。（2）高级技术人员，如用人单位的研究与开发人员。他们有着良好的技术背景和业务能力，多掌握用人单位的技术秘密。（3）掌握特定信息负有保密义务的人员，包括：①了解用人单位的生产计划、进度的市场计划和调度人员；②掌握着用人单位货源、客户名单的市场营销人员；③掌握用人单位的财务状况的财务人员；④通过接待、会议记录、管理和散发文件而可能接触到商业秘密的文秘人员；⑤管理重要档案的档案保管人员。用人单位可根据工作岗位的具体职能与他们签订不同内容的竞业限制协议。

法律依据

《中华人民共和国劳动合同法》

第二十四条第一款　竞业限制的人员限于用人单位的高级管理人员、高级技术人员和其他负有保密义务的人员。竞业限制的范围、地域、期限由用人单位与劳动者约定，竞业限制的约定不得违反法律、法规的规定。

53. 用人单位未按约定支付经济补偿，劳动者是否还需履行竞业限制条款？

法律咨询

柯某是丁公司的一名高级技术人员，签订合同之初，公司就为他设定了竞业限制条款。近来，由于工作不顺心，柯某决定辞职，但是公司却拒不支付其经济补偿金。请问，用人单位未按约定支付经济补偿金的，劳动者是否还需履行竞业限制条款？

律师答疑

用人单位未支付经济补偿，劳动者不当然享有不履行竞业限制义务的抗辩权。竞业限制协议是一种双务合同，劳动者的竞业限制义务与用人单位支付经济补偿金的义务无先后顺序之分，亦不以一方义务的履行为另一方履行义务的前提，即双方当事人具备同时履行之义务。因此劳动者不得以用人单位未支付经济补偿金为由，拒绝履行竞业限制义务，亦不得以此为由拒绝承担违约责任。根据《最高人民法院关于审理劳动争议案件适用法律问题的解释（一）》第 38 条的规定，当事人在劳动合同或者保密协议中约定了竞业限制和经济补偿，劳动合同解除或者终止后，因用人单位的原因导致 3 个月未支付经济补偿，劳动者请求解除竞业限制约定的，人民法院应予支持。即劳动者如主张未支付经济补偿而解除合同，劳动者可以提出解除的请求。因此用人单位未支付经济补偿的，竞业限制协议并非无效，而是劳动者具有申请解除竞业限制约定的权利。也只有在解除合同的情况下，劳动者才不需承担违约责任。可见，违约责任的承担不以支付经济补偿为前提。

法律依据

《最高人民法院关于审理劳动争议案件适用法律问题的解释(一)》

第三十八条　当事人在劳动合同或者保密协议中约定了竞业限制和经济补偿，劳动合同解除或者终止后，因用人单位的原因导致三个月未支付经济补偿，劳动者请求解除竞业限制约定的，人民法院应予支持。

54. 保密协议中约定了竞业限制但未约定经济补偿，劳动者履行了竞业限制义务如何得到补偿？

法律咨询

管某是甲公司的一名职员，由于资历较深，他手中已经掌握了公司大部分客户的资料。不久前，他因身体原因而辞职，但是原竞业限制条款里并未约定经济补偿的支付方式。那么，保密协议中约定了竞业限制但未约定经济补偿，劳动者履行了竞业限制义务的应该得到怎样的补偿？

律师答疑

关于未约定经济补偿金的竞业限制协议的效力问题，从尊重当事人意思自治、保护劳动者权益以及合同解释的规则和理论等角度都不宜认定为无效。在竞业限制具有法律效力的情况下，如果经济补偿金没有约定或者约定不明确，双方可以就经济补偿金的标准进行协商确定。如果不能协商一致，根据《最高人民法院关于审理劳动争议案件适用法律问题的解释（一）》的规定，当事人在劳动合同或者保密协议中约定了竞业限制，但未约定解除或者终止劳动合同后给予劳动者经济补偿，劳动者履行了竞业限制义务，要求用人单位按照劳动者在劳动合同解除或者终止前 12 个月平均工资的 30% 按月支付经济补偿的，人民法院应予支持。如果月平均工资的 30% 低于劳动合同履行地最低工资标准，按照劳动合同履行地最低工资标准支付。

法律依据

《最高人民法院关于审理劳动争议案件适用法律问题的解释（一）》

第三十六条 当事人在劳动合同或者保密协议中约定了竞业限制，但未约定解除或者终止劳动合同后给予劳动者经济补偿，劳动者履行了竞业限制义务，要求用人单位按照劳动者在劳动合同解除或者终止前十二个月平均工资的 30% 按月支付经济补偿的，人民法院应予支持。

前款规定的月平均工资的 30% 低于劳动合同履行地最低工资标准的，按照劳动合同履行地最低工资标准支付。

55. 劳动者违反竞业限制约定，向用人单位支付违约金后就可以不再继续履行竞业限制的义务吗？

法律咨询

卢某原本是甲公司的一名业务经理，后来，卢某因故辞职。辞职后不久，卢某便决定入职与甲公司存在行业竞争关系的乙公司。与此同时，他因违反了竞业限制条款也向原公司支付了违约金。那么，劳动者违反竞业限制条款，向用人单位支付违约金后就可以不再继续履行竞业限制的义务了吗？

律师答疑

根据《最高人民法院关于审理劳动争议案件适用法律问题的解释（一）》第40条的规定，劳动者违反竞业限制约定，向用人单位支付违约金后，用人单位要求劳动者按照约定继续履行竞业限制义务的，人民法院应予支持。因此，只要是在竞业限制的履行期限内，用人单位按照约定支付了经济补偿，劳动者就需要遵守竞业限制的约定。劳动者向用人单位支付违约金后，如果用人单位要求劳动者继续履行竞业限制义务，劳动者仍应遵守双方协议约定继续履行竞业限制义务，不可“花钱免义务”。

法律依据

《最高人民法院关于审理劳动争议案件适用法律问题的解释（一）》

第四十条　劳动者违反竞业限制约定，向用人单位支付违约金后，用人单位要求劳动者按照约定继续履行竞业限制义务的，人民法院应予支持。

56. 认定违反竞业限制义务的标准是什么？

法律咨询

张某入职某家游戏公司，并与该游戏公司签订竞业限制协议，协议约定了竞业限制从事的业务范围，后张某离职创办了自己的游戏公司，业务范围与原游戏公司从事的业务范围吻合，唯一的区别是在境外拓展游戏业务。那么，张某是否违反了竞业限制协议，判断张某违反竞业限制协议的标准是什么？

律师答疑

判断是否违反竞业限制义务，首先应根据竞业限制协议之约定。在协议约定无明显不当的情况下可尊重双方合意，不进行实质审查。在协议约定不明确的情况下，行业竞争关系的认定可以参照前后用人单位营业执照记载的经营范围、实际从事的业务活动进行综合认定。但用人单位的经营范围并非唯一的判断标准。营业执照记载的业务，用人单位可能并未实际经营，或是营业执照未记载的，用人单位可能有相关业务的存在。从地域限制的角度来看，如果要进行实质审查，应当以用人单位业务实际辐射的地域范围为限，用人单位需证明其业务实际或有可能涵盖的最大范围。在难以准确认定的情况下，可就地域范围进行适当的扩展，可以将地域限制扩展到全国乃至国外。

法律依据

《中华人民共和国劳动合同法》

第二十四条第一款 竞业限制的人员限于用人单位的高

级管理人员、高级技术人员和其他负有保密义务的人员。竞业限制的范围、地域、期限由用人单位与劳动者约定，竞业限制的约定不得违反法律、法规的规定。

57. 竞业限制义务的免除需要有明确具体的意思表示吗？

法律咨询

徐某在某游戏公司工作，与该公司签署了竞业限制协议。离职后徐某参与投资的公司与曾任职公司的关联公司有游戏合作协议。徐某曾任职的游戏公司知晓这一情况后起诉徐某违反竞业限制协议。徐某则认为其合作的公司是该游戏公司的关联公司，与该关联公司的合作使徐某产生了合理信赖，可视为曾任职的游戏公司放弃要求其履行竞业限制义务。那么与该游戏公司的关联公司合作可视为免除徐某的竞业限制义务吗？

律师答疑

协议一方免除另一方的义务，应当有明确意思表示。《民法典》规定，行为人可以明示或者默示作出意思表示。明示意思表示指行为人以口头、书面或者其他可为对方直接了解的方式明确作出的意思表示。默示意思表示是指特定行为间接推知行为人的意思表示。沉默是指单纯的不作为，即行为人既未明示其意思，也未有行为可以推定其意思。对于竞业限制义务的免除，如果双方当事人有明示意思表示，或者协议中约定了以沉默方式，则可以认定用人单位免除了劳动者的竞业限制义务。而默示意思表示是对事实的推定,在当事人未作出直接意思表示的情况下,判断用人单位是否以默示方式免除劳动者的竞业限制义务,需用人单位的免除义务行为达致与明示意思表示的等效性。竞业限制义务可能直接关系到用人单位的市场竞争力,而默示并不真实而明确地存在于当事人的约定之中。在司法实践中,是法官根据当事人的行为,通过一定方法所确定的、与当事人可能达成合意的内容尽量相接近的推定之意。对于竞业限制义务免除的默示推定,在司法实务中,法官一般难以采纳。因此,用人单位对于已离职员工竞业限制义务的免除需要做出具体明确的意思表示。

法律依据

《中华人民共和国民法典》

第一百四十条 行为人可以明示或者默示作出意思表示。

沉默只有在有法律规定、当事人约定或者符合当事人之间的交易习惯时,才可以视为意思表示。

58. 竞业限制违约金的表现形式仅限于货币吗?

法律咨询

王某入职某用人单位并与该用人单位签订了竞业限制协议,协议授予王某限制性股票作为竞业限制义务的对价;如果王某不履行竞业限制义务,公司有权向王某追索所有任职期间行使股票期权或限制性股票所产生的收益，并作为竞业限制的违约金。同时规定了收益不确定时违约金的计算方式。那么限制性股票所产生的收益可以作为竞业限制违约金吗？

律师答疑

竞业限制违约金的表现形式不以支付货币为限。《民法典》第 585 条第 1 款规定，当事人可以约定一方违约时应当根据违约情况向对方支付一定数额的违约金，也可以约定因违约产生的损失赔偿额的计算方法。违约金有惩罚性违约金与赔偿性违约金之分，但无论何种违约金的设立都应当能够让当事人预知不履行的后果，因此违约金需具有可预期性与确定性，即明确的数额或计算方法。同时鉴于违约金赔偿性或惩罚性之功能，因此还需具备可支付性和可执行性。在多数情况下，竞业限制纠纷的违约金以货币为表现形式。只要违约金具备可预期性与明确性，并且能够实际支付或执行，法律并不禁止当事人约定可作价的、有直接经济性的其他财产作为违约金，如本案中协议书中约定的限制性股票所产生之收益。只要能够以相对确定的方式实现违约金所具备的惩罚或赔偿功能，违约金的形式可以多样，并不限于货币。

法律依据

《中华人民共和国民法典》

第五百八十五条第一款　当事人可以约定一方违约时应当根据违约情况向对方支付一定数额的违约金，也可以约定因违约产生的损失赔偿额的计算方法。

59. 用人单位可以与劳动者签订“保密协议”吗？

法律咨询

莫某是某电子软件公司的一名程序开发员，主要负责新型软件开发工作。由于工作性质特殊，莫某入职之时，公司就要求他签署了一份保密协议。那么，用人单位是否可以同劳动者签订“保密协议”？

律师答疑

在我国，法律允许劳动关系当事人之间通过合同约定有关保守商业秘密的权利和义务。用人单位与劳动者可以在劳动合同中约定保守用人单位的商业秘密和与知识产权相关的保密事项。

“商业秘密”，是指不为公众所知悉、能为权利人带来经济利益、具有实用性并经权利人采取保密措施的技术信息和经营信息。因其具有较高的经济利益，往往在商战中成为竞争者之间互相觊觎的重要资料。为了保护用人单位的利益，法律允许用人单位与劳动者签订保密协议，劳动者与用人单位之间的保密约定，既可以以保密条款的形式写入劳动合同，也可以单独订立一份保密协议。两种形式的效力是相同的。

法律依据

《中华人民共和国劳动合同法》

第二十三条 用人单位与劳动者可以在劳动合同中约定保守用人单位的商业秘密和与知识产权相关的保密事项。

对负有保密义务的劳动者，用人单位可以在劳动合同或者保密协议中与劳动者约定竞业限制条款，并约定在解除或者终止劳动合同后，在竞业限制期限内按月给予劳动者经济补偿。劳动者违反竞业限制约定的，应当按照约定向用人单位支付违约金。

Chapter 5

第五章

工资、工时、休假

第一节 工 资

60. 劳动者的劳动收入都是工资吗？

法律咨询

大学生房某毕业后就顺利地找到了一份福利待遇丰厚的工作，经过粗略计算，他发现各项收入加在一起每个月可以达到1.5万元左右。那么，劳动者的劳动收入都属于工资范畴吗？

律师答疑

工资，是指用人单位依据国家有关规定或劳动合同的约定，以货币形式直接支付给本单位劳动者的劳动报酬。首先，工资是由不同的部分组成的，如基本工资、绩效工资、奖金、津贴、补贴等；其次，工资构成有不同的层次，如基本工资是相对固定的底薪，绩效工资取决于用人单位的经济效益及劳动者本人的岗位贡献，奖金、补贴等则是特定条件下的激励性、补偿性给付。除此之外，工资形式也是对劳动者实际付出的劳动量和相应获得劳动报酬量的具体计算与支付方法。我国现行的工资形式主要有计时工资、计件工资。另外，在一定范围内还实行年薪制和薪酬工资。目前，按照有关企业行政管理规定，只适用于企业高级管理人员，如总经理、董事、监事等。工资是劳动者劳动收入的主要组成部分。但劳动者的以下劳动收入和其他收入不属于工资范围：

（1）保险福利费用：是指各单位在工资总额以外实际支付给本单位全部劳动者个人的劳动保险和福利费用。包括：丧葬抚恤救济费、生活困难补助费、各种非工资性补贴（如上下班交通费补贴、洗理卫生费、托儿补助费、计划生育补贴、冬季取暖补贴、防暑降温费等）以及实行公费医疗制度改革的单位直接支付给职工个人的医药费等。

（2）劳动保护方面的费用：是指劳动者从单位得到的由劳动保护费开支的保健食品待遇、解毒剂、清凉饮料以及夏季冷饮费等。

（3）按规定未列入工资总额的各种劳动报酬：如创造发明奖、国家星火奖、自然科学奖、科学技术进步奖、合理化建议和技术改进奖，支付给运动员的名次奖、运动水平奖、破纪录奖和教练员的培训成绩奖，稿费、翻译费、讲课费、课题费，第二职业收入、兼职收入，以及各单位利用业余时间组织劳动者进行生产、咨询服务、科研、设计和其他活动，从得到的收入中支付给劳动者的现金和实物，单位之间业务往来收取的回扣、好处费、手续费收入中给劳动者个人的提成等。

（4）实物折款：如劳动者个人从单位内外得到的，按规定未列入工资总额和保险福利费用的各种实物折款。

（5）财产性收入：劳动者个人从银行和企业获得的存款利息、债券利息、股息和股金分红等。

（6）转移性收入：劳动者从劳动者以外其他阶层人员中得到的赠送收入、亲友搭伙费、遗产收入以及从各种意外事故中得到的补偿和由于各种灾害从非营利机构得到的捐赠收入等。

（7）其他：是指在上述各项以外劳动者得到的其他现金收入，包括实行租赁经营单位承租人的风险性补偿收入，劳动者的误餐补贴、出国置装费以及劳动者从出差补助和调动工作的旅费和安家费中净结余的现金等。

法律依据

原劳动部《关于贯彻执行〈中华人民共和国劳动法〉若干问题的意见》

53．劳动法中的“工资”是指用人单位依据国家有关规定或劳动合同的约定，以货币形式直接支付给本单位劳动者的劳动报酬，一般包括计时工资、计件工资、奖金、津贴和补贴、延长工作时间的工资报酬以及特殊情况下支付的工资等。“工资”是劳动者劳动收入的主要组成部分。劳动者的以下劳动收入不属于工资范围：（1）单位支付给劳动者个人的社会保险福利费用，如丧葬抚恤救济费、生活困难补助费、计划生育补贴等；（2）劳动保护方面的费用，如用人单位支付给劳动者的工作服、解毒剂、清凉饮料费用等；（3）按规定未列入工资总额的各种劳动报酬及其他劳动收入，如根据国家规定发放的创造发明奖、国家星火奖、自然科学奖、科学技术进步奖、合理化建议和技术改进奖、中华技能大奖等，以及稿费、讲课费、翻译费等。

61. 用人单位包吃包住而支付的劳动报酬可以低于最低工资标准吗?

法律咨询

一个月以前,农村人袭某只身来到大城市打拼。为了减少开支,他找了一份包吃包住的工作。结算工资时,单位以包吃住为由向其支付了低于最低工资标准的工资。那么,用人单位包吃包住支付的劳动报酬是否可以低于最低工资标准呢?

律师答疑

劳动报酬是劳动者通过劳动得到的回报,它和劳动者的付出有密切关系,有人收入颇丰,有人刚可温饱,因此为了保障劳动者的基本生活需要,最低工资保障制度已在我国全面建立。最低工资标准,是指在劳动者提供正常劳动的前提下,用人单位依法应支付的最低劳动报酬。

最低工资标准适用情形包括:劳动者在法定工作时间提供了正常劳动;劳动者带薪休假、依法参加社会活动,视为提供正常劳动;劳动者与用人单位形成或建立劳动关系后(包括试用、见习期间),在法定工作时间提供正常劳动;劳动者因本人原因给用人单位造成经济损失,用人单位从劳动者本人的工资中扣除,扣除后的工资不得低于最低工资标准。但在下列情形中则不适用最低工资标准:劳动者在工作时间有迟到、早退、旷工等违纪行为;企业下岗待工人员;因患病、非因工负伤处于治疗期间的职工(在规定的医疗期内由企业按有关规定支付其病假工资或疾病救济费,可以低于当地最低工资标准,但不能低于最低工资标准的 80%);处于非带薪期间的人员(如事假等)。

现实社会生活中,在一些行业,不少用人单位与劳动者约定包吃包住,如饭店等餐饮行业,这种情况是否也要执行最低工资规定呢?根据原劳动部《关于贯彻执行〈中华人民共和国劳动法〉若干问题的意见》的规定,以下收入不包括在最低工资范围内:延长工作时间工资;中班、夜班、高温、低温、井下、有毒、有害等特殊工作环境和劳动条件下的津贴;法律、法规和规章规定的劳动者福利待遇等。此外,用人单位通过补贴伙食、住房等支付给劳动者的货币性收入也不包括在最低工资内。

因此用人单位不得以包吃包住为由减少劳动者的劳动报酬,更不能使实际支付的劳动报酬低于最低工资标准,否则将承担相应的法律责任。

法律依据

原劳动部《关于贯彻执行〈中华人民共和国劳动法〉若干问题的意见》

54. 劳动法第四十八条中的"最低工资"是指劳动者在法定工作时间内履行了正常劳动义务的前提下,由其所在单位支付的最低劳动报酬。最低工资不包括延长工作时间的工资报酬,以货币形式支付的住房和用人单位支付的伙食补贴,中班、夜班、高温、低温、井下、有毒、有害等特殊工作环境和劳动条件下的津贴,国家法律、法规、规章规定的社会保险福利待遇。

《最低工资规定》

第十二条 在劳动者提供正常劳动的情况下,用人单位应支付给劳动者的工资在剔除下列各项以后，不得低于当地最低工资标准：

（一）延长工作时间工资；

（二）中班、夜班、高温、低温、井下、有毒有害等特殊工作环境、条件下的津贴；

（三）法律、法规和国家规定的劳动者福利待遇等。

实行计件工资或提成工资等工资形式的用人单位，在科学合理的劳动定额基础上，其支付劳动者的工资不得低于相应的最低工资标准。

劳动者由于本人原因造成在法定工作时间内或依法签订的劳动合同约定的工作时间内未提供正常劳动的，不适用于本条规定。

62. 工资结构拆分后，基本工资低于最低工资标准违法吗？

法律咨询

徐某在上海某公司担任产品运输驾驶员，因身体不适，徐某从 11 月 25 日开始休病假，至次年的 2 月 14 日结束。徐某的工资由基本工资、奖金以及各种津贴构成，奖金系特殊条件下运送特殊物品的津贴，其基本工资部分低于上海市最低工资标准。因此，徐某以公司未及时、足额支付劳动报酬且规章制度违反法律法规规定为由，向公司发出解除劳动合同通知，并要求公司支付工资差额及解除劳动合同经济补偿金。那么公司给徐某开出的基本工资低于最低工资标准是否违法？

律师答疑

最低工资制度是为保障劳动者及其家庭成员基本生活需求而建立的法律制度，主要通过确定和强制推行最低工资标准来实现。最低工资，是指劳动者在法定工作时间或者劳动合同约定的工作时间提供正常劳动的前提下，用人单位依法应当支付的最低劳动报酬。在一些特殊的情形下，可以低于最低工资标准支付。例如，原劳动部《关于贯彻执行〈中华人民共和国劳动法〉若干问题的意见》第59条规定，职工患病或非因工负伤治疗期间，在规定的医疗期间内由企业按有关规定支付其病假工资或疾病救济费，病假工资或疾病救济费可以低于当地最低工资标准支付，但不能低于最低工资标准的80%；处于非带薪假期间的人员，如事假。

因此，徐某休病假的基本工资可以低于当地最低工资标准，但不能低于工资标准的80%，因此基本工资低于最低工资标准不违法。

法律依据

原劳动部《关于贯彻执行〈中华人民共和国劳动法〉若干问题的意见》

56. 在劳动合同中，双方当事人约定的劳动者在未完成劳动定额或承包任务的情况下，用人单位可低于最低工资标准支付劳动者工资的条款不具有法律效力。

57. 劳动者与用人单位形成或建立劳动关系后，试用、熟练、见习期间，在法定工作时间内提供了正常劳动，其所在的用人单位应当支付其不低于最低工资标准的工资。

58. 企业下岗待工人员，由企业依据当地政府的有关规定支付其生活费，生活费可以低于最低工资标准……

59. 职工患病或非因工负伤治疗期间，在规定的医疗期间内由企业按有关规定支付其病假工资或疾病救济费，病假工资或疾病救济费可以低于当地最低工资标准支付，但不能低于最低工资标准的80%。

63. 用人单位与劳动者关于劳动报酬的约定不明确时怎么办?

法律咨询

最近，缪某在某汽车厂找了一份工作。眼看着到了发放工资的时间，缪某发现当初未就劳动报酬问题与公司作出明确约定。那么，用人单位与劳动者关于劳动报酬的约定不明确时，应该怎么办?

律师答疑

实践中，很多用人单位与劳动者建立劳动关系不订立劳动合同，对劳动报酬的具体事项，包括金额、支付方式和时间等，仅仅作了口头约定，或者虽然签订了书面劳动合同，但对工资的具体数额等约定不明确，很容易发生争议。针对这种情况，《劳动合同法》第11条规定，用人单位与劳动者约定的劳动报酬不明确的，新招用的劳动者的劳动报酬按照集体合同规定的标准执行；没有集体合同或者集体合同未规定的，实行同工同酬。

同工同酬，是指用人单位对于从事相同工作，付出等量劳动且取得相同劳动业绩的劳动者，应支付同等的劳动报酬。由此可以看出，同工同酬必须具备三个条件：一是劳动者的工作岗位、工作内容相同；二是在相同的工作岗位上付出了与别人同样的劳动工作量；三是同样的工作量取得了相同的工作业绩。实务中，实行同工同酬也存在一个举证问题，从事相同工作容易举证，但是付出等量劳动且取得相同劳动业绩却不容易举证。

法律依据

《中华人民共和国劳动合同法》

第十一条 用人单位未在用工的同时订立书面劳动合同，与劳动者约定的劳动报酬不明确的，新招用的劳动者的劳动报酬按照集体合同规定的标准执行；没有集体合同或者集体合同未规定的，实行同工同酬。

64. 用人单位停工，还需要给劳动者发工资吗？

法律咨询

解某是某粉刷厂的一名员工，工厂因原料紧缺已停工两个月。工厂迟迟不开工，解某很是着急。那么，用人单位停工的，还需要向劳动者发放工资吗？

律师答疑

企业因自身原因停产、停业的（如违法经营被行政机关处罚，责令停产停业；因经营不善、重组、改制而决定停产停业等情况），由于并非劳动者的原因所造成的，用人单位应该依法支付劳动者停产、停业期间的工资。依据《工资支付暂行规定》第 12 条的规定，非因劳动者原因造成单位停工、停产在一个工资支付周期内的，用人单位应按劳动合同规定的标准支付劳动者工资。超过一个工资支付周期的，若劳动者提供了正常劳动，则支付给劳动者的劳动报酬不得低于当地的最低工资标准；若劳动者没有提供正常劳动，应按国家有关规定办理。以“月”为工资支付周期的情形为例对上述规定做简要的说明，从停工、停产之日起算 1 个月内，无论在此期间劳动者是否提供正常劳动，用人单位都应该依法支付劳动合同所约定的工资待遇。超过 1 个月，还要根据劳动者是否提供正常劳动而有所不同。提供正常劳动的，支付给劳动者的劳动报酬不得低于当地的最低工资标准；未提供正常劳动的，按照国家有关规定执行。《工资支付暂行规定》的规定，只是原则规定，各地方根据当地实际均制定了不同的规定。如根据《北京市工资支付规定》第 27 条的规定，非因劳动者本人原因造成用人单位停工、停业，超过一个工资支付周期的，根据劳动者具体提供工作的情况（如劳动者有的提供的是全日制劳动，有的则是非全日制劳动），双方协商工资待遇，但是不得低于北京市最低工资标准。而对于没有安排劳动者工作的，应当按照不低于北京市最低工资标准的 70%支付劳动者基本生活费。《江苏省工资支付条例》（2021 年修正）第 31 条中规定的是不低于当地最低工资标准的 80%支付劳动者基本生活费。

因原料紧缺而停工，并非劳动者原因所致，用人单位应该依据《工资支付暂行规定》以及所在地区的规定，依法发放该期间的工资待遇。

法律依据

《工资支付暂行规定》

第十二条 非因劳动者原因造成单位停工、停产在一个工资支付周期内的，用人单位应按劳动合同规定的标准支付劳动者工资。超过一个工资支付周期的，若劳动者提供了正常劳动，则支付给劳动者的劳动报酬不得低于当地的最低工资标准；若劳动者没有提供正常劳动，应按国家有关规定办理。

65. 什么情形下用人单位可以代扣劳动者的工资？

法律咨询

宣某是某钢铁厂的一名新员工，不久前，他收到了单位发放的第一份工资。宣某发现单位已经擅自扣除了个人所得税，他认为单位不应该代扣自己的工资。那么，用人单位在什么情形下可以代扣劳动者的工资？

律师答疑

用人单位不得克扣劳动者工资。但有下列情况之一的，用人单位可以代扣劳动者工资：(1)用人单位代扣代缴的个人所得税；

(2)用人单位代扣代缴的应由劳动者个人负担的各项社会保险费用;(3)法院判决、裁定中要求代扣的抚养费、赡养费;(4)法律、法规规定可以从劳动者工资中扣除的其他费用。

此外,因劳动者本人原因给用人单位造成经济损失的,用人单位可按照劳动合同的约定要求其赔偿经济损失。经济损失的赔偿,可从劳动者本人的工资中扣除。但每月扣除的部分不得超过劳动者当月工资的20%。若扣除后的剩余工资部分低于当地月最低工资标准,则按最低工资标准支付。但如果各地有更明确具体的规定,应以各地方规定为准。

法律依据

《工资支付暂行规定》

第十五条 用人单位不得克扣劳动者工资。有下列情况之一的,用人单位可以代扣劳动者工资:

(一)用人单位代扣代缴的个人所得税;

(二)用人单位代扣代缴的应由劳动者个人负担的各项社会保险费用;

(三)法院判决、裁定中要求代扣的抚养费、赡养费;

(四)法律、法规规定可以从劳动者工资中扣除的其他费用。

第十六条 因劳动者本人原因给用人单位造成经济损失的,用人单位可按照劳动合同的约定要求其赔偿经济损失。经济损失的赔偿,可从劳动者本人的工资中扣除。但每月扣除的部分不得超过劳动者当月工资的20%。若扣除后的剩余工资部分低于当地月最低工资标准,则按最低工资标准支付。

66. 催讨工资时，如何向法院申请支付令？

法律咨询

邓某是甲公司的一名物流人员，单位至今已经拖欠他五个月的工资。为了追回工资，他决定根据“劳动争议案件，仲裁前置”原则向仲裁机构提起仲裁，他的同事则告诉他可以直接向法院申请支付令。那么，劳动者催讨工资时，应当如何向法院申请支付令？

律师答疑

劳动争议案件的处理，按照以往劳动法的有关规定，贯彻“仲裁前置”的原则。具体而言，凡是符合法律规定的劳动争议案件，必须先经过劳动仲裁程序，对于仲裁结果不服的，才能够进入法院的诉讼程序，所以，一般劳动争议不能直接向人民法院提起诉讼，这样可能会导致劳动者维权的时间变得很长。而依据《劳动合同法》第 30 条第 2 款的规定，用人单位拖欠或未足额支付劳动者报酬的，劳动者既不必申请劳动仲裁也不必提起诉讼，而是可以直接向人民法院申请支付令，这有利于快速地解决劳动者的报酬争议问题。

同时，依据《劳动争议调解仲裁法》第 16 条的规定，因支付拖欠劳动报酬、工伤医疗费、经济补偿或者赔偿金事项达成调解协议，用人单位在协议约定期限内不履行的，劳动者可以持调解协议书依法向人民法院申请支付令。人民法院应当依法发出支付令。该规定与《劳动合同法》第 30 条的规定有所不同，《劳动合同法》规定可以申请支付令的仅限于“用人单位拖欠或者未足额支付劳动报酬的”情形，而且是不经过前置程序直接申请支付令；而《劳动争议调解仲裁法》规定的范围较广，涉及“支付拖欠劳动报酬、工伤医疗费、经济补偿或者赔偿金”多个方面，同时限定申请支付令的前提条件是对上述事项已经达成调解协议，用人单位在约定期限内不履行。因此，对上述两种申请支付令的法定情形应该注意区分。

对于申请支付令的有关问题做如下的简要解答：依据《民事诉讼法》第221条的规定，申请人申请支付令必须具备如下几个条件：(1)债权人请求债务人给付的是金钱或有价证券；(2)请求给付的金钱或有价证券已到期且数额确定；(3)债权人与债务人没有其他债务纠纷；(4)支付令能够送达债务人。当然，还需要相应的证据支持。人民法院依法作出支付令并送达后，如果债务人(用人单位)未在15日内提出书面异议，支付令就发生法律效力，可以向人民法院申请强制执行；如果债务人(用人单位)在15日内提出书面异议，无论异议的理由是否成立，人民法院都应当裁定终结督促程序，支付令自行失效。此时，可以另行提起劳动仲裁。

法律依据

《中华人民共和国劳动合同法》

第三十条　用人单位应当按照劳动合同约定和国家规定，向劳动者及时足额支付劳动报酬。

用人单位拖欠或者未足额支付劳动报酬的，劳动者可以依法向当地人民法院申请支付令，人民法院应当依法发出支付令。

《中华人民共和国劳动争议调解仲裁法》

第十六条 因支付拖欠劳动报酬、工伤医疗费、经济补偿或者赔偿金事项达成调解协议，用人单位在协议约定期限内不履行的，劳动者可以持调解协议书依法向人民法院申请支付令。人民法院应当依法发出支付令。

《中华人民共和国民事诉讼法》

第二百二十一条 债权人请求债务人给付金钱、有价证券，符合下列条件的，可以向有管辖权的基层人民法院申请支付令：

（一）债权人与债务人没有其他债务纠纷的；

（二）支付令能够送达债务人的。

申请书应当写明请求给付金钱或者有价证券的数量和所根据的事实、证据。

67. 用人单位收到支付令既不提出异议又不履行，怎么办？

法律咨询

不久前，单某以公司未向其足额支付劳动报酬为由向法院申请了支付令。现在，单位接到支付令已达半个月之久了，但是单位既不提出异议，又不履行。请问，用人单位收到支付令后既不提出异议又不履行时，劳动者应当怎么办？

律师答疑

支付令对于劳动者来说是很便捷的一种讨薪方式，但有时候劳动者去法院申请支付令，法院将支付令发给用人单位后，单位为了继续拖延或者是出于自身利益的考量，对支付令不理不睬，既不提出异议，又不履行。这个时候，劳动者应该怎么办呢？

其实用人单位的这种做法也仅是暂时拖延而已，按照《民事诉讼法》第 223 条的规定，劳动者提起支付令之后，用人单位应当自收到支付令之日起 15 日内清偿债务，或者向人民法院提出书面异议。如用人单位收到支付令之日起 15 日内，既不提出异议也不履行支付令的，劳动者则可以向人民法院申请强制执行。

需要注意的是，申请强制执行应当向人民法院提交执行申请书。最好可以提交用人单位财产的地址或者银行账户，便于法院通过财产变卖或银行拨款的方式支付劳动者劳动报酬。

法律依据

《中华人民共和国民事诉讼法》

第二百二十三条　人民法院受理申请后，经审查债权人提供的事实、证据，对债权债务关系明确、合法的，应当在受理之日起十五日内向债务人发出支付令；申请不成立的，裁定予以驳回。

债务人应当自收到支付令之日起十五日内清偿债务，或者向人民法院提出书面异议。

债务人在前款规定的期间不提出异议又不履行支付令的，债权人可以向人民法院申请执行。

68. 因劳动者本人原因给用人单位造成经济损失的，用人单位可以克扣工资用于赔偿吗？

法律咨询

杭某是甲公司的一名职员，不久前，由于他的工作失误导致甲公司错过了与上游公司的合作机会，由此还导致甲公司遭受了一定的经济损失。对此，甲公司决定克扣杭某的工资用作赔偿。那么，因劳动者本人的原因给用人单位造成经济损失的，用人单位可否克扣工资用于赔偿？

律师答疑

依照《劳动合同法》第26条、第86条和第90条及《工资支付暂行规定》第16条的规定，因劳动者本人原因给用人单位造成经济损失的，用人单位可按照劳动合同的约定要求其赔偿经济损失。经济损失的赔偿，可从劳动者本人的工资中扣除。但每月扣除的部分不得超过劳动者当月工资的20%。若扣除后的剩余工资部分低于当地月最低工资标准，则按最低工资标准支付。在劳动者中确实有少数人利用工作条件的便利，损害用人单位的利益。同时由于他们流动性较大，不易于管理和索赔，导致个别用人单位只能通过收取风险抵押金、抵押物或扣押身份证等方式来避免损失，这样做是不合法的。如果用人单位想要避免劳动者给单位造成损失，不承担赔偿责任就离职的风险，应当通过加强内部管理来解决，而不能简单地采用收取抵押金（物）的错误方式。

法律依据

《中华人民共和国劳动合同法》

第二十六条　下列劳动合同无效或者部分无效：

（一）以欺诈、胁迫的手段或者乘人之危，使对方在违背真实意思的情况下订立或者变更劳动合同的；

（二）用人单位免除自己的法定责任、排除劳动者权利的；

（三）违反法律、行政法规强制性规定的。

对劳动合同的无效或者部分无效有争议的，由劳动争议仲裁机构或者人民法院确认。

第八十六条　劳动合同依照本法第二十六条规定被确认无效，给对方造成损害的，有过错的一方应当承担赔偿责任。

第九十条　劳动者违反本法规定解除劳动合同，或者违反劳动合同中约定的保密义务或者竞业限制，给用人单位造成损失的，应当承担赔偿责任。

《工资支付暂行规定》

第十六条　因劳动者本人原因给用人单位造成经济损失的，用人单位可按照劳动合同的约定要求其赔偿经济损失。经济损失的赔偿，可从劳动者本人的工资中扣除。但每月扣除的部分不得超过劳动者当月工资的20%。若扣除后的剩余工资部分低于当地月最低工资标准，则按最低工资标准支付。

69. 以经营状况不好为由降低劳动者工资是否违法？

法律咨询

洪某是某发电厂的一名工作人员，平日里，他工作认真负责，受到了领导及同事们的一致好评。最近，工厂却以经营状况不好为由降低了洪某的工资。那么，用人单位以经营状况不好为由降低劳动者工资的行为是否违法？

律师答疑

劳动报酬是《劳动法》《劳动合同法》所规定的劳动合同的必备条款。当劳动合同明确约定工资支付的标准时，用人单位必须严格履行。当然若存在如下情形，用人单位有权对约定的工资标准做适当的调整：第一，用人单位与劳动者进行充分、平等的协商，可以对劳动合同约定的工资待遇做相应的调整。第二，劳动合同中约定了有关工资标准调整、变更的事项，待约定事项出现时，用人单位可以对工资待遇进行调整。第三，用人单位依据法定程序可以制定并公布本单位相应的工资支付规则，明确规定工资调整的范围、条件、方法等事项。对于相应的规章制度，可以作为劳动合同的附件，并与劳动合同一同遵守。此时，用人单位可以按照规章制度对工资待遇做相应的调整。当然无论如何调整，在降低工资待遇时都不得低于当地最低工资标准。

如果用人单位以经营状况不好为由单方面降低某一劳动者的工资，并不存在上述任何一种情形，既违反了变更劳动合同的平等协商原则，也违反了劳动合同的约定。属于《对〈工资支付暂行规定〉有关问题的补充规定》第3条所规定的，用人单位无正当理由扣减劳动者应得工资的情形。劳动者有权向劳动保障部门举报，也可以依法申请调解、仲裁或提起诉讼。但法律没有禁止用人单位因经济状况不好对所有员工的工资进行调整。实际上，各省市会根据地区经济发展现状，以仲裁或法院制定规定或会议纪要等形式，对企业因环保、行业特征等原因导致的经济状况不好的情形给予工资单方调整的自主权。

法律依据

《对〈工资支付暂行规定〉有关问题的补充规定》

三、《规定》第十五条中所称"克扣"系指用人单位无正当理由扣减劳动者应得工资（即在劳动者已提供正常劳动的前提下用人单位按劳动合同规定的标准应当支付给劳动者的全部劳动报酬）。不包括以下减发工资的情况：(1)国家的法律、法规中有明确规定的；(2)依法签订的劳动合同中有明确规定的；(3)用人单位依法制定并经职代会批准的厂规、厂纪中有明确规定的；(4)企业工资总额与经济效益相联系，经济效益下浮时，工资必须下浮的（但支付给劳动者工资不得低于当地最低工资标准）；(5)因劳动者请事假等相应减发工资等。

70. 奖金能否折抵加班费？

法律咨询

为了赚取更多的钱，鲍某经常在节假日留在单位加班。近来，他发现单位并未像往常一样向他支付加班费。他向单位有关负责人咨询此事时，负责人告诉他向其发放的奖金已经折抵加班费了。那么，奖金能否折抵加班费呢？

律师答疑

奖金是指支付给职工的超额劳动报酬和增收节支的劳动报酬。包括：(1)生产奖；(2)节约奖；(3)劳动竞赛奖；(4)机关、事业单位的奖励工资；(5)其他奖金。奖金的多少体现员工对用人单位的贡献的大小，如果员工对用人单位的贡献大，相应的奖金就多；如果贡献小，相对就少。奖金的目的在于激励员工更好地为用人单位创造价值，只要能达到这个目的，就达到了发放奖金的目的，这也是衡量发放奖金是否成功的标准。如果没有起到激励的作用、没有提高员工的积极性，那么就是失败的。

加班费是指劳动者按照用人单位生产和工作的需要，在规定工作时间之外继续生产劳动或者工作所获得的劳动报酬。劳动者加班，延长了工作时间，增加了额外的劳动量，应当得到合理的报酬。对劳动者而言，加班费是一种补偿，因为其付出了过量的劳动；对于用人单位而言，支付加班费能够有效地抑制用人单位随意地延长工作时间，保护劳动者的合法权益。根据《劳动法》和国家其他法律的有关规定，用人单位在延长劳动者工作时间的情况下应当支付高于劳动者正常工作时间工资的工资报酬，即加班费。本条肯定了《劳动法》和国家其他法律有关规定关于支付加班费的立法精神。所以，用人单位安排劳动者加班加点，必须依法支付加班工资。

对于奖金问题，由于是用人单位的内部激励机制，也是对劳动者的一种奖励，法律并没有强制性规定必须支付奖金，但是如果劳动合同或者用人单位的规章制度明确规定了有关奖金的问题，用人单位必须按照约定支付。不能将奖金与加班工资混同。

法律依据

《中华人民共和国劳动法》

第四十四条 有下列情形之一的，用人单位应当按照下列标准支付高于劳动者正常工作时间工资的工资报酬：

（一）安排劳动者延长工作时间的，支付不低于工资的百分之一百五十的工资报酬；

（二）休息日安排劳动者工作又不能安排补休的，支付不低于工资的百分之二百的工资报酬；

（三）法定休假日安排劳动者工作的，支付不低于工资的百分之三百的工资报酬。

《中华人民共和国劳动合同法》

第三十一条 用人单位应当严格执行劳动定额标准，不得强迫或者变相强迫劳动者加班。用人单位安排加班的，应当按照国家有关规定向劳动者支付加班费。

第二节 工作时间

71. 什么情况下，用人单位可以延长工作时间？

法律咨询

石某是某工厂流水线上的一名职工。前段时间，工厂厂长为了完成生产计划,与工会以及劳动者协商把工作时间延长 1 小时。请问,在何种情况下,用人单位可以延长工作时间?

律师答疑

职工每日工作 8 小时,每周工作 40 小时。特殊情形下用人单位可适当延长劳动者的工作时间:

(1)用人单位由于生产经营需要,经与工会和劳动者协商后可以延长工作时间,一般每日不得超过 1 小时;因特殊原因需要延长工作时间的,在保障劳动者身体健康的条件下延长工作时间每日不得超过 3 小时,但每月不得超过 36 小时。

(2)下列情况下延长工作时间不受上述第一种情形的限制:①发生自然灾害、事故或者因其他原因,威胁劳动者生命健康和财产安全,需要紧急处理的;②生产设备、交通运输线路、公共设施发生故障,影响生产和公共利益,必须及时抢修的;③法律、行政法规规定的其他情形。

法律依据

《中华人民共和国劳动法》

第四十一条 用人单位由于生产经营需要,经与工会和劳动者协商后可以延长工作时间,一般每日不得超过一小时;因特殊原因需要延长工作时间的,在保障劳动者身体健康的条件下延长工作时间每日不得超过三小时,但是每月不得超过三十六小时。

第四十二条 有下列情形之一的,延长工作时间不受本法第四十一条规定的限制:

（一）发生自然灾害、事故或者因其他原因，威胁劳动者生命健康和财产安全，需要紧急处理的；

（二）生产设备、交通运输线路、公共设施发生故障，影响生产和公众利益，必须及时抢修的；

（三）法律、行政法规规定的其他情形。

72. 用人单位安排加班只需直接通知劳动者就可以了吗？

法律咨询

崔某是某造纸厂的一名员工，入职以来，他一直服从上级的工作安排。一次，元旦佳节来临之际，厂长突然告知崔某未来几天要连续加班，他认为厂长临时通知他加班的做法不太合理。请问，用人单位安排加班只需直接通知劳动者就可以了吗？

律师答疑

用人单位安排劳动者加班，需要注意以下一些问题：首先，用人单位的加班安排必须事出有因，即需要符合可以延长工作时间的条件；其次，用人单位决定安排劳动者加班，应把安排加班的理由、涉及人数、时间长短等情况向工会说明，征得工会同意；再次，用人单位安排劳动者加班的，应进一步和劳动者协商，加班需在劳动者自愿的情形下进行，用人单位不得强迫劳动者加班；最后，用人单位安排的加班时间长度必须符合法律的限制性规定，不得无限制地要求劳动者加班。当然，如果突然出现紧急事件，危害公共安全和公众利益的情况下，法律允许用人单位直接通知劳动者就可安排加班并突破上述的限制。

法律依据

《中华人民共和国劳动法》

第四十一条 用人单位由于生产经营需要，经与工会和劳动者协商后可以延长工作时间，一般每日不得超过一小时；因特殊原因需要延长工作时间的，在保障劳动者身体健康的条件下延长工作时间每日不得超过三小时，但是每月不得超过三十六小时。

《中华人民共和国劳动合同法》

第三十一条 用人单位应当严格执行劳动定额标准，不得强迫或者变相强迫劳动者加班。用人单位安排加班的，应当按照国家有关规定向劳动者支付加班费。

73. 用人单位占用周末开会或培训算加班吗？

法律咨询

某个周五下午，吉某本打算下班之后启程回老家。但是，吉某的领导临时通知他周末需要培训。吉某只好改变出行计划，同时要求把周末两天算入加班时间。那么，用人单位占用周末开会或者培训算是加班吗？

律师答疑

如何认定加班，本来是很明朗的概念，但现实中也的确有很多情形似是而非，无法确定能否归为加班，如用人单位要求占用周末时间开会或者培训，看上去没有让劳动者从事岗位工作，但又确实占用了大家的休息时间，能否算作加班呢？

加班其实包括加班和加点。所谓加班，是指员工按照用人单位的要求，在法定节假日、休息日从事工作。加点是员工按照用人单位的要求，在标准工作日以外继续从事工作。因此，总的来看，加班有如下三个特点：（1）加班是用人单位要求的；（2）加班的内容体现用人单位的意志；（3）加班的时间是在标准工作时间之外。因此，如果用人单位占用周末组织员工开会或者培训，其内容与工作密切相关，事实上与上述三条标准都很符合。所以，这样的培训和会议在周末进行应该都是属于加班，可以按照有关规定要求单位给予加班工资。如果用人单位想避免这种情况发生，最好在工作时间进行这些培训与会议。

法律依据

《劳动部关于贯彻执行〈中华人民共和国劳动法〉若干问题的意见》

70．休息日安排劳动者工作的，应先按同等时间安排其补休，不能安排补休的应按劳动法第四十四条第（二）项的规定支付劳动者延长工作时间的工资报酬。法定节假日（元旦、春节、劳动节、国庆节）安排劳动者工作的，应按劳动法第四十四条第（三）项支付劳动者延长工作时间的工资报酬。

74. 劳动者自愿加班可以要求加班工资吗？

法律咨询

龚某是名热血青年，为了在事业上干出成绩，他曾多次自愿留在单位加班以便精进业务。当月结算工资时，龚某要求公司为其发放加班工资。那么，劳动者自愿加班的还可以要求加班工资吗？

律师答疑

在特殊情况下，允许企业延长工作时间是符合社会生活需要的，因此按照规定，企业可以制定与国家法律不相抵触的加班制度，可以规定适当的加班审批程序，对符合加班制度的加班情况支付不低于法定标准的加班工资。因此，公司安排职工加班，应该支付加班费，而与此同时，用人单位支付加班工资的前提是用人单位根据实际需要安排劳动者在法定标准工作时间以外工作。只有由用人单位安排加班的，用人单位才应支付加班工资。如果不是用人单位安排加班，而由劳动者自愿加班的，用人单位依据规定可以不支付加班工资。在这种情况下，劳动者自愿加班即使完成了很大的工作量，也无法要求用人单位支付加班工资。与自愿加班相对应的一种是非自愿加班。一般包括两种情形：一是工作任务过重，不得不加班才能完成；二是应对激烈的职场竞争，自发牺牲假期。按照《劳动合同法》第 31 条的规定：用人单位安排加班的，应当按照国家规定向劳动者支付加班费。但计算加班费的前提是认定“加班事实”，即由用人单位安排加班的，用人单位才应支付加班工资；而如果员工自行加班，不是用人单位的要求，也没有用人单位认可的加班记录，在自愿加班的情况下，则不属于加班，用人单位无须支付加班费。而对于非自愿加班，即用人单位变相延长上班时间，让员工强行自愿加班，员工可以要求单位确认自己的加班记录。如果单位拒绝予以认定，员工需要注意留存证据，证明确实是因为用人单位变相安排过多工作任务，迫使自己在正常的工作时间以外加班。必要时向劳动监察部门投诉，运用法律手段维护自己的合法劳动权益。对于非自愿加班的另一种情形，除非单位有加班的制度允许这样自愿加班获得加班费，否则此类要求一般很难获得支持。

法律依据

《中华人民共和国劳动合同法》

第三十一条 用人单位应当严格执行劳动定额标准，不得强迫或者变相强迫劳动者加班。用人单位安排加班的，应当按照国家有关规定向劳动者支付加班费。

75. 加班费应该按照什么标准支付?

法律咨询

由于单位的工作量突然加大，程某上个月每天都在加班。但是，单位向他支付工资时，并未足额支付加班部分的工资。那么，加班费应该按照何种标准支付?

律师答疑

对安排劳动者加班后的工资报酬问题需要区分三种情形：（1）平时安排劳动者延长工作时间的，支付不低于工资150%的工资报酬；（2）休息日安排劳动者工作又不能安排补休的，支付不低于工资200%的工资报酬；（3）法定休节假日安排劳动者工作的，支付不低于工资300%的工资报酬。

对于加班工资的基数，依据《工资支付暂行规定》第13条的规定，应该以"劳动合同规定"的标准执行，对此原劳动部关于印发《对〈工资支付暂行规定〉有关问题的补充规定》的通知第1条将其解释为，"劳动合同规定的劳动者本人所在的岗位（职位）相对应的工资标准"。因此，如果劳动合同明确约定工资数额的，应该以此约定为基础来计算加班工资的数额，而不是以基本工资、岗位工资、等级工资中任何一项单独的指标为基数来计算加班费。

对于如何计算加班工资，应该区分计时工资、计件工资、实行综合计算工时工作制的不同情形，分别不同的计算方法。

第一，计时工资的加班加点工资计算方法。首先计算日工资。依据《关于职工全年月平均工作时间和工资折算问题的通知》的规定，目前我国标准年工作日为250天[365天-104天（休息日）-11天（法定节假日）]=250天，标准月工作日为20.83天，月计薪天数为21.75天。法定节假日用人单位应当依法支付工资，即折算日工资、小时工资不剔除国家规定的11天法定节假日。因此，在用人单位实行年薪制的情况下，日工资额=劳动合同约定的年薪总额÷年计薪天数（21.75天×12）；在用人单位采用月薪制的情况下，日工资额=劳动合同约定的月薪额÷月计薪天数（21.75天）；小时工资=日工资额÷8小时。将上述计算得出的日工资额、小时工资额乘以法定的倍数即可得出休息日、法定节假日、加点的加班工资。

第二，实行计件工资的加班（或加点）工资的计算方法。依据《工资支付暂行规定》第13条第2款的规定："实行计件工资的劳动者，在完成计件定额任务后，由用人单位安排延长工作时间的，应根据上述规定的原则，分别按照不低于其本人法定工作时间计件单价的150%、200%、300%支付其工资。"因此，实行计件工资的劳动者，加班加点工资的计算主要是依据计件单价。以法定工作时间计件单价 × 产品件数 ×200%（或150%或300%），即可得出相应的加班工资数额。

第三，实行综合计算工时工作制的用人单位加班、加点工资的计算方法。其综合计算工作时间超过法定标准工作时间的部分，应视为延长工作时间，应支付劳动者延长工作时间的工资，延长工作时间的工资按计时工作制计算。

法律依据

《中华人民共和国劳动法》

第四十四条　有下列情形之一的，用人单位应当按照下列标准支付高于劳动者正常工作时间工资的工资报酬：

（一）安排劳动者延长工作时间的，支付不低于工资的百分之一百五十的工资报酬；

（二）休息日安排劳动者工作又不能安排补休的，支付不低于工资的百分之二百的工资报酬；

（三）法定休假日安排劳动者工作的，支付不低于工资的百分之三百的工资报酬。

《工资支付暂行规定》

第十三条 用人单位在劳动者完成劳动定额或规定的工作任务后，根据实际需要安排劳动者在法定标准工作时间以外工作的，应按以下标准支付工资：

（一）用人单位依法安排劳动者在日法定标准工作时间以外延长工作时间的，按照不低于劳动合同规定的劳动者本人小时工资标准的150%支付劳动者工资；

（二）用人单位依法安排劳动者在休息日工作，而又不能安排补休的，按照不低于劳动合同规定的劳动者本人日或小时工资标准的200%支付劳动者工资；

（三）用人单位依法安排劳动者在法定休假节日工作的，按照不低于劳动合同规定的劳动者本人日或小时工资标准的300%支付劳动者工资。

实行计件工资的劳动者，在完成计件定额任务后，由用人单位安排延长工作时间的，应根据上述规定的原则，分别按照不低于其本人法定工作时间计件单价的150%、200%、300%支付其工资。

经劳动行政部门批准实行综合计算工时工作制的，其综合计算工作时间超过法定标准工作时间的部分，应视为延长工作时间，并应按本规定支付劳动者延长工作时间的工资。

实行不定时工时制度的劳动者，不执行上述规定。

《对〈工资支付暂行规定〉有关问题的补充规定》

一、《规定》第十一条、第十二条、第十三条所称“按劳动合同规定的标准”，系指劳动合同规定的劳动者本人所在的岗位（职位）相对应的工资标准。

因劳动合同制度尚处于推进的过程中，按上述条款规定执行确有困难的，地方或行业劳动行政部门可在不违反《规定》所确定的总的原则基础上，制定过渡措施。

《关于职工全年月平均工作时间和工资折算问题的通知》

一、制度工作时间的计算

年工作日：365天−104天（休息日）−11天（法定节假日）＝250天

季工作日：250天÷4季＝62.5天/季

月工作日：250天÷12月＝20.83天/月

工作小时数的计算：以月、季、年的工作日乘以每日的8小时。

二、日工资、小时工资的折算

按照《劳动法》第五十一条的规定，法定节假日用人单位应当依法支付工资，即折算日工资、小时工资时不剔除国家规定的11天法定节假日。据此，日工资、小时工资的折算为：

日工资：月工资收入÷月计薪天数

小时工资：月工资收入÷（月计薪天数×8小时）

月计薪天数＝（365天−104天）÷12月＝21.75天

76. 用人单位可以用补休代替加班费吗？

法律咨询

邢某的单位为了赶工期，单位领导曾要求他每天加班1小时。但是结算工资时,邢某并未收到该笔加班费,相关负责人告诉他加班已由补休代替了。那么,用人单位是否可以用补休代替加班费?

律师答疑

《劳动部关于贯彻执行〈中华人民共和国劳动法〉若干问题的意见》第70条以及《劳动法》第44条的规定,在休息日安排劳动者工作的,其待遇有两种选择:一是同等时间安排补休,二是支付不低于工资的200%的加班工资。休息日安排劳动者工作,企业可以首先安排补休。在同等时间无法安排补休时,才支付不低于工资的200%的加班费。当企业能够安排职工补休时,职工应当服从。这既保护了劳动者的休息权,又利于职工的身体健康,也使职工及时恢复体力投入新的工作,有利于安全生产。而平时安排劳动者延长工作时间和法定休假日安排劳动者工作的只能支付法律规定的加班工资报酬,不能以安排补休而不支付高于正常工作时间的加班工资。

法律依据

《劳动部关于贯彻执行〈中华人民共和国劳动法〉若干问题的意见》

70.休息日安排劳动者工作的,应先按同等时间安排其补休,不能安排补休的应按劳动法第四十四条第(二)项的规定支付劳动者延长工作时间的工资报酬。法定节假日(元旦、春节、劳动节、国庆节)安排劳动者工作的,应按劳动法第四十四条第（三）项支付劳动者延长工作时间的工资报酬。

《中华人民共和国劳动法》

第四十四条　有下列情形之一的，用人单位应当按照下列标准支付高于劳动者正常工作时间工资的工资报酬：

（一）安排劳动者延长工作时间的，支付不低于工资的百分之一百五十的工资报酬；

（二）休息日安排劳动者工作又不能安排补休的，支付不低于工资的百分之二百的工资报酬；

（三）法定休假日安排劳动者工作的，支付不低于工资的百分之三百的工资报酬。

77. 实行综合计算工时制的单位和岗位可以随意安排劳动者的工作时间而不支付加班费吗？

法律咨询

因生产特点等原因，裴某所在的单位实行综合计算工时制。近期，由于生产任务繁重，单位安排裴某等职工长时间加班。但是，单位到最后却拒不支付加班费。那么，实行综合计算工时制的单位或岗位是否可以随意安排劳动者的工作时间而不支付加班费？

律师答疑

依据法律、法规的规定，综合计算工时工作制度，是指针对因工作性质或生产特点的等因素限制的职工，不能执行法定每天8小时标准工时制度，经过有关劳动行政部门的批准，分别以周、月、季、年等为周期，综合计算工作时间，但其平均日工作时间和平均周工作时间应与法定标准工作时间基本相同的一种工时制度。在综合计算工时制下，具体的每一天或者每一周的工作时间可以超过8小时或40小时，但是，在综合平均计算的周期内，日平均工作时间、周平均工作时间均不得超过上述法定工作时间。依照标准工时标准以及最新节假日规定，劳动者的年工作日不得超过250天；季工作日不得超过62.5天；月工作日不得超过20.83天。工作小时数的计算：以月、季、年的工作日乘以每日的8小时。如果综合计算工作时间超过上述法定标准工作时间的部分，应视为延长工作时间，延长工作时间的长度应该依据《劳动法》《工资支付暂行规定》的有关规定支付加班费。其中法定休假日安排劳动者工作的，按劳动法的规定支付报酬。

法律依据

《劳动部关于贯彻执行〈中华人民共和国劳动法〉若干问题的意见》

60. 实行每天不超过8小时，每周不超过44小时或40小时标准工作时间制度的企业，以及经批准实行综合计算工时工作制的企业，应当按照劳动法的规定支付劳动者延长工作时间的工资报酬。全体职工已实行劳动合同制度的企业，一般管理人员（实行不定时工作制人员除外）经批准延长工作时间的，可以支付延长工作时间的工资报酬。

《国务院关于职工工作时间的规定》

第五条　因工作性质或者生产特点的限制，不能实行每日工作8小时、每周工作40小时标准工时制度的，按照国家有关规定，可以实行其他工作和休息办法。

第三节　休息休假

78. 劳动者再婚时还可以享受婚假吗？

法律咨询

两年前，陆某与前妻因婚姻关系确已破裂而离婚。现在，陆某打算和蒋女士结婚，他比较关心再婚是否享受婚假的问题。那么，劳动者再婚时还可以享受婚假吗？

律师答疑

对于再婚的劳动者而言，因为其第一次结婚时已经享受婚假，那么再婚时还能享受婚假吗？就法律角度而言，再婚的男女，与初婚者同样，在取得结婚证后，夫妻关系即成立，享有法律赋予初婚夫妻同样的权利和承担同样的义务。在《劳动和社会保障部办公厅关于对再婚职工婚假问题的复函》（劳社部函〔2000〕84号）中有这样的答复："根据《中华人民共和国婚姻法》和国家有关职工婚丧假的规定精神，再婚者与初婚者的法律地位相同，用人单位对再婚职工应当参照国家有关规定，给予同初婚职工一样的婚假待遇。"

法律依据

《劳动和社会保障部办公厅关于对再婚职工婚假问题的复函》(劳社部函〔2000〕84号)

根据《中华人民共和国婚姻法》和国家有关职工婚丧假的规定精神，再婚者与初婚者的法律地位相同，用人单位对再婚职工应当参照国家有关规定，给予同初婚职工一样的婚假待遇。

79. 什么情况下劳动者可以请探亲假？

法律咨询

荣某是某单位的一名职工，其在城市居住而其父母住在农村老家。近来，由于住在老家的父母年迈病重，他打算请探亲假回家。那么，在什么情况下，劳动者可以请探亲假？

律师答疑

职工探亲假，是指职工与配偶、父母团聚的时间，凡是在国家机关、人民团体和全民所有制企业、事业单位工作满一年的职工，与配偶不在一起，又不能在公休假日团聚的，可以享受探望配偶的待遇；与父母不在一起，又不能在公休假日团聚的，可以享受探望父母的待遇。除一定的探亲假日外，如果路途遥远，根据实际需要，可以给予路程假。

职工探望配偶的，每年给予一方探亲假一次，假期为30天。未婚职工探望父母，原则上每年给假一次，假期为20天，如果因为工作需要，本单位当年不能给予假期或者职工自愿两年探亲一次，可以两年给假一次，假期为45天。已婚职工探望父母的，每四年给假一次，假期为20天。

上述探亲假期是指职工与配偶、父、母团聚时间，另外，根据实际需要给予路程假。上述假期包括公休假日和法定节日在内。

需要特别提示的是，《国务院关于职工探亲待遇的规定》适用的主体是国家机关、人民团体和全民所有制企业、事业单位，且职工还需要满足不能在公休假日团聚的前提条件。

法律依据

《国务院关于职工探亲待遇的规定》

第二条　凡在国家机关、人民团体和全民所有制企业、事业单位工作满一年的固定职工，与配偶不住在一起，又不能在公休假日团聚的，可以享受本规定探望配偶的待遇；与父亲、母亲都不住在一起，又不能在公休假日团聚的，可以享受本规定探望父母的待遇。但是，职工与父亲或与母亲一方能够在公休假日团聚的，不能享受本规定探望父母的待遇。

第三条　职工探亲假期：

（一）职工探望配偶的，每年给予一方探亲假一次，假期为三十天。

（二）未婚职工探望父母，原则上每年给假一次，假期为二十天。如果因为工作需要，本单位当年不能给予假期，或者职工自愿两年探亲一次的，可以两年给假一次，假期为四十五天。

（三）已婚职工探望父母的，每四年给假一次，假期为二十天。

探亲假期是指职工与配偶、父、母团聚的时间,另外,根据实际需要给予路程假。上述假期均包括公休假日和法定节日在内。

80. 劳动者没休年休假能获得补偿吗?

法律咨询

翁某所在的工厂经常需要工人加班,不久前,工厂领导安排翁某在休年假时加班。但是翁某本打算回老家探望父母,领导再三恳求,他只好同意不休年假。那么,劳动者没休年休假可以获得补偿吗?

律师答疑

享受年休假是劳动者的权利,但休假的具体时间安排,需要考虑单位工作的具体情况。根据《职工带薪年休假条例》的规定,用人单位应根据生产、工作的具体情况,并考虑职工的本人意愿,统筹安排职工年休假。年休假在一个年度内可以集中安排,也可以分段安排,一般不跨年度安排。如果实在无法安排休假,如用人单位确因工作需要不能安排职工休年休假的,那么经职工本人同意,可以不安排职工休年休假。职工可以获得相应补偿,即对职工应休未休的年休假天数,单位应当按照该职工日工资收入的300%支付未休年休假工资报酬。也就是说,每应休未休1天,按照本人应休年休假当年日工资收入的3倍支付,其中已经包含用人单位支付该职工正常工作期间的工资收入。

职工在年休假期间享受与正常工作期间相同的工资收入。计算未休年休假工资报酬的日工资收入按照职工本人的月工资除以月计薪天数（21.75天）进行折算。在计算时，月工资是指职工在用人单位支付其未休年休假工资报酬前12个月剔除加班工资后的月平均工资。在本用人单位工作时间不满12个月的，按实际月份计算月平均工资。

法律依据

《职工带薪年休假条例》

第五条　单位根据生产、工作的具体情况，并考虑职工本人意愿，统筹安排职工年休假。

年休假在1个年度内可以集中安排，也可以分段安排，一般不跨年度安排。单位因生产、工作特点确有必要跨年度安排职工年休假的，可以跨1个年度安排。

单位确因工作需要不能安排职工休年休假的，经职工本人同意，可以不安排职工休年休假。对职工应休未休的年休假天数，单位应当按照该职工日工资收入的300%支付年休假工资报酬。

《企业职工带薪年休假实施办法》

第十条　用人单位经职工同意不安排年休假或者安排职工年休假天数少于应休年休假天数，应当在本年度内对职工应休未休年休假天数，按照其日工资收入的300%支付未休年休假工资报酬，其中包含用人单位支付职工正常工作期间的工资收入。

用人单位安排职工休年休假,但是职工因本人原因且书面提出不休年休假的,用人单位可以只支付其正常工作期间的工资收入。

第十一条 计算未休年休假工资报酬的日工资收入按照职工本人的月工资除以月计薪天数(21.75天)进行折算。

前款所称月工资是指职工在用人单位支付其未休年休假工资报酬前12个月剔除加班工资后的月平均工资。在本用人单位工作时间不满12个月的,按实际月份计算月平均工资。

职工在年休假期间享受与正常工作期间相同的工资收入。实行计件工资、提成工资或者其他绩效工资制的职工,日工资收入的计发办法按照本条第一款、第二款的规定执行。

81. 少数民族传统习惯节日加班是否应支付加班工资?

法律咨询

甲公司的员工中有几位是少数民族,几天前,他们为即将到来的传统节日请假,而公司领导却希望他们能够在当天加班。那么,在少数民族传统习惯节日加班的,是否应向其支付加班工资?

律师答疑

我国拥有56个民族,其中55个少数民族的传统习惯及节日各不相同,如壮族的三月三歌节,朝鲜族的回甲节、回婚节,回族的开斋节、古尔邦节、圣纪节,藏族的藏历新年,维吾尔族的肉孜节（开斋节）、古尔邦节，羌族的羌历新年等。对于这些只有特定民族才有的节日是否应该放假，假期享受何种待遇的问题，按照《全国年节及纪念日放假办法》第2条、第3条、第4条的规定，对于少数民族习惯的节日，由少数民族聚居区的地方人民政府按照各该民族习惯，规定放假日期。

对于具体的放假办法和放假时间，该办法并没有做出具体的规定，而只是授权各少数民族聚居地区的地方人民政府，按照各民族习惯规定放假日期。而实践中各地方都有各自的放假规定，如《新疆维吾尔自治区少数民族习惯节日放假办法》规定："肉孜节全区各族干部职工放假一天；古尔邦节全区各族干部职工放假三天。"《云南省楚雄彝族自治州自治条例》第69条则规定："农历每年6月24日为彝族'火把节'，放假按照《全国年节及纪念日放假办法》由自治州政府具体制定的规定。"据此，楚雄州人民政府制定"火把节"放假3天。所以，各地方的少数民族，应该依据当地的规定，享受相应的假期。例如，新疆维吾尔自治区政府规定过古尔邦节这一传统节日的各族干部职工放假3天，如果你属于过这一传统节日的职工，应当获得3天的假期，单位以不是法定假日为由不放假就是违法的。

对于各少数民族传统节日休息，《城市民族工作条例》第26条规定，休假的工资照发，各地方也存在同样的规定。对于照常工作工资的支付问题，相关法律规定并不明确。依照《劳动法》第44条第3项、《工资支付暂行规定》第13条第1款第3项的有关规定，劳动者在法定节假日正常工作的，应当支付其正常工资标准的300%工资。而各少数民族传统节日属于法定假日，应该依据上述300%的标准执行。

但是，对于同为法定节假日的部分公民放假加班工资问题（如妇女节、青年节），《劳动和社会保障部办公厅关于部分公民放假有关工资问题的函》却规定，在部分公民放假的节日期间，对参加社会或单位组织庆祝活动和照常工作的职工，单位应支付工资报酬，但不支付加班工资。各少数民族传统节日加班是否按此规定执行至今没有明确规定。

早在1955年，劳动部曾作出关于回民大尔代节工资支付问题的复函（55）中劳薪字第0153号规定，关于回民大尔代节日工资发放问题，原政务院财政经济委员会第五办公厅曾以（54）财经劳（薪）第0048号规定大尔代假日工人照常工作者，照发工资，但不增发工资，假日不工作者，亦不扣工资，其所谓“假日不工作者亦不扣工资”，系指经企业行政同意参加庆祝活动，实行日工资制者不扣工资，实行计件工资制或日工资制者按本人同等级计时标准发给工资。所以，笔者认为，应该参照该规定执行，当然各地方如果有不同的规定应该遵守。

法律依据

《全国年节及纪念日放假办法》

第二条 全体公民放假的节日：

（一）新年，放假1天（1月1日）；

（二）春节，放假3天（农历正月初一、初二、初三）；

（三）清明节，放假1天（农历清明当日）；

（四）劳动节，放假1天（5月1日）；

（五）端午节，放假1天（农历端午当日）；

（六）中秋节，放假1天（农历中秋当日）；

（七）国庆节，放假3天（10月1日、2日、3日）。

第三条　部分公民放假的节日及纪念日：

（一）妇女节（3月8日），妇女放假半天；

（二）青年节（5月4日），14周岁以上的青年放假半天；

（三）儿童节（6月1日），不满14周岁的少年儿童放假1天；

（四）中国人民解放军建军纪念日（8月1日），现役军人放假半天。

第四条　少数民族习惯的节日，由各少数民族聚居地区的地方人民政府，按照各该民族习惯，规定放假日期。

《新疆维吾尔自治区少数民族习惯节日放假办法》

肉孜节全区各族干部职工放假一天；古尔邦节全区各族干部职工放假三天。

《云南省楚雄彝族自治州自治条例》

第六十九条　公历每年4月15日为自治州成立纪念日，全州放假2天。公历每年4月为“民族团结进步宣传月”。

农历每年6月24日为彝族“火把节”，放假按照《全国年节及纪念日放假办法》由自治州人民政府具体制定。

各民族的传统节日都应当受到尊重。

《城市民族工作条例》

第二十六条　少数民族职工参加本民族重大节日活动，可以按照国家有关规定放假，并照发工资。

《中华人民共和国劳动法》

第四十四条　有下列情形之一的，用人单位应当按照下列标准支付高于劳动者正常工作时间工资的工资报酬：

…………

（三）法定休假日安排劳动者工作的，支付不低于工资的百分之三百的工资报酬。

《工资支付暂行规定》

第十三条第一款 用人单位在劳动者完成劳动定额或规定的工作任务后,根据实际需要安排劳动者在法定标准工作时间以外工作的,应按以下标准支付工资:

…………

(三)用人单位依法安排劳动者在法定休假节日工作的,按照不低于劳动合同规定的劳动者本人日或小时工资标准的300%支付劳动者工资。

《劳动和社会保障部办公厅关于部分公民放假有关工资问题的函》

关于部分公民放假的节日期间,用人单位安排职工工作,如何计发职工工资报酬问题。按照国务院《全国年节及纪念日放假办法》(国务院令第270号)中关于妇女节、青年节等部分公民放假的规定,在部分公民放假的节日期间,对参加社会或单位组织庆祝活动和照常工作的职工,单位应支付工资报酬,但不支付加班工资。如果该节日恰逢星期六、星期日,单位安排职工加班工作,则应当依法支付休息日的加班工资。

82. 非全日制用工的劳动者在法定节假日工作的,是否应当向其支付加班工资?

法律咨询

甄某是丙公司的一名非全日制员工,工作时间相对灵活。临近元旦时，众多职工纷纷请假，因此公司负责人希望甄某能够在元旦时加班。那么，非全日制用工的劳动者在法定节假日工作的，是否应当向其支付加班工资？

律师答疑

非全日制用工与全日制用工一样，都是法定的用工形式，受《劳动法》《劳动合同法》以及相关的法律法规的调整。劳动关系双方依据相关的法律规定建立劳动关系，并根据法律的规定以及劳动合同约定享有权利、履行义务。相关的劳动法律、法规、规章关于劳动者权益的规定，非全日制劳动者应该同样享有，如有关劳动条件、劳动安全、劳动保护、职业危害防护等规定，同样包括劳动者休息休假的权利。但是，毕竟非全日制用工有其自身的特性，而有别于全日制用工，所以在很多方面又存在差异，如社会保险的缴纳、合同的终止、工资的支付等。所以，有些适用于全日制用工采取标准工时的法律规定，非全日制用工并不适用。

对于加班加点工资的支付问题，《工资支付暂行规定》第 13 条是以“法定标准工作时间”制度为基础做出的规定，同时对于采取“综合计算工作时间”以及“不定时工时”是否适用上述规定作了明确的说明，即对于“综合计算工作时间”超过法定标准工作时间的部分，应视为延长工作时间，并应按规定支付劳动者延长工作时间的工资。而对于“不定时工时”则不适用。

但是，目前的法律法规都没有涉及非全日用工情况下是否适用上述规定的问题。有的观点认为，由于非全日制用工方式灵活，很多情况是劳动者利用正常工作时间以外的时间工作的，包括双休日和节假日，所以劳动者利用休息日工作的，不应当按加班处理。笔者认为，对于非全日制用工的工作时间问题，《劳动合同法》第 68 条明确规定，非全日制用工，是指以小时计酬为主，劳动者在同一用人单位一般平均每日工作时间不超过 4 小时，每周工作时间累计不超过 24 小时。这是国家的强制性标准。由此来看，只要不违反每周不超过 24 小时的工时规定，用人单位可以在总的工作时间限制内，安排劳动者在公休日内劳动，且不视为加班。江苏省、湖北省高级人民法院亦曾持这一观点。

依据《北京市工资支付规定》第 18 条的规定，用人单位招用非全日制工作的劳动者，可以不执行本规定第 14 条的规定，但用人单位安排其在法定休假日工作的，其小时工资不得低于本市规定的非全日制从业人员法定休假日小时最低工资标准。

由此来看，对于北京市非全日用工的劳动者在法定节假日工作的，可以不执行 300% 的加班工资做法，但是却必须执行北京市法定休假日小时最低工资标准。

法律依据

《工资支付暂行规定》

第十三条 用人单位在劳动者完成劳动定额或规定的工作任务后，根据实际需要安排劳动者在法定标准工作时间以外工作的，应按以下标准支付工资：

（一）用人单位依法安排劳动者在日法定标准工作时间以外延长工作时间的，按照不低于劳动合同规定的劳动者本人小时工资标准的 150% 支付劳动者工资；

（二）用人单位依法安排劳动者在休息日工作，而又不能安排补休的，按照不低于劳动合同规定的劳动者本人日或小时工资标准的 200% 支付劳动者工资；

（三）用人单位依法安排劳动者在法定休假节日工作的，按照不低于劳动合同规定的劳动者本人日或小时工资标准的 300% 支付劳动者工资。

实行计件工资的劳动者，在完成计件定额任务后，由用人单位安排延长工作时间的，应根据上述规定的原则，分别按照不低于其本人法定工作时间计件单价的 150%、200%、300% 支付其工资。

经劳动行政部门批准实行综合计算工时工作制的，其综合计算工作时间超过法定标准工作时间的部分，应视为延长工作时间，并应按本规定支付劳动者延长工作时间的工资。

实行不定时工时制度的劳动者，不执行上述规定。

《中华人民共和国劳动合同法》

第六十八条　非全日制用工，是指以小时计酬为主，劳动者在同一用人单位一般平均每日工作时间不超过四小时，每周工作时间累计不超过二十四小时的用工形式。

《北京市工资支付规定》

第十四条　用人单位依法安排劳动者在标准工作时间以外工作的，应当按照下列标准支付劳动者加班工资：

（一）在日标准工作时间以外延长工作时间的，按照不低于小时工资基数的 150% 支付加班工资；

（二）在休息日工作的，应当安排其同等时间的补休，不能安排补休的，按照不低于日或者小时工资基数的 200% 支付加班工资；

（三）在法定休假日工作的，应当按照不低于日或者小时工资基数的300%支付加班工资。

第十八条 从事非全日制工作的劳动者，实行小时工资制。小时工资由用人单位与劳动者协商确定，但不得低于本市规定的非全日制从业人员小时最低工资标准。

用人单位招用非全日制工作的劳动者，可以不执行本规定第十四条的规定，但用人单位安排其在法定休假日工作的，其小时工资不得低于本市规定的非全日制从业人员法定休假日小时最低工资标准。

非全日制从业人员小时最低工资标准和法定休假日小时最低工资标准由市劳动保障部门确定、调整和公布。

Chapter 6

第六章

五险二金

第一节 综 合

83. 用人单位与劳动者达成的不缴纳社会保险费的协议是否有效?

法律咨询

不久前,曲某与甲单位签订了一份劳动合同。一段时间以后,单位提议只要曲某同意不缴纳社会保险费,便可向其支付一笔“奖金”。曲某权衡之后,同意了该提议。那么,用人单位与劳动者达成的不缴纳社会保险费的协议是否有效?

律师答疑

《劳动法》第72条明确规定:“……用人单位和劳动者必须依法参加社会保险,缴纳社会保险费。”与此同时,《社会保险费征缴暂行条例》以及其他相关的社会保险法规、规章和政策对养老、医疗、失业、工伤及生育保险的征缴范围、参保人群也作了明确的规定,各项不同的险种都有其法定的覆盖范围和覆盖人群。在我国社会保险是一种强制险,它不同于商业保险的自愿性,因此,不允许用人单位与劳动者通过协商选择参保或不参保。用人单位与劳动者不能完全依据自己的意思对是否缴纳社会保险费进行协商,否则也不具有法律效力。

现实生活中，有些单位为了规避缴纳社会保险费的义务，要求到其单位工作的劳动者签订不缴纳社会保险费的承诺、声明等协议，而且，有些劳动者为了眼前的利益，不降低自己的实际收入，本人也不愿意缴纳社会保险费。上述这种不缴纳社会保险费的承诺、声明或是协议等都违背了国家法律法规的强制性规定，不具有法律上的效力，因此，对单位及个人的缴费义务也不能予以免除。

法律依据

《中华人民共和国劳动法》

第七十二条　社会保险基金按照保险类型确定资金来源，逐步实行社会统筹。用人单位和劳动者必须依法参加社会保险，缴纳社会保险费。

《社会保险费征缴暂行条例》

第二条　基本养老保险费、基本医疗保险费、失业保险费（以下统称社会保险费）的征收、缴纳，适用本条例。

本条例所称缴费单位、缴费个人，是指依照有关法律、行政法规和国务院的规定，应当缴纳社会保险费的单位和个人。

第三条　基本养老保险费的征缴范围：国有企业、城镇集体企业、外商投资企业、城镇私营企业和其他城镇企业及其职工，实行企业化管理的事业单位及其职工。

基本医疗保险费的征缴范围：国有企业、城镇集体企业、外商投资企业、城镇私营企业和其他城镇企业及其职工，国家机关及其工作人员，事业单位及其职工，民办非企业单位及其职工，社会团体及其专职人员。

失业保险费的征缴范围：国有企业、城镇集体企业、外商投资企业、城镇私营企业和其他城镇企业及其职工，事业单位及其职工。

省、自治区、直辖市人民政府根据当地实际情况，可以规定将城镇个体工商户纳入基本养老保险、基本医疗保险的范围，并可以规定将社会团体及其专职人员、民办非企业单位及其职工以及有雇工的城镇个体工商户及其雇工纳入失业保险的范围。

社会保险费的费基、费率依照有关法律、行政法规和国务院的规定执行。

84. 劳动者人事档案没有转移到用人单位，单位可以不为劳动者缴纳社会保险吗？

法律咨询

一个多月以前，毕业生段某被乙公司聘任为销售经理，双方就此签订了劳动合同。但是直到现在，公司仍未给段某缴纳社会保险。公司认为段某的档案尚未转移到公司，因此无须为其办理社会保险。那么，劳动者人事档案没有转移到用人单位，单位就可以不为劳动者缴纳社会保险吗？

律师答疑

《劳动法》第72条规定："社会保险基金按照保险类型确定资金来源，逐步实行社会统筹。用人单位和劳动者必须依法参加社会保险，缴纳社会保险费。"《社会保险法》第58条第1款规定："用人单位应当自用工之日起三十日内为其职工向社会保险经办机构申请办理社会保险登记。未办理社会保险登记的，由社会保险经办机构核定其应当缴纳的社会保险费。”由此可以看出，只要用人单位开始“用工”，就应当在30日内为员工办理社会保险登记，而无论该员工的人事档案关系是否转移到本单位。同时，自2008年1月1日起施行的《劳动合同法》也明确将“社会保险”列为用人单位与劳动者签订劳动合同的必备条款，这有利于杜绝用人单位以人事档案没有转移为由，逃避为员工缴纳社会保险费的责任。

法律依据

《中华人民共和国劳动法》

第七十二条　社会保险基金按照保险类型确定资金来源，逐步实行社会统筹。用人单位和劳动者必须依法参加社会保险，缴纳社会保险费。

《中华人民共和国社会保险法》

第五十八条第一款　用人单位应当自用工之日起三十日内为其职工向社会保险经办机构申请办理社会保险登记。未办理社会保险登记的，由社会保险经办机构核定其应当缴纳的社会保险费。

《中华人民共和国劳动合同法》

第十七条　劳动合同应当具备以下条款：

（一）用人单位的名称、住所和法定代表人或者主要负责人；

（二）劳动者的姓名、住址和居民身份证或者其他有效身份证件号码；

（三）劳动合同期限；

（四）工作内容和工作地点；

（五）工作时间和休息休假；

（六）劳动报酬；

（七）社会保险；

（八）劳动保护、劳动条件和职业危害防护；

（九）法律、法规规定应当纳入劳动合同的其他事项。

劳动合同除前款规定的必备条款外，用人单位与劳动者可以约定试用期、培训、保守秘密、补充保险和福利待遇等其他事项。

85. 公司被吊销营业执照，员工的保险问题如何解决？

法律咨询

乌某所在的公司涉嫌生产违禁物品被有关部门吊销了营业执照，公司依法进入破产程序，乌某担心自己的保险关系亦将不复存在。那么，公司被吊销营业执照，员工的保险问题如何解决呢？

律师答疑

依据《劳动合同法》第44条、第46条的规定，用人单位被依法宣告破产的，用人单位被吊销营业执照、责令关闭、撤销或者用人单位决定提前解散的，即发生劳动合同终止的法律情形，用人单位应当依法向劳动者支付经济补偿。本案中，由于乌某所在的单位被吊销营业执照，并进入破产还债程序，因此发生劳动合同终止的法律效力。

在企业破产导致劳动合同无法履行，发生终止的法律效力后，劳动者的社会保险费用应该缴纳到何时，又由谁缴纳？《最高人民法院关于实行社会保险的企业破产后各种社会保险统筹费用应缴纳至何时的批复》对此作出了明确的规定，欠缴的社会保险统筹费用应当缴纳至人民法院裁定宣告破产之日。而具体的费用，应该依照《企业破产法》第 113 条的有关规定执行。

法律依据

《中华人民共和国劳动合同法》

第四十四条　有下列情形之一的，劳动合同终止：

（一）劳动合同期满的；

（二）劳动者开始依法享受基本养老保险待遇的；

（三）劳动者死亡，或者被人民法院宣告死亡或者宣告失踪的；

（四）用人单位被依法宣告破产的；

（五）用人单位被吊销营业执照、责令关闭、撤销或者用人单位决定提前解散的；

（六）法律、行政法规规定的其他情形。

《最高人民法院关于实行社会保险的企业破产后各种社会保险统筹费用应缴纳至何时的批复》

参加社会保险的企业破产的，欠缴的社会保险统筹费用应当缴纳至人民法院裁定宣告破产之日。

《中华人民共和国企业破产法》

第一百一十三条 破产财产在优先清偿破产费用和共益债务后，依照下列顺序清偿：

（一）破产人所欠职工的工资和医疗、伤残补助、抚恤费用，所欠的应当划入职工个人账户的基本养老保险、基本医疗保险费用，以及法律、行政法规规定应当支付给职工的补偿金；

（二）破产人欠缴的除前项规定以外的社会保险费用和破产人所欠税款；

（三）普通破产债权。

破产财产不足以清偿同一顺序的清偿要求的，按照比例分配。

破产企业的董事、监事和高级管理人员的工资按照该企业职工的平均工资计算。

86. 劳动合同中不给劳动者缴纳保险的条款是否有效？

法律咨询

焦某初出校园，没有任何社会经验。不久前，他与甲用人单位签订了一份劳动合同。由于他没有仔细浏览合同内容，事后他才发现合同包含不给劳动者缴纳保险的条款。现在，焦某十分后悔。那么，劳动合同中不给劳动者缴纳保险的条例是否有效？

律师答疑

依据《劳动法》第 72 条、《社会保险费征缴暂行条例》第 7 条的有关规定，依法参加社会保险，缴纳社会保险费是用人单位以及劳动者的共同义务。《劳动合同法》第 17 条将社会保险列为劳动合同的必备条款。既然是法定义务就意味着必须依法履行，否则将承担相应不利的法律后果。依照法律的规定，如果用人单位无故不给劳动者缴纳社会保险费，由劳动行政部门责令其限期缴纳；逾期不缴的，可以加收滞纳金。

劳动合同的签订，遵循协商一致的原则，但是任何的协商和约定都以不违反法律的强制性规定为原则，否则便丧失履行的前提条件。用人单位不给劳动者参加社会保险的约定尽管是双方协商的结果，但是由于违反“用人单位和劳动者必须依法参加社会保险，缴纳社会保险费”的强制性规定，应该归于无效。因此，尽管劳动者在该合同上签字，这个约定也是无效的，但其余条款如果符合法律的规定依然有效。对于劳动合同的全部或部分无效，应该由劳动仲裁委员会或人民法院予以认定。

法律依据

《中华人民共和国劳动法》

第十七条　订立和变更劳动合同，应当遵循平等自愿、协商一致的原则，不得违反法律、行政法规的规定。

劳动合同依法订立即具有法律约束力，当事人必须履行劳动合同规定的义务。

第十八条　下列劳动合同无效：

（一）违反法律、行政法规的劳动合同；

（二）采取欺诈、威胁等手段订立的劳动合同。

无效的劳动合同，从订立的时候起，就没有法律约束力。确认劳动合同部分无效的，如果不影响其余部分的效力，其余部分仍然有效。

劳动合同的无效，由劳动争议仲裁委员会或者人民法院确认。

第七十二条 社会保险基金按照保险类型确定资金来源，逐步实行社会统筹。用人单位和劳动者必须依法参加社会保险，缴纳社会保险费。

《社会保险费征缴暂行条例》

第七条 缴费单位必须向当地社会保险经办机构办理社会保险登记，参加社会保险。

登记事项包括：单位名称、住所、经营地点、单位类型、法定代表人或者负责人、开户银行账号以及国务院劳动保障行政部门规定的其他事项。

《中华人民共和国劳动合同法》

第十七条 劳动合同应当具备以下条款：

（一）用人单位的名称、住所和法定代表人或者主要负责人；

（二）劳动者的姓名、住址和居民身份证或者其他有效身份证件号码；

（三）劳动合同期限；

（四）工作内容和工作地点；

（五）工作时间和休息休假；

（六）劳动报酬；

（七）社会保险；

（八）劳动保护、劳动条件和职业危害防护；

（九）法律、法规规定应当纳入劳动合同的其他事项。

劳动合同除前款规定的必备条款外，用人单位与劳动者可以约定试用期、培训、保守秘密、补充保险和福利待遇等其他事项。

第二节　养老保险

87. 养老保险的缴费年限、视同缴费年限和连续工龄有什么联系和区别?

法律咨询

最近，牧某到了退休的年龄。从他年轻时起，就一直在甲单位工作了。他听说养老金的多少和养老保险的缴费年限或视同缴费年限息息相关，另外，连续工龄越长的，缴费年限就越长。那么，养老保险的缴费年限、视同缴费年限和连续工龄有何联系及区别?

律师答疑

工龄是指职工以工资收入为生活资料全部来源或主要来源的以年为单位的工作时间，工龄的长短在一定程度上是衡量一个职工为社会贡献多少以及工作熟练与否的一个指标。我国将工龄划分为一般工龄和连续工龄。一般工龄就是指一个职工一生参加工作的全部工作时间;连续工龄是指职工连续参加工作的时间,在过去被称为"本企业工龄",指职工在一个工作单位工作的连续时间。由于我国经济体制的改革,职工的流动已经变得很经常,不会像过去那样,在一个单位一直工作到退休,所以连续工龄的计算也就不再局限于"本企业工龄"的范围了。

养老保险的缴费年限并不是连续工龄,这是两个不同的概念。养老保险的缴费年限是指单位和职工同时按规定缴纳养老保险费的累计年限,用于衡量职工缴费时间长短,是计发养老金数额的依据之一。劳动者只有在达到一定的缴费年限(15 年),并且在退休之后,才能够按月领取自己的养老金。也就是说,连续工龄并不是计算和支付养老金的前提条件,如果职工连续工作,但是并没有缴纳养老保险费,他就不能依据工作年限领取养老金;或者职工的连续工龄时间很长,但是他的缴费年限没有达到一定的期限,也不能在退休后领取养老金。但是一个职工在一个企业连续工作的时间与企业为他缴纳养老保险费用有关,只有职工在用人单位持续工作,用人单位才能持续为员工缴纳养老保险费用。

我国实施社会保险制度的时间并不长,有相当一部分老职工在达到退休年龄时,其缴纳养老保险费的时间不能达到 15 年,对于这部分具有连续工龄的老职工,如用人单位是国有企业、事业单位的,参加基本养老保险前的连续工龄视同为缴费年限,即将按国家规定计算的国有企业、事业单位的连续工龄视同劳动者已经缴纳养老保险费用的缴费年限,以保证所有的劳动者都能够公平、合理地取得自己应该获得的养老金。如果不属于连续工龄,缴费时间又不能达到领取养老金的年限,达到法定退休年龄后,可以缴费至满 15 年。

法律依据

《实施〈中华人民共和国社会保险法〉若干规定》

第二条　参加职工基本养老保险的个人达到法定退休年龄时，累计缴费不足十五年的，可以延长缴费至满十五年。社会保险法实施前参保、延长缴费五年后仍不足十五年的，可以一次性缴费至满十五年。

第三条　参加职工基本养老保险的个人达到法定退休年龄后，累计缴费不足十五年（含依照第二条规定延长缴费）的，可以申请转入户籍所在地新型农村社会养老保险或者城镇居民社会养老保险，享受相应的养老保险待遇。

参加职工基本养老保险的个人达到法定退休年龄后，累计缴费不足十五年（含依照第二条规定延长缴费），且未转入新型农村社会养老保险或者城镇居民社会养老保险的，个人可以书面申请终止职工基本养老保险关系。社会保险经办机构收到申请后，应当书面告知其转入新型农村社会养老保险或者城镇居民社会养老保险的权利以及终止职工基本养老保险关系的后果，经本人书面确认后，终止其职工基本养老保险关系，并将个人账户储存额一次性支付给本人。

88. 员工被借调到其他单位工作，养老保险费用由谁来负责缴纳？

法律咨询

侯某原是甲公司的员工，他的工作能力很强，业绩也十分优秀。后来，侯某被借调到乙公司工作，侯某要求乙公司为其缴纳养老保险时却遭到乙公司的拒绝。那么，员工被借调其他单位工作的，养老保险费用由谁来负责缴纳呢？

律师答疑

当两个企业之间发生员工借调关系的时候，应该在借调合同中写明职工在借调期间的工资、社会保险等福利待遇的支付问题，这样才能既保障双方企业间的良好合作关系，又能保障职工的正常利益。双方只要按照合同的约定各自行使权利、履行义务，基本上不会发生纠纷。

但是，如果两个企业之间没有约定且协商不成，则根据《劳动部关于贯彻执行〈中华人民共和国劳动法〉若干问题的意见》第74条的规定："企业富余职工、请长假人员、请长病假人员、外借人员和带薪上学人员，其社会保险费用仍按规定由原单位和个人继续缴纳，缴纳保险费期间计算为缴费年限。"所以如果员工被借调其他单位工作，关于养老保险费用的缴纳协商不成的，应该由原来的单位和个人按比例缴纳。

法律依据

《劳动部关于贯彻执行〈中华人民共和国劳动法〉若干问题的意见》

74. 企业富余职工、请长假人员、请长病假人员、外借人员和带薪上学人员，其社会保险费用仍按规定由原单位和个人继续缴纳，缴纳保险费期间计算为缴费年限。

89. 基本养老保险金可否一次性支付？

法律咨询

谢某临近退休，他参加职工基本养老保险尚不足 15 年，他也不打算申请转入城镇居民社会养老保险，他希望自己可以一次性取得所有的基本养老保险金。那么，基本养老保险金可否一次性支付？

律师答疑

关于基本养老保险金是否可以一次性支付，是一个比较复杂的问题，需要根据不同的情况来对待。根据《社会保险法》第 16 条第 1 款的规定，参加基本养老保险的个人，达到法定退休年龄时累计缴费满 15 年的，就可以按月领取基本养老金。

参加职工基本养老保险的个人达到法定退休年龄，累计缴费不足 15 年（含延长缴费的时间）的，可以申请转入户籍所在地新型农村社会养老保险或者城镇居民社会养老保险，享受相应的养老保险待遇。

参加职工基本养老保险的个人达到法定退休年龄后，累计缴费不足 15 年（含延长缴费的时间），且未转入新型农村社会养老保险或者城镇居民社会养老保险的，个人可以书面申请终止职工基本养老保险关系。社会保险经办机构在收到申请后，应当书面告知其转入新型农村社会养老保险或者城镇居民社会养老保险的权利以及终止职工基本养老保险关系的后果，经本人书面确认后，社会保险经办机构可以终止其职工基本养老保险关系，并将个人账户储存额一次性支付给本人。

法律依据

《中华人民共和国社会保险法》

第十六条 参加基本养老保险的个人，达到法定退休年龄时累计缴费满十五年的，按月领取基本养老金。

参加基本养老保险的个人，达到法定退休年龄时累计缴费不足十五年的，可以缴费至满十五年，按月领取基本养老金；也可以转入新型农村社会养老保险或者城镇居民社会养老保险，按照国务院规定享受相应的养老保险待遇。

《实施〈中华人民共和国社会保险法〉若干规定》

第三条 参加职工基本养老保险的个人达到法定退休年龄后，累计缴费不足十五年（含依照第二条规定延长缴费）的，可以申请转入户籍所在地新型农村社会养老保险或者城镇居民社会养老保险，享受相应的养老保险待遇。

参加职工基本养老保险的个人达到法定退休年龄后，累计缴费不足十五年（含依照第二条规定延长缴费），且未转入新型农村社会养老保险或者城镇居民社会养老保险的，个人可以书面申请终止职工基本养老保险关系。社会保险经办机构收到申请后，应当书面告知其转入新型农村社会养老保险或者城镇居民社会养老保险的权利以及终止职工基本养老保险关系的后果，经本人书面确认后，终止其职工基本养老保险关系，并将个人账户储存额一次性支付给本人。

90. 职工基本养老保险与城乡居民基本养老保险如何衔接？

法律咨询

伊某是丙公司的一名老员工，不久后，他就到了退休年龄。在职期间，丙公司一直为伊某缴纳职工养老保险。他希望在自己退休后，职工养老保险能转换为城乡居民养老保险。那么，职工基本养老保险与城乡居民基本养老保险如何衔接呢？

律师答疑

2014 年 2 月 24 日，经国务院同意，人力资源和社会保障部、财政部联合印发了《城乡养老保险制度衔接暂行办法》(以下简称《暂行办法》)。《暂行办法》第 3 条明确规定，城镇职工养老保险与城乡居民养老保险，只要满足一定条件即可自由衔接转换，且无论如何转变，都将个人账户全部储存额随同转移，累计计算权益。这是继国务院统一城乡居民基本养老保险制度之后出台的又一项重要政策，主要是解决城镇职工基本养老保险与城乡居民基本养老保险两大制度的衔接问题。

根据《暂行办法》第 3 条的规定，参保人员达到城镇职工养老保险规定的法定退休年龄后，可申请办理城乡居民养老保险制度衔接手续，只要城镇职工养老保险缴费年限满 15 年(含延长缴费至 15 年)，就可从城乡居民养老保险转入城镇职工养老保险并享受相应的待遇；如不满 15 年，可从城镇职工养老保险转入城乡居民养老保险。这主要是考虑：城镇职工基本养老保险与城乡居民基本养老保险制度都规定缴费年限满15年为按月享受基本养老金的条件，而城镇职工基本养老保险的待遇水平相对较高。因此，规定只要满足参加城镇职工基本养老保险的缴费年限，无论在城乡居民基本养老保险缴费多长时间，都可以转入城镇职工基本养老保险合并计算待遇，有利于最大限度地保障参保人员的权益，同时引导参保人员长期参保、持续缴费；而对由于各种原因在城镇职工基本养老保险缴费不足15年的，按照社会保险法的规定从城镇职工基本养老保险转入城乡居民基本养老保险，由后者发挥“兜底”功能，也避免因缴费年限不足而造成参保人员的权益损失。

法律依据

《城乡养老保险制度衔接暂行办法》

第三条 参加城镇职工养老保险和城乡居民养老保险人员，达到城镇职工养老保险法定退休年龄后，城镇职工养老保险缴费年限满15年（含延长缴费至15年）的，可以申请从城乡居民养老保险转入城镇职工养老保险，按照城镇职工养老保险办法计发相应待遇；城镇职工养老保险缴费年限不足15年的，可以申请从城镇职工养老保险转入城乡居民养老保险，待达到城乡居民养老保险规定的领取条件时，按照城乡居民养老保险办法计发相应待遇。

第三节 企业年金和职业年金

91. 什么是企业年金？什么是职业年金？

法律咨询

方某是某国有企业的行政人员，已在该企业工作7年。2017年该企业开始建立企业年金制度，虽然该企业在企业范围内征求了意见，但方某还是对什么是企业年金不太清楚，方某有同学在政府部门工作，听说他们建立了职业年金制度。那么到底什么是企业年金？什么又是职业年金？这两者有什么联系和区别呢？

律师答疑

企业年金，是指企业及其职工在依法参加基本养老保险的基础上，自主建立的补充养老保险制度。企业年金是一种补充养老制度，国家对此的态度是鼓励企业建立企业年金制度，但并不是必需的。企业建立企业年金，应当按照《企业年金办法》执行。

职业年金，是指机关事业单位及其工作人员在参加机关事业单位基本养老保险的基础上，建立的补充养老保险制度。根据《国务院关于机关事业单位工作人员养老保险制度改革的决定》的规定，“机关事业单位在参加基本养老保险的基础上，应当为其工作人员建立职业年金”。职业年金所需费用由单位和工作人员个人共同承担。

企业年金和职业年金都是我国当前养老保险制度的一种补充。只是针对的对象有所不同，企业年金针对的是企业的员工，而职业年金针对的是机关事业单位的工作人员。当然两者在缴存方法和管理制度上也会有一些差异。

法律依据

《企业年金办法》

第二条 本办法所称企业年金，是指企业及其职工在依法参加基本养老保险的基础上，自主建立的补充养老保险制度。国家鼓励企业建立企业年金。建立企业年金，应当按照本办法执行。

92. 企业年金、职业年金是否需要缴纳个人所得税？

法律咨询

杨某在一家大型国有企业工作，待遇福利都十分优厚，除了正常的养老保险外，企业还建立了企业年金制度，但杨某不清楚的是他缴纳的企业年金是否可以在计算个人所得税里面扣除？

律师答疑

企业年金和职业年金都是我国当前养老保险制度的一种补充，为了促进这两项制度的发展，2013 年年底财政部、人力资源社会保障部、国家税务总局联合发布消息，自 2014 年 1 月 1 日起，实施企业年金、职业年金个人所得税递延纳税优惠政策。

根据三部门发布的《关于企业年金、职业年金个人所得税有关问题的通知》规定，企业年金和职业年金缴纳部分是否要征缴个人所得税需要分情况对待：

（1）企业和事业单位（以下统称单位）根据国家有关政策规定的办法和标准，为在本单位任职或者受雇的全体职工缴付的企业年金或职业年金（以下统称年金）单位缴费部分，在计入个人账户时，个人暂不缴纳个人所得税。

（2）个人根据国家有关政策规定缴付的年金个人缴费部分，在不超过本人缴费工资计税基数的4%标准内的部分，暂从个人当期的应纳税所得额中扣除。

（3）超过本通知第1条第1项和第2项规定的标准缴付的年金单位缴费和个人缴费部分，应并入个人当期的工资、薪金所得，依法计征个人所得税。税款由建立年金的单位代扣代缴，并向主管税务机关申报解缴。

法律依据

《关于企业年金、职业年金个人所得税有关问题的通知》

一、企业年金和职业年金缴费的个人所得税处理

1. 企业和事业单位（以下统称单位）根据国家有关政策规定的办法和标准，为在本单位任职或者受雇的全体职工缴付的企业年金或职业年金（以下统称年金）单位缴费部分，在计入个人账户时，个人暂不缴纳个人所得税。

2. 个人根据国家有关政策规定缴付的年金个人缴费部分，在不超过本人缴费工资计税基数的4%标准内的部分，暂从个人当期的应纳税所得额中扣除。

3. 超过本通知第一条第1项和第2项规定的标准缴付的年金单位缴费和个人缴费部分，应并入个人当期的工资、薪金所得，依法计征个人所得税。税款由建立年金的单位代扣代缴，并向主管税务机关申报解缴。

4. 企业年金个人缴费工资计税基数为本人上一年度月平均工资。月平均工资按国家统计局规定列入工资总额统计的项目计算。月平均工资超过职工工作地所在设区城市上一年度职工月平均工资300%以上的部分，不计入个人缴费工资计税基数。

职业年金个人缴费工资计税基数为职工岗位工资和薪级工资之和。职工岗位工资和薪级工资之和超过职工工作地所在设区城市上一年度职工月平均工资300%以上的部分，不计入个人缴费工资计税基数。

93. 员工中途离职，单位缴纳的企业年金部分员工能带走吗？

法律咨询

2015年李某大学毕业后应聘到一家国有投资公司工作，2016年年底该公司建立了企业年金制度，并按照该单位的企业年金管理制度为李某按月缴纳企业年金，2018年李某想换一份工作，便提出要将年金取出，用人单位以李某未达到该单位年金管理制度要求的工作年限为由拒绝。那么，该用人单位这样的做法正确吗？

律师答疑

企业年金所需费用由企业和职工个人共同缴纳。企业年金基金实行完全积累，建立企业年金制度的企业应为每个参加企业年金的职工建立个人账户，按照国家有关规定投资运营。企业年金基金投资运营收益并入企业年金基金。企业年金基金由以下三项组成：(1)企业缴费；(2)职工个人缴费；(3)企业年金基金投资运营收益。其中，企业缴费每年不超过本企业职工工资总额的 8%。企业和职工个人缴费合计不超过本企业职工工资总额的 12%。具体所需费用，由企业和职工一方协商确定。职工个人缴费由企业从职工个人工资中代扣代缴。

员工离职时是否能取走其个人账户中的年金要分情况对待：

(1)职工企业年金个人账户中个人缴费及其投资收益自始归属于职工个人。因为这一部分其实是从员工的工资中扣除的，无论任何时候这一部分的缴费和收益都是属于员工个人所有的。

(2)职工企业年金个人账户中企业缴费及其投资收益。因为这一部分其实是单位额外支付给员工的福利，所以企业可以与职工一方约定其自始归属于职工个人，也可以约定随着职工在本企业工作年限的增加逐步归属于职工个人，完全归属于职工个人的期限最长不超过 8 年。

(3)有下列情形之一的，职工企业年金个人账户中企业缴费及其投资收益则必须完全归属于职工个人：①职工达到法定退休年龄、完全丧失劳动能力或者死亡的；②有《企业年金办法》第 12 条规定的企业年金方案终止情形之一的；③非因职工过错企业解除劳动合同的，或者因企业违反法律规定职工解除劳动合同的；④劳动合同期满，由于企业原因不再续订劳动合同的；⑤企业年金方案约定的其他情形。

法律依据

《企业年金办法》

第十九条 职工企业年金个人账户中个人缴费及其投资收益自始归属于职工个人。

职工企业年金个人账户中企业缴费及其投资收益，企业可以与职工一方约定其自始归属于职工个人，也可以约定随着职工在本企业工作年限的增加逐步归属于职工个人，完全归属于职工个人的期限最长不超过8年。

第二十条 有下列情形之一的，职工企业年金个人账户中企业缴费及其投资收益完全归属于职工个人：

（一）职工达到法定退休年龄、完全丧失劳动能力或者死亡的；

（二）有本办法第十二条规定的企业年金方案终止情形之一的；

（三）非因职工过错企业解除劳动合同的，或者因企业违反法律规定职工解除劳动合同的；

（四）劳动合同期满，由于企业原因不再续订劳动合同的；

（五）企业年金方案约定的其他情形。

第二十一条 企业年金暂时未分配至职工企业年金个人账户的企业缴费及其投资收益，以及职工企业年金个人账户中未归属于职工个人的企业缴费及其投资收益，计入企业年金企业账户。

企业年金企业账户中的企业缴费及其投资收益应当按照企业年金方案确定的比例和办法计入职工企业年金个人账户。

94. 员工出国（境）定居了，可以要求提取企业年金吗？

法律咨询

唐某在一家企业工作了20多年，2015年该企业建立了企业年金制度，并为唐某补缴了10的企业年金。2018年，因为唐某的儿子在加拿大毕业后定居，为一家人团聚，唐某也申请了绿卡，前往加拿大定居，那么唐某可以提取他个人账户中的企业年金吗？

律师答疑

根据《企业年金办法》第24条的规定，符合下列条件之一的，可以领取企业年金：（1）职工在达到国家规定的退休年龄或者完全丧失劳动能力时，可以从本人企业年金个人账户中按月、分次或者一次性领取企业年金，也可以将本人企业年金个人账户资金全部或者部分购买商业养老保险产品，依据保险合同领取待遇并享受相应的继承权；（2）出国（境）定居人员的企业年金个人账户资金，可以根据本人要求一次性支付给本人；（3）职工或者退休人员死亡后，其企业年金个人账户余额可以继承。所以，唐某可以要求用人单位将其个人账户中的资金一次性支付给本人。但需要注意的是，并不是个人账户中的所有资金都可以提取，只有个人账户中完全属于个人所有的部分才有权要求支付。具体哪些属于个人完全所有部分应根据《企业年金办法》第19条的规定，结合其所在单位的具体企业年金管理制度确定。

法律依据

《企业年金办法》

第二十四条 符合下列条件之一的,可以领取企业年金:

(一)职工在达到国家规定的退休年龄或者完全丧失劳动能力时,可以从本人企业年金个人账户中按月、分次或者一次性领取企业年金,也可以将本人企业年金个人账户资金全部或者部分购买商业养老保险产品,依据保险合同领取待遇并享受相应的继承权;

(二)出国(境)定居人员的企业年金个人账户资金,可以根据本人要求一次性支付给本人;

(三)职工或者退休人员死亡后,其企业年金个人账户余额可以继承。

第四节 医疗保险

95. 员工被借调到其他单位工作,医疗保险费由谁来缴纳?

法律咨询

因宫某掌握某特殊技术,不久前,他被借调到另一个单位工作。为了防止医疗保险费的缴纳出现中断,他要求借调单位为其缴纳该笔费用,借调单位则认为无义务为借调人员缴纳医疗保险费。那么,职工被借调到其他单位工作的,医疗保险费由谁缴纳呢?

律师答疑

员工在有关联的不同单位之间进行借调，是企业在劳动用工上比较常见的现象。例如，有两个单位因为合作一个短期的项目而发生的技术人员的借调，还有上下级单位之间发生的员工借调，甚至在母子公司之间也会发生员工借调的现象。员工借调的时间由工作需要决定，少则几个月，多则几年都是有可能的。关于员工在借调期间的医疗养老保险费用如何缴纳、如何支付在现实中也不尽相同，有些还发生了企业和用人单位的争议。

在一般情况下，借调员工的双方单位应当在借调协议中明确约定，或者虽然没有书面的约定，也要在实际上采取相关的措施，来妥善解决医疗保险费的缴纳问题。如果双方单位没有书面协议又没有一个单位为借调的员工支付养老保险费用的，则应当按照《关于贯彻执行〈中华人民共和国劳动法〉若干问题的意见》第 74 条的规定，由借出员工的单位为员工缴纳相关的养老保险费用。

如果员工长期借调异地，只要按时缴纳医疗保险费，即使员工在异地工作，也可以凭据当地定点医院的就医单据和相关在异地工作的证明到医疗保险费缴纳地的医疗保险经办机构办理医疗费用的报销手续，具体应以参保地相关规定为准。

法律依据

《劳动部关于贯彻执行〈中华人民共和国劳动法〉若干问题的意见》

74. 企业富余职工、请长假人员、请长病假人员、外借人员和带薪上学人员，其社会保险费用仍按规定由原单位和个人继续缴纳，缴纳保险费期间计算为缴费年限。

96. 已经投保了商业性质医疗保险的职工,是否可以不参加基本医疗保险?

法律咨询

王某是某汽车制造厂的一名职工,在来到汽车制造厂工作之前,他已经投保了商业医疗保险。汽车制造厂了解此情况后,表示不再为其投保基本医疗保险。那么,已经投保了商业性质医疗保险的职工,是否可以不参加基本医疗保险呢?

律师答疑

除基本医疗保险的社会保险制度之外,我国还存在商业性质的医疗保险险种。许多人寿保险公司也有医疗保险的险种,但是商业性质的医疗保险与基本医疗保险是不可以替代的两种保险制度。也就是说,商业性质的医疗保险可以作为基本医疗保险的补充,但是不能替代基本医疗保险。实行基本医疗保险制度就意味着法律强制要求用人单位为员工建立基本医疗保险关系,并且无论是用人单位还是劳动者个人,都要依照法律的规定履行各自缴纳基本医疗保险费的义务,如果违反了法律规定,就要承担相应责任。

基本医疗保险是依据法律、法规强制实施的法定保险制度,参加基本医疗保险是每个用人单位和职工应享有的权利也是他们应尽的义务,任何单位和个人不得以任何形式变相地不履行建立基本医疗保险的义务。即使用人单位已经投保了商业性质的医疗保险,也必须按照法律的规定参加基本医疗保险。当然,商业性质的医疗保险作为基本医疗保险的补充形式，由企业和职工在参加了基本医疗保险之后自愿选择参加并没有消极作用，反而具有积极作用，因为它补充了承担基本医疗保险的参保人员在超出当地医疗保险基金最高支付额以上部分的医疗费用，但是商业性质的医疗保险无论如何是不能取代基本医疗保险的。

法律依据

《中华人民共和国社会保险法》

第二十三条　职工应当参加职工基本医疗保险，由用人单位和职工按照国家规定共同缴纳基本医疗保险费。

无雇工的个体工商户、未在用人单位参加职工基本医疗保险的非全日制从业人员以及其他灵活就业人员可以参加职工基本医疗保险，由个人按照国家规定缴纳基本医疗保险费。

97. 单位既不给员工办理医疗保险又不报销医疗费用，员工可以通过什么途径得到法律帮助？

法律咨询

不久前，职工宁某因工致伤。为此，他花费了大量医药费。后来，宁某找到单位负责人，希望单位能够为其报销医疗费用，负责人却以单位未给职工办理医疗保险为由拒绝了宁某的请求。那么，单位既不给员工办理医疗保险又不报销医疗费用，员工可以通过何种途径得到法律帮助？

律师答疑

与用人单位相比，劳动者始终处于一个较为弱势的地位，在实际生活中，一些用人单位可能不给劳动者缴纳基本医疗保险，也不给劳动者报销医疗费用，这是对劳动者的极大伤害。因此，一旦发生上述情况时，劳动者可以向相关的社会保险行政部门、社会保险费征收机构投诉要求纠正。用人单位无故不缴纳社会保险费的行为一旦查实的，由社会保险费征收机构责令其限期缴纳，逾期不缴纳的，可以加收滞纳金。

社会保险行政部门、社会保险费征收机构在收到劳动者的投诉或举报之后，应该依法介入调查，并严肃处理，在必要的时候还可以给予用人单位相应的行政处罚。如果上述有关部门在接到投诉或举报之后不履行自己职责的，劳动者可以向上述有关部门的上级机关提起行政复议，也可以以劳动行政部门不作为向法院提出行政诉讼。

法律依据

《中华人民共和国社会保险法》

第八十二条 任何组织或者个人有权对违反社会保险法律、法规的行为进行举报、投诉。

社会保险行政部门、卫生行政部门、社会保险经办机构、社会保险费征收机构和财政部门、审计机关对属于本部门、本机构职责范围的举报、投诉，应当依法处理；对不属于本部门、本机构职责范围的，应当书面通知并移交有权处理的部门、机构处理。有权处理的部门、机构应当及时处理，不得推诿。

第八十三条　用人单位或者个人认为社会保险费征收机构的行为侵害自己合法权益的，可以依法申请行政复议或者提起行政诉讼。

用人单位或者个人对社会保险经办机构不依法办理社会保险登记、核定社会保险费、支付社会保险待遇、办理社会保险转移接续手续或者侵害其他社会保险权益的行为，可以依法申请行政复议或者提起行政诉讼。

个人与所在用人单位发生社会保险争议的，可以依法申请调解、仲裁，提起诉讼。用人单位侵害个人社会保险权益的，个人也可以要求社会保险行政部门或者社会保险费征收机构依法处理。

第八十六条　用人单位未按时足额缴纳社会保险费的，由社会保险费征收机构责令限期缴纳或者补足，并自欠缴之日起，按日加收万分之五的滞纳金；逾期仍不缴纳的，由有关行政部门处欠缴数额一倍以上三倍以下的罚款。

第五节　失业保险

98. 对工资总额不确定的，如何确定失业保险费的缴费基数？

法律咨询

仇某是某面粉厂的一名职工，为了在失业后能够领取失业保险金，他便要求工厂为其缴纳失业保险费。工厂却以他的工资总额不确定导致缴费基数无法确定为由拒绝了他的请求。那么，工资总额不确定时，如何确定失业保险费的缴费基数呢？

律师答疑

根据《失业保险条例》第6条的规定，城镇企业事业单位按照本单位工资总额的2%缴纳失业保险费。城镇企业事业单位职工按照本人工资的1%缴纳失业保险费。可以看出，计算失业保险费的缴费基数是工资总额，但是当工资总额不确定的时候应该如何处理？根据《社会保险费征缴暂行条例》第10条的规定，对工资总额不确定的，社会保险经办机构在该单位没有上月缴费数额的情形下，暂按该单位的生产经营状况、职工人数等有关情况确定应缴费数额。

法律依据

《失业保险条例》

第六条 城镇企业事业单位按照本单位工资总额的百分之二缴纳失业保险费。城镇企业事业单位职工按照本人工资的百分之一缴纳失业保险费。城镇企业事业单位招用的农民合同制工人本人不缴纳失业保险费。

《社会保险费征缴暂行条例》

第十条 缴费单位必须按月向社会保险经办机构申报应缴纳的社会保险费数额，经社会保险经办机构核定后，在规定的期限内缴纳社会保险费。

缴费单位不按规定申报应缴纳的社会保险费数额的，由社会保险经办机构暂按该单位上月缴费数额的110%确定应缴数额；没有上月缴费数额的，由社会保险经办机构暂按该单位的经营状况、职工人数等有关情况确定应缴数额。缴费单位补办申报手续并按核定数额缴纳社会保险费后，由社会保险经办机构按照规定结算。

99. 失业保险费可否减免或缓缴？

法律咨询

甘某是某印刷厂的一名职工，一直以来，工厂均能按期为职工们缴纳各项社会保险费。但是由于某种原因，厂子的资金周转发生困难导致无法继续为职工们缴纳失业保险费。那么，失业保险费可否减免或缓缴呢？

律师答疑

根据《社会保险费征缴暂行条例》第12条第1款、第3款的规定：缴费单位和个人应当以货币形式全额缴纳社会保险费。社会保险费不得减免。

失业保险是一种强制性的社会保险，它讲究公平、公正及权利和义务对等，这就决定了在履行参加失业保险义务上，所有用人单位和个人都一律平等，不能有任何特殊。在失业保险费的征缴工作中，不允许这样的情况发生：减免一部分用人单位和个人的费用,而另一部分单位和个人必须全额缴纳失业保险费。这一方面损害了全额缴纳失业保险费的单位和个人的权利,另一方面也容易导致攀比思想,使另一部分单位和个人也不愿意全额缴纳失业保险费。从而从根本上影响失业保险功能的发挥。另外,一些地方以调动企业缴纳失业保险费积极性的名义向缴费单位返还部分失业保险费的做法等于减免了失业保险费,这是不符合规定的,应予以纠正。

我国《失业保险条例》对失业保险费能否缓缴并没有明文规定。按照《社会保险费征缴暂行条例》第4条第1款的规定,缴费单位、缴费个人应当按时足额缴纳社会保险费。这是缴费单位和缴费个人的一项法定义务,也是社会保险的法治化、严肃性的体现。缴费单位、缴费个人应当按时足额缴纳失业保险费,也是失业保险待遇及时足额发放的必要前提。没有及时足额的缴纳,就保证不了及时足额发放,就会损害劳动者的失业保险权益。所以一般来说,失业保险费是不能缓缴的。但是,因为我国《失业保险条例》明确规定了失业保险费不可以减免,所以如果用人单位因经营不善、亏损严重等缴纳失业保险费暂时有困难的,应当按照一定的法律程序,向有关的法律部门申请失业保险费的缓缴。

法律依据

《社会保险费征缴暂行条例》

第四条 缴费单位、缴费个人应当按时足额缴纳社会保险费。

征缴的社会保险费纳入社会保险基金,专款专用,任何单位和个人不得挪用。

第十二条 缴费单位和缴费个人应当以货币形式全额缴纳社会保险费。

缴费个人应当缴纳的社会保险费，由所在单位从其本人工资中代扣代缴。

社会保险费不得减免。

100. 只要缴纳了失业保险就可以享受失业待遇吗？

法律咨询

2017年年底，厉某在甲公司找到一份工作，甲公司为其缴纳了失业保险。2018年4月初，厉某就决定辞职，他打算辞职后依靠失业保险金维持生计。请问，只要缴纳了失业保险就可以享受失业待遇吗？

律师答疑

根据《社会保险法》的规定，只有符合下列条件的失业人员才能从失业保险基金中领取失业保险金：（1）失业前用人单位和本人已经缴纳失业保险费满1年。因此，符合本条件的失业人员必须属于曾经工作而现在失业，从未参加工作或未参加失业保险，缴费时间未满1年的劳动者，不得享受失业保险待遇。根据《实施〈中华人民共和国社会保险法〉若干规定》第14条的规定，失业人员因当期不符合失业保险金领取条件的，原有缴费时间予以保留，重新就业并参保的，缴费时间累计计算。（2）非因本人意愿中断就业的，即非自愿性失业，是指失业人员对于失去岗位不具有可归责性。（3）已经进行失业登记，并有求职要求的。我国失业保险待遇实行申请主义。根据《社会保险法》第50条的规定，用人单位应当及时为失业人员出具终止或者解除劳动关系的证明，并将失业人员的名单自终止或者解除劳动关系之日起15日内告知社会保险经办机构。失业人员应当持本单位为其出具的终止或者解除劳动关系的证明，及时到指定的公共就业服务机构办理失业登记。失业人员凭失业登记证明和个人身份证明，到社会保险经办机构办理领取失业保险金的手续。

因此，必须同时满足上述三个条件才能领取失业保险金，如果劳动者自己辞职或没有及时到指定的公共就业服务机构办理失业登记等，均不能享受失业待遇。

法律依据

《中华人民共和国社会保险法》

第四十五条 失业人员符合下列条件的，从失业保险基金中领取失业保险金：

（一）失业前用人单位和本人已经缴纳失业保险费满一年的；

（二）非因本人意愿中断就业的；

（三）已经进行失业登记，并有求职要求的。

第六节　工伤保险

101. 企业在劳动合同中或与职工签订的承包合同中规定“工伤概不负责”的做法合理有效吗？

法律咨询

半年前，土木建筑专业毕业的武某与甲公司签订了一份劳动合同。后来，武某浏览劳动合同时无意间发现合同中包含“工伤概不负责”条款。那么，企业在劳动合同中或与职工签订的承包合同中规定“工伤概不负责”的做法是否合理、有效？

律师答疑

企业在劳动合同中规定“工伤概不负责”是不合法的，它不符合有关法律规定。从合同法角度来看，在合同中规定免除人身伤害责任的条款是无效的。从民事行为的角度来看，违反法律的民事行为也是无效的。企业与职工签订承包合同，是企业内部经营管理的方式之一，并不动摇企业与职工个人之间的劳动关系，作为承包者的职工也没有改变其职工身份，所以企业根据国家的法律法规，为了保障职工的社会保险权益，企业不能在合同中规定有关将工伤风险转嫁给职工的内容。而且《工伤保险条例》第 2 条明确规定，企业职工均有依照条例的规定享受工伤保险待遇的权利。

法律依据

《工伤保险条例》

第二条 中华人民共和国境内的企业、事业单位、社会团体、民办非企业单位、基金会、律师事务所、会计师事务所等组织和有雇工的个体工商户（以下称用人单位）应当依照本条例规定参加工伤保险，为本单位全部职工或者雇工（以下称职工）缴纳工伤保险费。

中华人民共和国境内的企业、事业单位、社会团体、民办非企业单位、基金会、律师事务所、会计师事务所等组织的职工和个体工商户的雇工，均有依照本条例的规定享受工伤保险待遇的权利。

102. 劳务派遣中发生工伤，应该由哪个单位担责？如何担责？

法律咨询

不久前，刘某被甲劳务派遣公司派遣到乙汽车配件厂工作。后来，刘某在工作过程中不慎受伤并花费了高额医药费。刘某痊愈后向乙汽车配件厂主张赔偿责任，乙汽车配件厂却拒绝承担责任。那么，劳动者在劳务派遣过程中发生工伤的，应由哪个单位担责？如何担责？

律师答疑

劳务派遣涉及三方主体，即劳务派遣单位、被派遣劳动者、用工单位。根据《劳动合同法》第58条的规定，劳务派遣单位是劳动关系中的用人单位，应当与被派遣劳动者订立劳动合同，履行用人单位对劳动者的义务。同时还规定劳务派遣单位要与被派遣劳动者签订 2 年以上的固定期限劳动合同。《劳动合同法》第 92 条规定，用工单位给被派遣劳动者造成损害的，劳务派遣单位与用工单位承担连带赔偿责任。即劳动者可以同时向劳务派遣单位和用工单位要求赔偿，即使劳务派遣单位和用工单位有一方并没有违法行为，也需要承担赔偿责任。但在劳务派遣实践中，被派遣劳动者发生工伤或职业病后，劳务派遣单位与用工单位之间责任主体不清，经常相互推诿，导致被派遣劳动者的工伤保险权益得不到有效保障。鉴于此，2014 年 3 月 1 日起施行的《劳务派遣暂行规定》第 10 条第 1 款规定："被派遣劳动者在用工单位因工作遭受事故伤害的，劳务派遣单位应当依法申请工伤认定，用工单位应当协助工伤认定的调查核实工作。劳务派遣单位承担工伤保险责任，但可以与用工单位约定补偿办法。"

因此，劳务派遣单位和用工单位应该对被派遣劳动者的工伤赔偿承担连带的赔偿责任。同样，在 2008 年 5 月 1 日生效的《劳动争议调解仲裁法》第 22 条也规定，劳务派遣单位或者用工单位与劳动者发生劳动争议的，劳务派遣单位和用工单位为共同当事人，即双方相互承担连带责任。当工伤事故发生后，一般应由派遣单位承担保险责任，但具体的补偿办法派遣单位可以与用工单位协商约定。

法律依据

《中华人民共和国劳动合同法》

第五十八条　劳务派遣单位是本法所称用人单位，应当履行用人单位对劳动者的义务。劳务派遣单位与被派遣劳动者订立的劳动合同，除应当载明本法第十七条规定的事项外，还应当载明被派遣劳动者的用工单位以及派遣期限、工作岗位等情况。

劳务派遣单位应当与被派遣劳动者订立二年以上的固定期限劳动合同，按月支付劳动报酬；被派遣劳动者在无工作期间，劳务派遣单位应当按照所在地人民政府规定的最低工资标准，向其按月支付报酬。

第九十二条 违反本法规定，未经许可，擅自经营劳务派遣业务的，由劳动行政部门责令停止违法行为，没收违法所得，并处违法所得一倍以上五倍以下的罚款；没有违法所得的，可以处五万元以下的罚款。

劳务派遣单位、用工单位违反本法有关劳务派遣规定的，由劳动行政部门责令限期改正；逾期不改正的，以每人五千元以上一万元以下的标准处以罚款，对劳务派遣单位，吊销其劳务派遣业务经营许可证。用工单位给被派遣劳动者造成损害的，劳务派遣单位与用工单位承担连带赔偿责任。

《劳务派遣暂行规定》

第十条第一款 被派遣劳动者在用工单位因工作遭受事故伤害的，劳务派遣单位应当依法申请工伤认定，用工单位应当协助工伤认定的调查核实工作。劳务派遣单位承担工伤保险责任，但可以与用工单位约定补偿办法。

《中华人民共和国劳动争议调解仲裁法》

第二十二条 发生劳动争议的劳动者和用人单位为劳动争议仲裁案件的双方当事人。

劳务派遣单位或者用工单位与劳动者发生劳动争议的，劳务派遣单位和用工单位为共同当事人。

103. 不是在上下班的必经路线，但在上下班途中因交通事故受伤的，能否认定为工伤？

法律咨询

叶某是甲公司的一名小职员，他的住所距离公司很近，但是他每天都需要在上下班途中绕道接送孩子上下学。一周前，他在孩子学校附近遭遇交通事故并受伤，甲公司拒不认定该伤害为工伤。那么，不是在上下班的必经路线，但是在上下班途中因交通事故受伤的，能否认定为工伤呢？

律师答疑

根据《工伤保险条例》第 14 条的规定："职工有下列情形之一的，应当认定为工伤：……（六）在上下班途中，受到非本人主要责任的交通事故或者城市轨道交通、客运轮渡、火车事故伤害的……"该条明确了上下班途中发生交通事故的工伤认定，但没有指出，这里的"上下班途中"是否必须在"必经路线"上。认定该问题的关键在于对"上班途中"的理解。首先，"上班途中"顾名思义是指在去往工作单位的路途中，进一步说，也就是为了到达工作单位进行工作所经过的路程，解释何为"上班途中"的关键是评析劳动者的主观目的。即使客观上讲是在上班的路上，但主观上职工是前往另一地点从事其他事宜，这种情况也不应认定为此处的"上班途中"。在本案当中，虽然发生事故的地点不是去单位的必经之地，但劳动者经过该地的目的是到达工作地点，所以，在空间上符合"上下班途中"的规定。其次，叶某是在合理的上下班时间前往单位的，也就是说本案中叶某的"上下班"符合法律规定的时间要求。综上所述,从主观目的和客观实际两方面来评析劳动者行为性质,该行为属《工伤保险条例》第14条规定的在上下下班途中受到机动车事故伤害,所以我们可以认定该事故是在上下班途中发生的事故。另外,根据2016年3月28日出台的《人力资源社会保障部关于执行〈工伤保险条例〉若干问题的意见(二)》第6条的规定,职工以上下班为目的,在合理时间内往返于工作单位和居住地之间的合理路线,视为上下班途中。《最高人民法院关于审理工伤保险行政案件若干问题的规定》第6条规定,对社会保险行政部门认定下列情形为“上下班途中”的,人民法院应予支持:(1)在合理时间内往返于工作地与住所地、经常居住地、单位宿舍的合理路线的上下班途中;(2)在合理时间内往返于工作地与配偶、父母、子女居住地的合理路线的上下班途中;(3)从事属于日常工作生活所需要的活动,且在合理时间和合理路线的上下班途中;(4)在合理时间内其他合理路线的上下班途中。所以,并非只有必经路线才可能被认定为工伤。

法律依据

《工伤保险条例》

第十四条 职工有下列情形之一的,应当认定为工伤:

…………

(六)在上下班途中,受到非本人主要责任的交通事故或者城市轨道交通、客运轮渡、火车事故伤害的;

…………

《人力资源社会保障部关于执行〈工伤保险条例〉若干问题的意见(二)》

六、职工以上下班为目的、在合理时间内往返于工作单位和居住地之间的合理路线，视为上下班途中。

《最高人民法院关于审理工伤保险行政案件若干问题的规定》

第六条　对社会保险行政部门认定下列情形为“上下班途中”的，人民法院应予支持：

（一）在合理时间内往返于工作地与住所地、经常居住地、单位宿舍的合理路线的上下班途中；

（二）在合理时间内往返于工作地与配偶、父母、子女居住地的合理路线的上下班途中；

（三）从事属于日常工作生活所需要的活动，且在合理时间和合理路线的上下班途中；

（四）在合理时间内其他合理路线的上下班途中。

104. 员工实际居住地和在单位登记的居住地不一致，在上下班途中因交通事故受伤的，能否认定为工伤？

法律咨询

司某是某工厂的一名操作工，登记居住地为该市A小区。婚后，司某搬到该市B小区居住。不久后，她就在下班途中遭遇交通事故。工厂以她的实际居住地与登记的居住地不一致为由推脱责任。那么，员工实际居住地和在单位登记的居住地不一致，在上下班途中因交通事故而受伤的，能否认定为工伤？

律师答疑

根据《工伤保险条例》第14条第6项的规定,职工在上下班途中,受到非本人主要责任交通事故伤害的,应当认定为工伤。本案争议焦点为发生交通事故的地点是否为司某下班回家的必经路线。工厂以员工入职时登记地址主张事故发生地点非司某下班路线,但是,司某居住地因各种原因的变化而变更亦属正常。因此,如果司某能够证明本人实际居住地确实已经变更,工伤认定部门应当认定交通事故发生地点是司某下班的必经路线之一,司某是在下班途中发生非本人主要责任的交通事故,应当认定为工伤。

法律依据

《工伤保险条例》

第十四条 职工有下列情形之一的,应当认定为工伤:

…………

(六)在上下班途中,受到非本人主要责任的交通事故或者城市轨道交通、客运轮渡、火车事故伤害的;

…………

105. 工作时间发病是否算是工伤?

法律咨询

由于长期承受着巨大的工作压力,黎某慢慢地患上了心脑血管病。不久前,他突然发病,同事们发现后立即把他送往医院接受治疗。请问,工作时间发病能否算作工伤?

律师答疑

《工伤保险条例》第 15 条第 1 款规定："职工有下列情形之一的，视同工伤：(一)在工作时间和工作岗位，突发疾病死亡或者在 48 小时之内经抢救无效死亡的……"这里的"突发疾病"包括各类疾病。"48 小时"的起算时间，以医疗机构的初次诊断时间作为突发疾病的诊断时间。

因此，在工作中突然发病(未构成死亡)是否构成工伤而享受工伤保险待遇，要就具体情况具体分析。如果是工作所引起的，就应该视为工伤。职工享受工伤保险待遇；如果疾病不是工作引起的，那么职工只能享受非因工负伤的医疗保险待遇。

法律依据

《工伤保险条例》

第十五条　职工有下列情形之一的，视同工伤：

(一)在工作时间和工作岗位，突发疾病死亡或者在 48 小时之内经抢救无效死亡的；

…………

106. 在工作时间从事非本职工作而受伤能否认定为工伤?

法律咨询

白某是甲石灰厂的一名专职司机，工作内容并不包含装货、卸货。但是不久前，他却在主动帮忙卸货的过程中受伤。石灰厂以白某从事非本职工作为由拒不同意工伤认定。那么，职工在工作时间从事非本职工作而受伤能否认定为工伤呢？

律师答疑

《工伤保险条例》第16条删除了原《企业职工工伤保险试行办法》第9条第1款第5项有关“蓄意违章”导致伤、残、死不属于工伤的内容。因此只要不属于条例第16条规定中所列的“故意犯罪；醉酒或者吸毒；自残或者自杀的”情形，劳动者在工作时间、工作场所，因工作原因遭受的伤害都可认定为工伤。简言之，工作时间从事非本职工作，只要是基于工作原因而遭受伤害的，均应认定为工伤。

根据我国现行法律规定，工伤事故侵权采纳的是无过错补偿原则。劳动者的过错不影响工伤的认定。只要厂方不能提供证据证明员工在上班时受伤是有目的的故意行为，即使员工本人在工作过程中因操作不当或者从事非本职工作而发生事故伤害，对于伤害的发生有一定的过错，也不影响工伤的认定。

法律依据

《工伤保险条例》

第十六条 职工符合本条例第十四条、第十五条的规定，但是有下列情形之一的，不得认定为工伤或者视同工伤：

（一）故意犯罪的；

（二）醉酒或者吸毒的；

（三）自残或者自杀的。

107. 职工在工作中遭受他人蓄意伤害是否可以认定为工伤?

法律咨询

池某是甲公司的一名职员，半年来，他和同事胡某一直在竞争同一个职位。不久前，池某工作时突然遭到胡某的暴力伤害，因此，他要求进行工伤认定。那么，职工在工作过程中遭受他人蓄意伤害是否可以认定为工伤?

律师答疑

《工伤保险条例》第 14 条第 3 项规定："职工有下列情形之一的，应当认定为工伤：……(三)在工作时间和工作场所内，因履行工作职责受到暴力等意外伤害的……"同时《关于职工在工作中遭受他人蓄意伤害是否认定为工伤的复函》中指出，关于职工在工作中遭受他人蓄意伤害是否认定工伤的问题，应该根据具体情况确定。对于暂时缺乏证据，无法判定其受伤害原因是因公还是因私的，可先按照疾病和非因工负伤、死亡待遇处理。待伤害原因确定后，再按有关规定进行工伤认定。其中认定为工伤的，其工伤待遇享受期限从受伤害之日起计算。已享受的疾病和非因工负伤、死亡待遇，应从工伤保险待遇中扣除。

所以，职工在工作中遭受他人蓄意伤害是因履行工作职责，是可以认定为工伤的。

法律依据

《工伤保险条例》

第十四条　职工有下列情形之一的，应当认定为工伤：

…………

(三)在工作时间和工作场所内,因履行工作职责受到暴力等意外伤害的;

…………

《关于职工在工作中遭受他人蓄意伤害是否认定为工伤的复函》

关于职工在工作中遭受他人蓄意伤害是否认定工伤的问题,应该根据具体情况确定。按照《企业职工工伤保险试行办法》(劳部发〔1996〕266号)规定,因履行职责遭致人身伤害的,应当认定工伤。对于暂时缺乏证据,无法判定其受伤害原因是因公还是因私的,可先按照疾病和非因工负伤、死亡待遇处理。待伤害原因确定后,再按有关规定进行工伤认定。其中认定为工伤的,其工伤待遇享受期限从受伤害之日起计算。已享受的疾病和非因工负伤、死亡待遇,应从工伤保险待遇中扣除。

第七节　生育保险

108. 用人单位如果不按期缴纳生育保险费应承担什么后果?

法律咨询

谷某所在单位最近进入了低谷期,单位已经两个月未给职工缴纳生育保险了。谷某担心自己以后将不能享受生育保险待遇,内心十分焦虑。那么，用人单位不按期缴纳生育保险费，应承担何种后果？

律师答疑

按照我国生育保险政策，用人单位应当履行按期缴纳生育保险费用的义务，否则要承担相应的法律责任，但具体承担什么样的责任各地规定并不一致。例如，根据《北京市企业职工生育保险规定》第23条的规定，企业未按照北京市的规定参加生育保险的，职工生育保险待遇由企业按照本规定的标准支付。企业欠缴生育保险费的，欠缴期间职工生育保险待遇由企业按照本规定的标准支付。也就是说，无论用人单位是否参加生育保险，都要承担本单位的女职工因生育而发生的医疗费用、产假工资等费用支出。

法律依据

《北京市企业职工生育保险规定》

第二十三条　企业未按照本规定参加生育保险的，职工生育保险待遇由企业按照本规定的标准支付。

企业欠缴生育保险费的，欠缴期间职工生育保险待遇由企业按照本规定的标准支付。

109. 生育保险和医保合并是怎么回事？

法律咨询

小芳在河北邯郸一家企业从事行政管理工作，2017年5月，小芳发现自己怀孕，非常高兴的同时也有些担忧。因为，她听公司人力资源的同事说，邯郸地区被选为全国的试点，生育保险将和医疗保险合并。对此，小芳非常担心自己的生育保险待遇会不会发生变化？将来报销时会不会很麻烦？

律师答疑

2017年1月19日，根据《全国人民代表大会常务委员会关于授权国务院在河北省邯郸市等12个试点城市行政区域暂时调整适用〈中华人民共和国社会保险法〉有关规定的决定》，国务院办公厅印发《生育保险和职工基本医疗保险合并实施试点方案》，提出按照保留险种、保障待遇、统一管理、降低成本的思路，在河北省邯郸市等12个城市开展两项保险合并实施试点。

2018年12月，全国人民代表大会常务委员会通过《关于修改〈中华人民共和国社会保险法〉的决定》，为全面推进合并实施奠定了法律基础。2019年3月，国务院办公厅发布《关于全面推进生育保险和职工基本医疗保险合并实施的意见》（国办发〔2019〕10号），按照"保留险种、保障待遇、统一管理、降低成本"的总体思路两项保险合并实施。两项保险合并实施不是"合并"，并非取消生育保险，不涉及生育保险待遇政策的调整，而是在管理运行层面的一体化。

《关于全面推进生育保险和职工基本医疗保险合并实施的意见》中主要政策可以概括为"四统一、两确保"。

一是统一参保登记。参加职工基本医疗保险的在职职工同步参加生育保险。完善参保范围管理，促进实现应保尽保。统一参保登记，有利于进一步巩固和扩大生育保险覆盖面，有利于发挥社会保险的大数法则优势，有利于更好保障生育职工的生育保险权益。

二是统一基金征缴和管理。生育保险基金并入职工基本医疗保险基金，统一征缴，统筹层次一致。按照用人单位参加生育保险和职工基本医疗保险的缴费比例之和确定新的单位费率。严格执行社会保险基金财务制度。从基金管理角度看，这样规定有利于提高征缴效率，扩大基金共济范围，也没有增加用人单位的缴费负担；同时明确设置生育待遇支出项目，既可保障女职工生育保险待遇，也为进一步完善生育保险待遇政策奠定基础

三是统一医疗服务管理。实行两项保险统一定点医疗服务管理，执行基本医疗保险、工伤保险、生育保险药品目录以及基本医疗保险诊疗项目和医疗服务设施范围，生育医疗费用原则上实行医疗保险经办机构与医疗机构直接结算。促进生育医疗服务行为规范，将生育医疗费用纳入医保支付方式改革范围，强化监控和审核。经过多年实践，医疗保险经办机构对医疗服务管理的专业化、精细化、信息化程度都有较大提高。两项保险合并实施后统一医疗服务管理，有利于整合医疗服务管理资源，进一步规范对生育医疗服务的管理，提高基金使用效率。

四是统一经办和信息服务。两项保险经办管理统一由基本医疗保险经办机构负责，实行信息系统一体化运行，资源共享。整合经办服务力量和信息系统，能够提升经办服务能力，为参保单位和职工提供更加方便快捷的服务。

五是确保职工生育期间生育保险待遇不变。参保人员生育医疗费用、生育津贴等各项生育保险待遇按现行法律法规执行，所需资金从职工基本医疗保险基金支付。两项保险合并实施，不会导致参保职工的生育保险待遇降低，随着基金共济能力的提高，还有

利于更好地保障参保人员待遇。

六是确保制度可持续。通过整合两项保险基金，增强基金统筹共济能力。研判当前和今后人口形势对生育保险支出的影响，增强风险防范意识和制度保障能力。同时，合理引导预期，完善生育保险监测指标，实现可持续发展。制度的稳定可持续，将更有利于两项保险适应人口、经济和社会发展面临的新形势、新变化和新要求。

法律依据

《中华人民共和国社会保险法》

第六十四条第一款 社会保险基金包括基本养老保险基金、基本医疗保险基金、工伤保险基金、失业保险基金和生育保险基金。除基本医疗保险基金与生育保险基金合并建账及核算外，其他各项社会保险基金按照社会保险险种分别建账，分账核算。社会保险基金执行国家统一的会计制度。

第六十六条 社会保险基金按照统筹层次设立预算。除基本医疗保险基金与生育保险基金预算合并编制外，其他社会保险基金预算按照社会保险项目分别编制。

《国务院办公厅关于全面推进生育保险和职工基本医疗保险合并实施的意见》

全面推进生育保险和职工基本医疗保险（以下统称两项保险）合并实施，是保障职工社会保险待遇、增强基金共济能力、提升经办服务水平的重要举措。根据《中华人民共和国社会保险法》有关规定，经国务院同意，现就两项保险合并实施提出以下意见。

一、指导思想

以习近平新时代中国特色社会主义思想为指导，全面贯彻党的十九大和十九届二中、三中全会精神，认真落实党中央、国务院决策部署，统筹推进“五位一体”总体布局和协调推进“四个全面”战略布局，坚持以人民为中心，牢固树立新发展理念，遵循保留险种、保障待遇、统一管理、降低成本的总体思路，推进两项保险合并实施，实现参保同步登记、基金合并运行、征缴管理一致、监督管理统一、经办服务一体化。通过整合两项保险基金及管理资源，强化基金共济能力，提升管理综合效能，降低管理运行成本，建立适应我国经济发展水平、优化保险管理资源、实现两项保险长期稳定可持续发展的制度体系和运行机制。

二、主要政策

（一）统一参保登记。参加职工基本医疗保险的在职职工同步参加生育保险。实施过程中要完善参保范围，结合全民参保登记计划摸清底数，促进实现应保尽保。

（二）统一基金征缴和管理。生育保险基金并入职工基本医疗保险基金，统一征缴，统筹层次一致。按照用人单位参加生育保险和职工基本医疗保险的缴费比例之和确定新的用人单位职工基本医疗保险费率，个人不缴纳生育保险费。同时，根据职工基本医疗保险基金支出情况和生育待遇的需求，按照收支平衡的原则，建立费率确定和调整机制。

职工基本医疗保险基金严格执行社会保险基金财务制度，不再单列生育保险基金收入，在职工基本医疗保险统筹基金待遇支出中设置生育待遇支出项目。探索建立健全基金风险预警机制,坚持基金运行情况公开,加强内部控制,强化基金行政监督和社会监督,确保基金安全运行。

(三)统一医疗服务管理。两项保险合并实施后实行统一定点医疗服务管理。医疗保险经办机构与定点医疗机构签订相关医疗服务协议时,要将生育医疗服务有关要求和指标增加到协议内容中,并充分利用协议管理,强化对生育医疗服务的监控。执行基本医疗保险、工伤保险、生育保险药品目录以及基本医疗保险诊疗项目和医疗服务设施范围。

促进生育医疗服务行为规范。将生育医疗费用纳入医保支付方式改革范围,推动住院分娩等医疗费用按病种、产前检查按人头等方式付费。生育医疗费用原则上实行医疗保险经办机构与定点医疗机构直接结算。充分利用医保智能监控系统,强化监控和审核,控制生育医疗费用不合理增长。

(四)统一经办和信息服务。两项保险合并实施后,要统一经办管理,规范经办流程。经办管理统一由基本医疗保险经办机构负责,经费列入同级财政预算。充分利用医疗保险信息系统平台,实行信息系统一体化运行。原有生育保险医疗费用结算平台可暂时保留,待条件成熟后并入医疗保险结算平台。完善统计信息系统,确保及时全面准确反映生育保险基金运行、待遇享受人员、待遇支付等方面情况。

(五)确保职工生育期间的生育保险待遇不变。生育保险待遇包括《中华人民共和国社会保险法》规定的生育医疗费用和生育津贴,所需资金从职工基本医疗保险基金中支付。生育津贴支付期限按照《女职工劳动保护特别规定》等法律法规规定的产假期限执行。

(六)确保制度可持续。各地要通过整合两项保险基金增强基金统筹共济能力；研判当前和今后人口形势对生育保险支出的影响，增强风险防范意识和制度保障能力；按照“尽力而为、量力而行”的原则，坚持从实际出发，从保障基本权益做起，合理引导预期；跟踪分析合并实施后基金运行情况和支出结构，完善生育保险监测指标；根据生育保险支出需求，建立费率动态调整机制，防范风险转嫁，实现制度可持续发展。

三、保障措施

（一）加强组织领导。两项保险合并实施是党中央、国务院作出的一项重要部署，也是推动建立更加公平更可持续社会保障制度的重要内容。各省（自治区、直辖市）要高度重视，加强领导，有序推进相关工作。国家医保局、财政部、国家卫生健康委要会同有关方面加强工作指导，及时研究解决工作中遇到的困难和问题，重要情况及时报告国务院。

（二）精心组织实施。各地要高度重视两项保险合并实施工作，按照本意见要求，根据当地生育保险和职工基本医疗保险参保人群差异、基金支付能力、待遇保障水平等因素进行综合分析和研究，周密组织实施，确保参保人员相关待遇不降低、基金收支平衡，保证平稳过渡。各省（自治区、直辖市）要加强工作部署，督促指导各统筹地区加快落实，2019 年底前实现两项保险合并实施。

（三）加强政策宣传。各统筹地区要坚持正确的舆论导向，准确解读相关政策，大力宣传两项保险合并实施的重要意义，让社会公众充分了解合并实施不会影响参保人员享受相关待遇，且有利于提高基金共济能力、减轻用人单位事务性负担、提高管理效率，为推动两项保险合并实施创造良好的社会氛围。

第八节　住房公积金

110. 职工可以任意支取住房公积金吗？

法律咨询

冉某大学期间学的是广告设计，毕业后，他在某广告公司找了一份工作。现在，他已经工作半年了。由于冉某手头比较紧，他打算取出住房公积金改善生活。那么，职工可以任意支取住房公积金吗？

律师答疑

住房公积金虽然属于职工本人所有，但是并不意味着职工可以随意支配和使用住房公积金。住房公积金是一种长期性住房储备金，是在职工工作期间，由单位和职工本人按照一定比例向住房公积金管理中心缴存的一笔资金，作为职工个人住房基金，专户储存、统一管理，专门用于解决职工的住房问题。住房公积金由两部分构成：一部分是单位缴存的住房公积金，另一部分是职工本人缴存的住房公积金，住房公积金是单位依法给予职工的一种福利，归职工本人所有。住房公积金虽然是职工本人所有，但不是以现金形式直接发放给职工本人的，而是存入住房公积金管理中心在受托银行开设的专户内。住房公积金实行专款专用，职工只有在符合法律规定条件时才能提取，而且住房公积金只能用于职工购买、建造、翻建、大修自住住房。因此，尽管职工对住房公积金享有所有权，但是并不能随意支配和使用。

根据《住房公积金管理条例》第24条的规定，职工有下列情形之一的，可以提取职工住房公积金账户内的存储余额：

(1)购买、建造、翻建、大修自住住房的；

(2)离休、退休的；

(3)完全丧失劳动能力，并与单位终止劳动关系的；

(4)出境定居的；

(5)偿还购房贷款本息的；

(6)房租超出家庭工资收入的规定比例的。

依照第2项、第3项、第4项规定，提取职工住房公积金的，应当同时注销职工住房公积金账户。

职工死亡或者被宣告死亡的，职工的继承人、受遗赠人可以提取职工住房公积金账户内的存储余额；无继承人也无受遗赠人的，职工住房公积金账户内的存储余额纳入住房公积金的增值收益。

法律依据

《住房公积金管理条例》

第二十四条　职工有下列情形之一的，可以提取职工住房公积金账户内的存储余额：

(一)购买、建造、翻建、大修自住住房的；

(二)离休、退休的；

(三)完全丧失劳动能力，并与单位终止劳动关系的；

(四)出境定居的；

(五)偿还购房贷款本息的;

(六)房租超出家庭工资收入的规定比例的。

依照前款第(二)、(三)、(四)项规定,提取职工住房公积金的,应当同时注销职工住房公积金账户。

职工死亡或者被宣告死亡的,职工的继承人、受遗赠人可以提取职工住房公积金账户内的存储余额;无继承人也无受遗赠人的,职工住房公积金账户内的存储余额纳入住房公积金的增值收益。

111. 夫妻一方购房,可以提取对方的住房公积金吗?

法律咨询

怀某和栾某是一对夫妻,二人结婚时没有买房。最近,丈夫打算购买一套商品房,在提取自己的住房公积金的同时,他希望能够提取妻子的住房公积金。那么,夫妻一方购房,是否可以提取对方的住房公积金呢?

律师答疑

夫妻一方购房,可以提取对方的住房公积金,但需购房方先办理提取,配偶方才能办理提取。如果夫妻双方都建立有住房公积金,则应由主购房人(在购房合同上签名的买房人)先办理提取手续,配偶方才可相继办理,主购房人提取时应提供购房合同、购房发票、身份证的材料;配偶方提取时,除了要提供主购房人所提供的资料外，还需要出具结婚证和主购房人的提取记录单，且双方累计提取金额不得超过所购买的自住住房总价价款。如果主购房人没有建立住房公积金，无法提供住房公积金提取记录单，配偶方提取时，需有主购房人的单位开具没有建立住房公积金的证明。

法律依据

《住房公积金管理条例》

第二十四条　职工有下列情形之一的，可以提取职工住房公积金账户内的存储余额：

（一）购买、建造、翻建、大修自住住房的；

（二）离休、退休的；

（三）完全丧失劳动能力，并与单位终止劳动关系的；

（四）出境定居的；

（五）偿还购房贷款本息的；

（六）房租超出家庭工资收入的规定比例的。

依照前款第（二）、（三）、（四）项规定，提取职工住房公积金的，应当同时注销职工住房公积金账户。

职工死亡或者被宣告死亡的，职工的继承人、受遗赠人可以提取职工住房公积金账户内的存储余额；无继承人也无受遗赠人的，职工住房公积金账户内的存储余额纳入住房公积金的增值收益。

Chapter 7

第七章

经济补偿、赔偿金和违约金

112. 以完成一定任务为期限的劳动合同因任务完成而终止的,用人单位也需要向劳动者支付经济补偿吗?

法律咨询

为了提高生产工艺,乙单位购买了一套进口设备。由于设备安装需要由专业人员完成,乙单位雇用了谭某,双方还就此签订了一份劳动合同。请问,以完成一定任务为期限的劳动合同因任务完成而终止的,用人单位是否需要向劳动者支付经济补偿金?

律师答疑

以完成一定工作任务为期限的劳动合同,是指用人单位与劳动者约定以某项工作的完成为合同期限的劳动合同。用人单位与劳动者协商一致,可以订立以完成一定工作任务为期限的劳动合同。《劳动合同法》对此也没有明确的规定,因为《劳动合同法》第46条规定的劳动合同期满后终止劳动合同的,用人单位应当支付经济补偿金,但劳动合同期满是否包括以完成一定任务为期限的劳动合同任务完成,并没有明确的规定。如果用人单位与劳动者签订以完成一定任务为期限的劳动合同,在因任务完成而终止劳动合同时,用人单位是否需要对劳动者进行经济补偿是有争论的。为此,《劳动合同法》实施以后,用人单位为了避免在劳动合同终止时支付经济补偿金,纷纷与劳动者签订了以完成一定任务为期限的劳动合同。《劳动合同法实施条例》第22条对此作了明确规定,以完成一定工作任务为期限的劳动合同因任务完成而终止劳动合同的，用人单位仍然需要支付劳动者经济补偿。

很多用人单位认为，既然签订了以完成一定工作任务为期限的劳动合同，因任务完成而终止劳动合同时，用人单位也需要支付经济补偿金，那么签订以完成一定任务为期限的劳动合同与签订固定期限的劳动合同就没有区别了。其实不然，在某些情况下，签订以完成一定任务为期限的劳动合同对用人单位仍然有利。例如，某公司承包了修建某栋大楼的工程，该工程预计半年能完工，于是与工人签订了半年的劳动合同，但由于各种原因，半年过后工程没有完工，该公司于是又与工人签订了 3 个月的劳动合同，3 个月后仍然没有完工，此时该公司只能与工人签订无固定期限的劳动合同，这对公司来说是不利的。如果公司与劳动者签订了固定期限的劳动合同，在大楼提前建设完毕的情况下，公司也不能与工人提前解除劳动合同。因此，在适合签订以完成一定工作任务为期限的劳动合同的情况下，用人单位最好签订以完成一定工作任务为期限的劳动合同。

一般下列情况下，用人单位与劳动者可以签署以完成一定工作任务为期限的劳动合同：

（1）以完成单项工作任务为期限的劳动合同。如开发某个软件等。

（2）以项目承包的形式完成承包任务的劳动合同。如某个房子的装修、安装某个设备等。

（3）因季节的原因用工的劳动合同。如遇到秋季收获庄稼临时雇用工人等。

（4）其他双方约定的以完成一定工作任务为期限的劳动合同。

法律依据

《中华人民共和国劳动合同法》

第四十六条 有下列情形之一的，用人单位应当向劳动者支付经济补偿：

（一）劳动者依照本法第三十八条规定解除劳动合同的；

（二）用人单位依照本法第三十六条规定向劳动者提出解除劳动合同并与劳动者协商一致解除劳动合同的；

（三）用人单位依照本法第四十条规定解除劳动合同的；

（四）用人单位依照本法第四十一条第一款规定解除劳动合同的；

（五）除用人单位维持或者提高劳动合同约定条件续订劳动合同，劳动者不同意续订的情形外，依照本法第四十四条第一项规定终止固定期限劳动合同的；

（六）依照本法第四十四条第四项、第五项规定终止劳动合同的；

（七）法律、行政法规规定的其他情形。

《中华人民共和国劳动合同法实施条例》

第二十二条 以完成一定工作任务为期限的劳动合同因任务完成而终止的，用人单位应当依照劳动合同法第四十七条的规定向劳动者支付经济补偿。

113. 如何计算解除劳动合同的经济补偿？

法律咨询

申某已经在所在单位工作5年之久了，不久前，单位以裁员为由决定解除与申某的劳动合同。申某同意解除合同，但是要求单位支付足额的经济补偿金。那么，解除劳动合同的经济补偿金应当如何计算呢？

律师答疑

《劳动合同法》第 47 条第 1 款、第 3 款规定，经济补偿按劳动者在本单位工作的年限，每满 1 年支付 1 个月工资的标准向劳动者支付。6 个月以上不满 1 年的，按 1 年计算；不满 6 个月的，向劳动者支付半个月工资的经济补偿。本条所称月工资是指劳动者在劳动合同解除或者终止前 12 个月的平均工资。

特别值得注意的是，对于工资收入很高的劳动者，法律对经济补偿金的支付作出了一定限制。劳动者月工资高于用人单位所在直辖市、设区的市级人民政府公布的本地区上年度职工月平均工资 3 倍的，向其支付经济补偿的标准按职工月平均工资 3 倍的数额支付，向其支付经济补偿的年限最高不超过 12 年。

而关于经济补偿中的工作年限的计算要注意：

第一，劳动者在单位工作的年限，应当自劳动者在该用人单位开始工作之日起计算，如果由于各种原因，用人单位未与劳动者及时签订劳动合同的，不影响工作年限的计算。如果劳动者连续为同一用人单位提供劳动，先后签订了几份劳动合同，工作年限应该自劳动者在该用人单位开始工作之日起计算。

第二，如果劳动者在同一用人单位有间隔的，应该以最后连续工作的时间为准，不能累计计算。例如，郭某在 2008 年 1 月 1 日至 10 月 1 日在某公司工作，后因各种原因，郭某离开公司，2008 年 12 月 1 日至 2010 年 11 月 30 日郭某又在该公司工作，那么郭某在该公司的工作年限就应该是 2 年，而不是 2 年 9 个月。

第三，企业分立、合并后工作年限的计算。《劳动合同法》第 34 条规定："用人单位发生合并或者分立等情况，原劳动合同继续有效，劳动合同由承继其权利和义务的用人单位继续履行。"也就是说，企业合并或分立后，职工的工作年限由合并或分立的用人单位来承继。《劳动合同法实施条例》第 10 条规定："劳动者非因本人原因从原用人单位被安排到新用人单位工作的，劳动者在原用人单位的工作年限合并计算为新用人单位的工作年限。原用人单位已经向劳动者支付经济补偿的，新用人单位在依法解除、终止劳动合同计算支付经济补偿的工作年限时，不再计算劳动者在原用人单位的工作年限。"

第四，退伍义务兵的军龄应当计算为"本单位工作年限"。《关于退伍义务兵安置工作随用工单位改革实行劳动合同制的意见》第 5 条中规定，军队退伍义务兵的军龄，计算为接收安置单位的连续工龄。实践中，各地方根据地方实际情况也制定了各类具体政策，应予以参照。

法律依据

《中华人民共和国劳动合同法》

第四十七条 经济补偿按劳动者在本单位工作的年限，每满一年支付一个月工资的标准向劳动者支付。六个月以上不满一年的，按一年计算；不满六个月的，向劳动者支付半个月工资的经济补偿。

劳动者月工资高于用人单位所在直辖市、设区的市级人民政府公布的本地区上年度职工月平均工资三倍的，向其支付经济补偿的标准按职工月平均工资三倍的数额支付，向其支付经济补偿的年限最高不超过十二年。

本条所称月工资是指劳动者在劳动合同解除或者终止前十二个月的平均工资。

《中华人民共和国劳动合同法实施条例》

第十条 劳动者非因本人原因从原用人单位被安排到新用人单位工作的，劳动者在原用人单位的工作年限合并计算为新用人单位的工作年限。原用人单位已经向劳动者支付经济补偿的，新用人单位在依法解除、终止劳动合同计算支付经济补偿的工作年限时，不再计算劳动者在原用人单位的工作年限。

《关于退伍义务兵安置工作随用工单位改革实行劳动合同制的意见》

五、妥善解决养老、待业保险、住房等待遇。退伍义务兵的军龄连同待分配时间应一并计算为所在单位的连续工龄和待业、养老保险投保年限，并在工资、住房和其他方面享受同工龄、同工种职工待遇。

114. 经济补偿是否需要缴纳个人所得税？

法律咨询

几天前，牛某所在的单位因解除了与牛某的劳动合同向其支付了 1 万元经济补偿金。牛某担心该笔补偿金还需要缴纳个人所得税，他不清楚法律是如何规定的。那么，经济补偿金是否需要缴纳个人所得税呢？

律师答疑

按照我国法律规定，应当缴纳个人所得税。劳动者与用人单位解除劳动合同取得一次性补偿收入（包括用人单位发放的经济补偿金、生活补助费和其他补助费）需要缴纳个人所得税，但考虑到劳动者在解除劳动合同后，可能面临一时间找不到工作的情形，因此，《关于个人所得税法修改后有关优惠政策衔接问题的通知》规定了劳动者取得经济补偿金时，征收个人所得税的最低标准。即劳动者取得一次性补偿收入低于当地上年职工平均工资 3 倍数额以内的部分，免征个人所得税；超过 3 倍数额的部分，不并入当年的综合所得，单独适用综合所得税率表，计算纳税。即劳动者取得一次性经济补偿金等收入高出当地上年度职工平均工资 3 倍的，用高出的部分适用综合所得税率表，计算纳税。

法律依据

《关于个人所得税法修改后有关优惠政策衔接问题的通知》

五．关于解除劳动关系、提前退休、内部退养的一次性补偿收入的政策

（一）个人与用人单位解除劳动关系取得一次性补偿收入（包括用人单位发放的经济补偿金、生活补助费和其他补助费），在当地上年职工平均工资 3 倍数额以内的部分，免征个人所得税；超过 3 倍数额的部分，不并入当年综合所得，单独适用综合所得税率表，计算纳税。

（二）个人办理提前退休手续而取得的一次性补贴收入，应按照办理提前退休手续至法定离退休年龄之间实际年度数平均分摊，确定适用税率和速算扣除数，单独适用综合所得税率表，计算纳税。计算公式：

应纳税额＝{［（一次性补贴收入 ÷ 办理提前退休手续至法定退休年龄的实际年度数）－费用扣除标准］× 适用税率－速算扣除数}× 办理提前退休手续至法定退休年龄的实际年度数

（三）个人办理内部退养手续而取得的一次性补贴收入，按照《国家税务总局关于个人所得税有关政策问题的通知》（国税发〔1999〕58号）规定计算纳税。

115. 用人单位不按时支付经济补偿金，劳动者还可以要求额外经济补偿吗？

法律咨询

不久前，尚某所在的单位主张解除与他的劳动合同。当时，单位承诺向尚某支付2万元经济补偿金，尚某同意。但是直到现在，单位也没有按约支付该笔补偿金。请问，用人单位不按时支付经济补偿金的，劳动者可以要求额外经济补偿吗？

律师答疑

如果说经济补偿金是用人单位对劳动者的一种弥补，具有补偿性，那么额外经济补偿金是用人单位应当支付经济补偿金而没有支付时，用人单位应当向劳动者支付的一种具有惩罚性的补偿，具有惩罚性。

用人单位依照法律有关规定应当向劳动者支付经济补偿的，

在劳动者办结工作交接时需要支付。当然并不是用人单位没有支付经济补偿金劳动者就可以要求额外经济补偿，而是需要一定的程序步骤：解除劳动合同时，用人单位需要按照法律规定支付经济补偿，而未进行支付的，先由劳动行政部门责令限期支付经济补偿；逾期还不支付的，责令用人单位按应付金额 50% 以上 100% 以下的标准向劳动者加付赔偿金。

法律依据

《中华人民共和国劳动合同法》

第五十条 用人单位应当在解除或者终止劳动合同时出具解除或者终止劳动合同的证明，并在十五日内为劳动者办理档案和社会保险关系转移手续。

劳动者应当按照双方约定，办理工作交接。用人单位依照本法有关规定应当向劳动者支付经济补偿的，在办结工作交接时支付。

用人单位对已经解除或者终止的劳动合同的文本，至少保存二年备查。

第八十五条 用人单位有下列情形之一的，由劳动行政部门责令限期支付劳动报酬、加班费或者经济补偿；劳动报酬低于当地最低工资标准的，应当支付其差额部分；逾期不支付的，责令用人单位按应付金额百分之五十以上百分之一百以下的标准向劳动者加付赔偿金：

（一）未按照劳动合同的约定或者国家规定及时足额支付劳动者劳动报酬的；

（二）低于当地最低工资标准支付劳动者工资的；

（三）安排加班不支付加班费的；

（四）解除或者终止劳动合同，未依照本法规定向劳动者支付经济补偿的。

116. 劳动者非因本人原因从原用人单位被安排到新用人单位工作，如何计算支付经济补偿或赔偿金的工作年限？

法律咨询

边某是甲单位的一名老员工，由于他的业务能力较强，甲单位决定把他委派到乙单位工作。边某同意工作调动，但是他担心到了新单位之后需要重新计算经济补偿金的工作年限。请问，劳动者非因本人原因从原单位被安排到新用人单位工作，应当如何计算支付经济补偿或赔偿金的工作年限呢？

律师答疑

根据《最高人民法院关于审理劳动争议案件适用法律问题的解释（一）》第46条的规定，劳动者非因本人原因从原用人单位被安排到新用人单位工作，原用人单位未支付经济补偿，劳动者依照《劳动合同法》第38条规定与新用人单位解除劳动合同，或者新用人单位向劳动者提出解除、终止劳动合同，在计算支付经济补偿或赔偿金的工作年限时，劳动者请求把在原用人单位的工作年限合并计算为新用人单位工作年限的，人民法院应予支持。

用人单位符合下列情形之一的，应当认定属于“劳动者非因本人原因从原用人单位被安排到新用人单位工作”：

（1）劳动者仍在原工作场所、工作岗位工作，劳动合同主体由原用人单位变更为新用人单位；

（2）用人单位以组织委派或任命形式对劳动者进行工作调动；

（3）因用人单位合并、分立等原因导致劳动者工作调动；

（4）用人单位及其关联企业与劳动者轮流订立劳动合同；

（5）其他合理情形。

法律依据

《最高人民法院关于审理劳动争议案件适用法律问题的解释（一）》

第四十六条 劳动者非因本人原因从原用人单位被安排到新用人单位工作，原用人单位未支付经济补偿，劳动者依照劳动合同法第三十八条规定与新用人单位解除劳动合同，或者新用人单位向劳动者提出解除、终止劳动合同，在计算支付经济补偿或赔偿金的工作年限时，劳动者请求把在原用人单位的工作年限合并计算为新用人单位工作年限的，人民法院应予支持。

用人单位符合下列情形之一的，应当认定属于“劳动者非因本人原因从原用人单位被安排到新用人单位工作”：

（一）劳动者仍在原工作场所、工作岗位工作，劳动合同主体由原用人单位变更为新用人单位；

（二）用人单位以组织委派或任命形式对劳动者进行工作调动；

（三）因用人单位合并、分立等原因导致劳动者工作调动；

（四）用人单位及其关联企业与劳动者轮流订立劳动合同；

（五）其他合理情形。

《中华人民共和国劳动合同法实施条例》

第十条　劳动者非因本人原因从原用人单位被安排到新用人单位工作的，劳动者在原用人单位的工作年限合并计算为新用人单位的工作年限。原用人单位已经向劳动者支付经济补偿的，新用人单位在依法解除、终止劳动合同计算支付经济补偿的工作年限时，不再计算劳动者在原用人单位的工作年限。

《中华人民共和国劳动合同法》

第三十八条　用人单位有下列情形之一的，劳动者可以解除劳动合同：

（一）未按照劳动合同约定提供劳动保护或者劳动条件的；

（二）未及时足额支付劳动报酬的；

（三）未依法为劳动者缴纳社会保险费的；

（四）用人单位的规章制度违反法律、法规的规定，损害劳动者权益的；

（五）因本法第二十六条第一款规定的情形致使劳动合同无效的；

（六）法律、行政法规规定劳动者可以解除劳动合同的其他情形。

用人单位以暴力、威胁或者非法限制人身自由的手段强迫劳动者劳动的，或者用人单位违章指挥、强令冒险作业危及劳动者人身安全的，劳动者可以立即解除劳动合同，不需事先告知用人单位。

117. 用人单位违反服务期约定是否应当支付违约金?

法律咨询

扈某博士毕业后就来到丙单位工作,为了进一步提高扈某的业务水平,丙单位决定为其提供一笔专项培训费。丙单位为了留住人才,还与他约定了服务期年限。后来,丙单位因故决定提前解除劳动合同。那么,用人单位违反服务期约定的,是否应当支付违约金?

律师答疑

根据《劳动合同法》第 22 条的规定,用人单位为劳动者提供专项培训费用,对其进行专业技术培训的,可以与该劳动者订立协议,约定服务期。劳动者违反服务期约定的,应当按照约定向用人单位支付违约金。并没有约定用人单位违反服务期约定应当承担违约责任的规定,但是也没有禁止。所以,如果劳动合同中有用人单位违反服务期,应该承担违约责任支付违约金的约定,那么用人单位违反服务期的约定就需要按约定向劳动者支付违约金;如果没有约定,则用人单位无须支付违约金,但这不代表用人单位不承担其他的法律责任。服务期的约定相当于对原劳动合同期限的延长,所以无论用人单位还是劳动者都应该遵守该期限的限制,而不能随意地违反,用人单位在没有任何法定情形的条件下,擅自解除合同,属于违法解除合同,应该依据《劳动合同法》第 87 条的规定依法进行赔偿。

法律依据

《中华人民共和国劳动合同法》

第二十二条　用人单位为劳动者提供专项培训费用，对其进行专业技术培训的，可以与该劳动者订立协议，约定服务期。

劳动者违反服务期约定的，应当按照约定向用人单位支付违约金。违约金的数额不得超过用人单位提供的培训费用。用人单位要求劳动者支付的违约金不得超过服务期尚未履行部分所应分摊的培训费用。

用人单位与劳动者约定服务期的，不影响按照正常的工资调整机制提高劳动者在服务期期间的劳动报酬。

第四十七条　经济补偿按劳动者在本单位工作的年限，每满一年支付一个月工资的标准向劳动者支付。六个月以上不满一年的，按一年计算；不满六个月的，向劳动者支付半个月工资的经济补偿。

劳动者月工资高于用人单位所在直辖市、设区的市级人民政府公布的本地区上年度职工月平均工资三倍的，向其支付经济补偿的标准按职工月平均工资三倍的数额支付，向其支付经济补偿的年限最高不超过十二年。

本条所称月工资是指劳动者在劳动合同解除或者终止前十二个月的平均工资。

第八十七条　用人单位违反本法规定解除或者终止劳动合同的，应当依照本法第四十七条规定的经济补偿标准的二倍向劳动者支付赔偿金。

118. 劳动者可以主张解除劳动合同代通知金的情形有哪些？

法律咨询

不久前，温某在甲单位找到了一份工作。经过一段时间的考察，温某所在的单位认为他不能胜任手头的工作，于是为他调换了工作岗位。后来，单位认为温某仍不能胜任新岗位，便在向其额外支付了一个月工资后解除了劳动合同。请问，劳动者有权主张解除劳动合同代通知金的情形有哪些？

律师答疑

“代通知金”是一种通俗的说法，并非我国相关的法律专业术语。其在本质上是《劳动合同法》所规定的，用人单位提前 30 日以书面形式通知劳动者解除劳动合同的替代方式。但是，并非凡是用人单位提前 30 日以书面形式通知劳动者解除劳动合同的情形都可以采取“代通知金”的方式。依据《劳动合同法》第 40 条的规定，只有出现如下三种法定情形“（一）劳动者患病或者非因工负伤，在规定的医疗期满后不能从事原工作，也不能从事由用人单位另行安排的工作的；（二）劳动者不能胜任工作，经过培训或者调整工作岗位，仍不能胜任工作的；（三）劳动合同订立时所依据的客观情况发生重大变化，致使劳动合同无法履行，经用人单位与劳动者协商，未能就变更劳动合同内容达成协议的”，才能以“额外支付劳动者一个月工资”的方式来代替 30 日的通知期。

另外，需要明确的一个问题是，代通知金只是一种替代方式，其具体的选择权在用人单位。用人单位既可以选择提前 30 日以书面形式通知劳动者本人解除劳动合同，也可以选择额外支付劳动者一个月工资，然后解除劳动合同。

对于额外支付的一个月工资标准如何计算，《劳动合同法》并没有作出明确的说明。依据《劳动合同法实施条例》第 20 条的规定，《劳动合同法》第 40 条所规定的额外支付的工资，应当按照该劳动者上一个月的工资标准确定。

法律依据

《中华人民共和国劳动合同法》

第四十条　有下列情形之一的，用人单位提前三十日以书面形式通知劳动者本人或者额外支付劳动者一个月工资后，可以解除劳动合同：

（一）劳动者患病或者非因工负伤，在规定的医疗期满后不能从事原工作，也不能从事由用人单位另行安排的工作的；

（二）劳动者不能胜任工作，经过培训或者调整工作岗位，仍不能胜任工作的；

（三）劳动合同订立时所依据的客观情况发生重大变化，致使劳动合同无法履行，经用人单位与劳动者协商，未能就变更劳动合同内容达成协议的。

《中华人民共和国劳动合同法实施条例》

第二十条　用人单位依照劳动合同法第四十条的规定，选择额外支付劳动者一个月工资解除劳动合同的，其额外支付的工资应当按照该劳动者上一个月的工资标准确定。

119. 合同期届满，约定的服务期未届满，劳动者终止合同是否需要支付违约金？

法律咨询

庄某是丁公司的一名员工，由于公司为其进行过技术培训，因此，他与公司约定了服务期。如今，他与公司签订的劳动合同期限届满，但是服务期尚未届满，他希望解除劳动合同。请问，合同期届满，约定的服务期未届满，劳动者终止合同是否需要支付违约金？

律师答疑

依据《劳动合同法》第 22 条的规定，服务期是指劳动者因为接受用人单位所给予的特殊待遇，作为一种对价，而承诺必须为用人单位服务的最短期限。一般情况下，服务期都要长于劳动合同的期限。那么如何解决劳动合同期届满，而服务期未届满之间的矛盾呢？《劳动合同法实施条例》第 17 条规定，劳动合同期满，但是用人单位与劳动者依照《劳动合同法》第 22 条的规定约定的服务期尚未到期的，劳动合同应当续延至服务期满；双方另有约定的，从其约定。该规定意味着，在服务期长于劳动合同期限的条件下，视同用人单位与劳动者之间对劳动合同期限的延长，所以，劳动合同真正到期的时间为服务期满的时间，而非劳动合同到期的时间。所以，在劳动合同到期的情形下，劳动合同并不能发生终止的法律效力，而是延续至服务期满。劳动者在服务期未满的情况下辞职，违反劳动合同所约定的服务期，应该承担相应的违约责任。

至于违约金的计算方式，依据《劳动合同法》第 22 条第 2 款的规定，劳动者违反服务期约定的，应当按照约定向用人单位支付违约金。违约金的数额不得超过用人单位提供的培训费用。用人单位要求劳动者支付的违约金不得超过服务期尚未履行部分所应分摊的培训费用。依据《劳动合同法实施条例》第 16 条的规定，用人单位为了对劳动者进行专业技术培训而支付的有凭证的培训费用、培训期间的差旅费用以及因培训产生的用于该劳动者的其他直接费用都应该计算为培训费用的数额。

法律依据

《中华人民共和国劳动合同法》

第二十二条 用人单位为劳动者提供专项培训费用，对其进行专业技术培训的，可以与该劳动者订立协议，约定服务期。

劳动者违反服务期约定的，应当按照约定向用人单位支付违约金。违约金的数额不得超过用人单位提供的培训费用。用人单位要求劳动者支付的违约金不得超过服务期尚未履行部分所应分摊的培训费用。

用人单位与劳动者约定服务期的，不影响按照正常的工资调整机制提高劳动者在服务期期间的劳动报酬。

《中华人民共和国劳动合同法实施条例》

第十六条 劳动合同法第二十二条第二款规定的培训费用，包括用人单位为了对劳动者进行专业技术培训而支付的有凭证的培训费用、培训期间的差旅费用以及因培训产生的用于该劳动者的其他直接费用。

第十七条 劳动合同期满，但是用人单位与劳动者依照劳动合同法第二十二条的规定约定的服务期尚未到期的，劳动合同应当续延至服务期满；双方另有约定的，从其约定。

Chapter 8

第八章

劳务派遣和约定服务期劳动合同

第一节　劳务派遣

120. 哪些岗位属于临时性、辅助性或者替代性的工作岗位？

法律咨询

根据我国相关法律的规定，劳务派遣员工只能在一些临时性、辅助性或者替代性的工作岗位上任职。闫某是某劳务派遣单位的一名员工，不久前，他被派往某事业单位从事辅助性工作。那么，哪些岗位属于临时性、辅助性或者替代性的工作岗位？

律师答疑

根据《劳务派遣暂行规定》第 3 条的规定，用工单位只能在临时性、辅助性或者替代性的工作岗位上使用被派遣劳动者。所谓临时性工作岗位是指存续时间不超过 6 个月的岗位；辅助性工作岗位是指为主营业务岗位提供服务的非主营业务岗位；替代性工作岗位是指用工单位的劳动者因脱产学习、休假等原因无法工作的一定期间内，可以由其他劳动者替代工作的岗位。用工单位决定使用被派遣劳动者的辅助性岗位，应当经职工代表大会或者全体职工讨论，提出方案和意见，与工会或者职工代表平等协商确定，并在用工单位内公示。

根据《劳务派遣暂行规定》第4条第1款、第2款的规定：用工单位应当严格控制劳务派遣用工数量，使用的被派遣劳动者数量不得超过其用工总量的10%。所谓的用工总量是指用工单位订立劳动合同人数与使用的被派遣劳动者人数之和。

法律依据

《劳务派遣暂行规定》

第三条　用工单位只能在临时性、辅助性或者替代性的工作岗位上使用被派遣劳动者。

前款规定的临时性工作岗位是指存续时间不超过6个月的岗位；辅助性工作岗位是指为主营业务岗位提供服务的非主营业务岗位；替代性工作岗位是指用工单位的劳动者因脱产学习、休假等原因无法工作的一定期间内，可以由其他劳动者替代工作的岗位。

用工单位决定使用被派遣劳动者的辅助性岗位，应当经职工代表大会或者全体职工讨论，提出方案和意见，与工会或者职工代表平等协商确定，并在用工单位内公示。

第四条　用工单位应当严格控制劳务派遣用工数量，使用的被派遣劳动者数量不得超过其用工总量的10%。

前款所称用工总量是指用工单位订立劳动合同人数与使用的被派遣劳动者人数之和。

计算劳务派遣用工比例的用工单位是指依照劳动合同法和劳动合同法实施条例可以与劳动者订立劳动合同的用人单位。

121. 用人单位能将劳动者退回派遣单位吗?

法律咨询

柴某是一名劳务派遣员工,不久前,他被派遣单位派往某电子公司工作。后来,该电子公司因资不抵债,决定依法宣告破产,并把柴某退回给派遣单位。那么,用工单位可以将劳动者退回派遣单位吗?

律师答疑

劳务派遣法律关系可以二次细化为三种不同的法律关系:劳务派遣单位与劳动者之间的劳动合同关系、劳务派遣公司与用工单位(被派遣单位)之间的劳务派遣合同关系、劳动者与用工单位之间的实际用工关系。由于劳动者与用工单位之间不存在劳动合同关系,所以不存在劳动者与用工单位解除劳动合同的问题。但是,若存在法定的事由,用工单位可以将劳动者退回派遣单位,派遣单位可以依法与劳动者解除劳动合同;劳动者也可以依法与派遣单位解除劳动合同。

对于用工单位在何种情形下才能将劳动者退回派遣单位的问题,《劳务派遣暂行规定》第12条第1款规定:"有下列情形之一的,用工单位可以将被派遣劳动者退回劳务派遣单位:(一)用工单位有劳动合同法第四十条第三项、第四十一条规定情形的;(二)用工单位被依法宣告破产、吊销营业执照、责令关闭、撤销、决定提前解散或者经营期限届满不再继续经营的;(三)劳务派遣协议期满终止的。"但是如果被派遣劳动者有《劳动合同法》第42条规定情形的,在派遣期限届满前,用工单位不得依据《劳务派遣暂行规定》第12条第1款第1项的规定将被派遣劳动者退回劳务派遣单位；派遣期限届满的，应当延续至相应情形消失时方可退回。

被派遣劳动者退回后在无工作期间，劳务派遣单位应当按照不低于所在地人民政府规定的最低工资标准，向其按月支付报酬。

法律依据

《劳务派遣暂行规定》

第十二条　有下列情形之一的，用工单位可以将被派遣劳动者退回劳务派遣单位：

（一）用工单位有劳动合同法第四十条第三项、第四十一条规定情形的；

（二）用工单位被依法宣告破产、吊销营业执照、责令关闭、撤销、决定提前解散或者经营期限届满不再继续经营的；

（三）劳务派遣协议期满终止的。

被派遣劳动者退回后在无工作期间，劳务派遣单位应当按照不低于所在地人民政府规定的最低工资标准，向其按月支付报酬。

《中华人民共和国劳动合同法》

第四十二条　劳动者有下列情形之一的，用人单位不得依照本法第四十条、第四十一条的规定解除劳动合同：

（一）从事接触职业病危害作业的劳动者未进行离岗前职业健康检查，或者疑似职业病病人在诊断或者医学观察期间的；

（二）在本单位患职业病或者因工负伤并被确认丧失或者部分丧失劳动能力的；

(三)患病或者非因工负伤,在规定的医疗期内的;

(四)女职工在孕期、产期、哺乳期的;

(五)在本单位连续工作满十五年,且距法定退休年龄不足五年的;

(六)法律、行政法规规定的其他情形。

122. 劳务派遣单位从被派遣劳动者的工资中扣除中介费的做法是否违法?

法律咨询

瞿某是某劳务派遣单位的一名员工,几个月前,派遣单位把瞿某派遣到某能源公司上班。瞿某发现,派遣单位多次以收取中介费的名义扣除了自己的一部分工资。请问,劳务派遣单位从被派遣劳动者的工资中扣除中介费的做法是否违法?

律师答疑

劳务派遣法律关系中,劳动者与劳务派遣单位之间形成的是劳动关系,而非一般的居间合同关系。派遣单位作为用人单位必须履行为劳动者参加社会保险、缴纳社会保险费、支付工资的法定义务。依据《劳动合同法》第 60 条第 2 款、第 3 款的规定,劳务派遣单位不得克扣用工单位按照劳务派遣协议支付给被派遣劳动者的劳动报酬。劳务派遣单位和用工单位不得向被派遣劳动者收取费用。所以,无论是中介费还是劳务管理服务费等各种费用,都不应该向劳动者收取。违反法律规定收取各种费用,并从劳动者的工资中予以扣除，均属于《工资支付暂行规定》所规定的“克扣”工资行为，劳动者可以依法向劳动监察部门投诉或者提起劳动仲裁。

另外需要注意的问题是，用人单位承担扣缴社会保险费的义务。在劳务派遣法律关系中，劳动者社会保险费用依法应该由用工单位支付，并由劳务派遣单位依法缴纳。所以，当劳务派遣单位依法代扣代缴应由劳动者个人负担的各项社会保险费用时不构成违法。

法律依据

《中华人民共和国劳动合同法》

第六十条　劳务派遣单位应当将劳务派遣协议的内容告知被派遣劳动者。

劳务派遣单位不得克扣用工单位按照劳务派遣协议支付给被派遣劳动者的劳动报酬。

劳务派遣单位和用工单位不得向被派遣劳动者收取费用。

123. 劳务派遣单位可以与劳动者签订非全日制用工合同吗？

法律咨询

外来务工人员艾某一直找不到合适的工作，无奈之下，他联系了一家劳务派遣单位。经过协商，劳务派遣单位要求艾某与其签订一份非全日制用工合同。请问，劳务派遣单位可以与劳动者签订非全日制用工合同吗？

律师答疑

非全日制用工，是指以小时计酬为主，劳动者在同一用人单位一般平均每日工作时间不超过 4 小时，每周工作时间累计不超过 24 小时的用工形式。《劳动合同法》第 58 条明确规定了劳务派遣单位与劳动者签订劳动合同的最低期限，即不得低于 2 年。《劳动合同法实施条例》第 30 条又以禁止性的条款规定，劳务派遣单位不得以非全日制用工形式招用被派遣劳动者。法律之所以这样规定是为了避免劳务派遣单位滥用劳动合同期限的规定，侵犯劳动者的合法权益。由于非全日制用工形式灵活，既可以是口头合同也可以是书面合同，终止劳动合同也不严格，只要随时通知对方即可终止用工，将非全日制用工用于劳务派遣这种用工形式中，将使劳动者的权益处于不确定的状态中，劳动者的合法权益得不到有效的保护。

但是，劳务派遣单位不能与劳动者签订非全日制用工合同，并不意味着不可以将招用的劳动者派遣至用工单位从事非全日制岗位工作。根据《劳动合同法》第 59 条第 2 款的规定，用工单位应当根据工作岗位的实际需要与劳务派遣单位确定派遣期限。由此看来，被派遣的劳动者到用工单位从事非全日制岗位工作是合法的。

法律依据

《中华人民共和国劳动合同法》

第五十八条 劳务派遣单位是本法所称用人单位，应当履行用人单位对劳动者的义务。劳务派遣单位与被派遣劳动者订立的劳动合同，除应当载明本法第十七条规定的事项外，还应当载明被派遣劳动者的用工单位以及派遣期限、工作岗位等情况。

劳务派遣单位应当与被派遣劳动者订立二年以上的固定期限劳动合同，按月支付劳动报酬；被派遣劳动者在无工作期间，劳务派遣单位应当按照所在地人民政府规定的最低工资标准，向其按月支付报酬。

第五十九条　劳务派遣单位派遣劳动者应当与接受以劳务派遣形式用工的单位（以下称用工单位）订立劳务派遣协议。劳务派遣协议应当约定派遣岗位和人员数量、派遣期限、劳动报酬和社会保险费的数额与支付方式以及违反协议的责任。

用工单位应当根据工作岗位的实际需要与劳务派遣单位确定派遣期限，不得将连续用工期限分割订立数个短期劳务派遣协议。

《中华人民共和国劳动合同法实施条例》

第三十条　劳务派遣单位不得以非全日制用工形式招用被派遣劳动者。

124. 劳务派遣公司可以向劳动者收取费用吗？

法律咨询

穆某是丁劳务派遣公司的一名员工，得益于丁劳务派遣公司的帮助，穆某现在在甲公司任职。不久前，丁劳务派遣公司要求穆某支付2000元“好处费”，穆某不清楚自己是否可以拒绝支付该笔费用。请问，劳务派遣公司可以向劳动者收取费用吗？

律师答疑

《劳动合同法》第 60 条第 3 款明确规定,劳务派遣单位和用工单位不得向被派遣劳动者收取费用。劳务派遣单位是以派遣劳动者作为经营范围的公司,其必然需要有收入来源。但是,这种收入来源只能是依据与用工单位订立的劳务派遣协议的约定向用工单位收取一定的服务费用,而不能向被派遣劳动者收取任何费用。因为,劳务派遣单位是被派遣劳动者的用人单位,而不是为该劳动者介绍工作的职业中介机构。

法律依据

《中华人民共和国劳动合同法》

第六十条 劳务派遣单位应当将劳务派遣协议的内容告知被派遣劳动者。

劳务派遣单位不得克扣用工单位按照劳务派遣协议支付给被派遣劳动者的劳动报酬。

劳务派遣单位和用工单位不得向被派遣劳动者收取费用。

125. 被派遣的劳动者权益受到侵害,应该向谁主张权利?

法律咨询

不久前,荣某被劳务派遣公司派遣到甲单位做临时工。工作期间,甲单位强行要求荣某违章操作,导致荣某受伤。请问,被派遣劳动者的权益受到侵害的,应该向谁主张权利?

律师答疑

劳动者因履行劳务派遣合同提起诉讼，争议内容涉及用工单位的，以派遣单位和用工单位为共同被告，法律明确规定用工单位给被派遣劳动者造成损害的，劳务派遣单位与用工单位承担连带赔偿责任。也就是说，无论是哪一方侵犯了劳动者的权利，劳动者都可以向用工单位与劳务派遣单位中的任何一方要求赔偿，而被要求赔偿的单位不能以自己没有赔偿义务拒绝赔偿。这样能最大限度地保护劳动者权益。可见，无论是从程序上还是从实体上来说，在劳务派遣时，劳动者的权益保护和责任追究机制都已经完善，劳动者再也不用担心自己会成为用工单位与劳务派遣单位互相推诿的“皮球”。

法律依据

《中华人民共和国劳动合同法》

第九十二条　违反本法规定，未经许可，擅自经营劳务派遣业务的，由劳动行政部门责令停止违法行为，没收违法所得，并处违法所得一倍以上五倍以下的罚款；没有违法所得的，可以处五万元以下的罚款。

劳务派遣单位、用工单位违反本法有关劳务派遣规定的，由劳动行政部门责令限期改正；逾期不改正的，以每人五千元以上一万元以下的标准处以罚款，对劳务派遣单位，吊销其劳务派遣业务经营许可证。用工单位给被派遣劳动者造成损害的，劳务派遣单位与用工单位承担连带赔偿责任。

126. 劳务派遣时，劳动者的社会保险由谁来缴纳？

法律咨询

不久前，向某被劳务派遣公司派遣到某电子配件厂工作。为了保障自己的生命安全与健康，向某希望配件厂能够为其缴纳社会保险，但配件厂拒绝缴纳。那么，劳务派遣时，劳动者的社会保险由谁来缴纳？

律师答疑

由于劳务派遣市场或多或少地存在不规范运作的问题，劳动者在被劳务派遣时最担心的无疑是如何合法保护自身权益，尤其是如何办理与缴纳社会保险。因为社会保险需要持续性缴纳才能最终得以享受，所以如何确保劳动者社会保险的稳定是劳务派遣制度设计时重点关注的问题。为此，《劳务派遣暂行规定》对这一问题进行了明确的规定。其第 8 条第 4 项规定，劳务派遣单位应当按照国家规定和劳务派遣协议约定，依法为被派遣劳动者缴纳社会保险费，并办理社会保险相关手续。

在现实生活中，很多劳动者是跨区域派遣的，因此就存在为节省成本而按照社会保险水平较低的区域为被派遣的劳动者缴纳社会保险，这极大损害了被派遣劳动者的利益。为此，《劳务派遣暂行规定》第 18 条以及第 19 条对这一现象也进行了明确的规定，劳务派遣单位跨地区派遣劳动者的，应当在用工单位所在地为被派遣劳动者参加社会保险，按照用工单位所在地的规定缴纳社会保险费，被派遣劳动者按照国家规定享受社会保险待遇。劳务派遣单位在用工单位所在地设立分支机构的，由分支机构为被派遣劳动者办理参保手续，缴纳社会保险费。劳务派遣单位未在用工单位所在地设立分支机构的，由用工单位代劳务派遣单位为被派遣劳动者办理参保手续，缴纳社会保险费。

法律依据

《劳务派遣暂行规定》

第八条　劳务派遣单位应当对被派遣劳动者履行下列义务：

（一）如实告知被派遣劳动者劳动合同法第八条规定的事项、应遵守的规章制度以及劳务派遣协议的内容；

（二）建立培训制度，对被派遣劳动者进行上岗知识、安全教育培训；

（三）按照国家规定和劳务派遣协议约定，依法支付被派遣劳动者的劳动报酬和相关待遇；

（四）按照国家规定和劳务派遣协议约定，依法为被派遣劳动者缴纳社会保险费，并办理社会保险相关手续；

（五）督促用工单位依法为被派遣劳动者提供劳动保护和劳动安全卫生条件；

（六）依法出具解除或者终止劳动合同的证明；

（七）协助处理被派遣劳动者与用工单位的纠纷；

（八）法律、法规和规章规定的其他事项。

第十八条　劳务派遣单位跨地区派遣劳动者的，应当在用工单位所在地为被派遣劳动者参加社会保险，按照用工单位所在地的规定缴纳社会保险费，被派遣劳动者按照国家规定享受社会保险待遇。

第十九条 劳务派遣单位在用工单位所在地设立分支机构的,由分支机构为被派遣劳动者办理参保手续,缴纳社会保险费。

劳务派遣单位未在用工单位所在地设立分支机构的,由用工单位代劳务派遣单位为被派遣劳动者办理参保手续,缴纳社会保险费。

127. 被派遣员工向用工单位主张未签订劳动合同补偿,能得到支持吗?

法律咨询

苏某被派遣到C公司从事装卸工工作,并由C公司支付苏某的工资。而其劳动合同上显示用人单位为B公司。苏某认为,B公司在本地无固定场所,且并未去B公司所在地签订劳动合同,故向B公司主张未签订劳动合同的补偿,该主张能得到支持吗?

律师答疑

在与劳务派遣单位签订劳动合同时,应当注意劳务派遣单位的资质,明确劳务派遣单位对社会保险金的缴纳、劳动条件的保护、工作时间和休息休假等相关事项,明确派遣单位对派遣劳动者工资福利支付的义务,以便更好地维护自身权益。作为被派遣员工,与用工单位是难以构成劳动关系的,在进行确认劳动关系方面的维权时,也需厘清关系,避免混淆用人单位主体,导致请求不能得到支持。除此之外,苏某作为完全民事行为能力人,应明确知晓签订劳动合同后的法律后果。另外还需要注意,如果用工单位给劳动者造成损害或损失的，劳动者可以主张劳务派遣单位与用工单位承担连带责任，以利于保护劳动者的权益。

法律依据

《中华人民共和国劳动合同法》

第五十八条　劳务派遣单位是本法所称用人单位，应当履行用人单位对劳动者的义务……

第二节　集体合同

128. 有集体合同的，用人单位还要和劳动者签订劳动合同吗？

法律咨询

古某以参加公开招聘的方式顺利谋得甲单位的一个岗位，古某入职时，要求甲单位与其签订一份劳动合同。甲单位认为，其与该单位职工签有集体合同，那便无须再与古某单独签订劳动合同了。那么，有集体合同时，用人单位是不是就可以不与劳动者签订劳动合同了呢？

律师答疑

集体合同又称为团体契约、集体协议等，它是经全体员工或者员工代表大会讨论同意后，由工会或者员工委托的代表与用人单位为规范劳动关系订立的，以全体劳动者劳动条件和生活条件为主要内容的书面协议。现阶段，我国集体合同包含的内容主要集中在劳动报酬、工作时间、休息休假、劳动安全卫生、保险福利等事项上。

集体合同的法律效力高于劳动合同的法律效力，它是企业订立劳动合同的重要依据，但集体合同不能完全取代个人的劳动合同，因为劳动者个人与企业订立的劳动合同的条款的标准不得低于集体合同的规定，两者出现不一致，劳动合同的标准低于集体合同时，应以集体合同规定的条款为准。而如果劳动者对于劳动合同的具体要求高于集体合同时，就必然需要和用人单位签订劳动合同，否则将无法保障劳动者权利。

法律依据

《中华人民共和国劳动合同法》

第十一条 用人单位未在用工的同时订立书面劳动合同，与劳动者约定的劳动报酬不明确的，新招用的劳动者的劳动报酬按照集体合同规定的标准执行；没有集体合同或者集体合同未规定的，实行同工同酬。

第十八条 劳动合同对劳动报酬和劳动条件等标准约定不明确，引发争议的，用人单位与劳动者可以重新协商；协商不成的，适用集体合同规定；没有集体合同或者集体合同未规定劳动报酬的，实行同工同酬；没有集体合同或者集体合同未规定劳动条件等标准的，适用国家有关规定。

第五十一条 企业职工一方与用人单位通过平等协商，

可以就劳动报酬、工作时间、休息休假、劳动安全卫生、保险福利等事项订立集体合同。集体合同草案应当提交职工代表大会或者全体职工讨论通过。

集体合同由工会代表企业职工一方与用人单位订立；尚未建立工会的用人单位，由上级工会指导劳动者推举的代表与用人单位订立。

129. 集体合同一经双方当事人签字就生效了吗？

法律咨询

几天前，甲企业与工会围绕职工福利待遇、工作时间、劳动报酬以及休息休假等事项达成了一致意见，并最终形成了一份集体合同。当时，双方均在集体合同上签字确认。请问，集体合同一经双方当事人签字就能生效吗？

律师答疑

和普通劳动合同不一样，为了保证集体合同的正确实施，必须强化劳动行政部门对集体合同运作过程的监督和指导作用。因此根据《劳动合同法》第 54 条第 1 款规定，由劳动行政部门对集体合同进行审查，不仅是订立集体合同的必经程序，也是集体合同的生效条件。因此，集体合同订立后，应当报送劳动行政部门；劳动行政部门自收到集体合同文本之日起 15 日内未提出异议的，集体合同即行生效。

法律依据

《中华人民共和国劳动合同法》

第五十四条 集体合同订立后，应当报送劳动行政部门；劳动行政部门自收到集体合同文本之日起十五日内未提出异议的，集体合同即行生效。

依法订立的集体合同对用人单位和劳动者具有约束力。行业性、区域性集体合同对当地本行业、本区域的用人单位和劳动者具有约束力。

130. 集体劳动合同出现争议时，应当如何处理？

法律咨询

一周以前，甲服装厂为了赶工期，要求职工在休息日加班。工会认为服装厂违反了集体劳动合同中有关“职工休息休假”的条款，服装厂则以情势所迫为由提出反驳。那么，集体劳动合同出现争议时，应当如何处理？

律师答疑

因履行集体合同发生争议，经协商解决不成的，工会可以依法申请仲裁、提起诉讼。具体而言，因履行集体合同发生的争议，首先应该双方协商解决。协商解决不成的，工会可以依法申请仲裁、提起诉讼。需要注意的是，集体劳动合同履行出现争议时申请仲裁或提起诉讼的主体是工会。

法律依据

《中华人民共和国劳动合同法》

第五十六条　用人单位违反集体合同，侵犯职工劳动权益的，工会可以依法要求用人单位承担责任；因履行集体合同发生争议，经协商解决不成的，工会可以依法申请仲裁、提起诉讼。

第三节　非全日制用工

131. 非全日制用工可以订立口头协议吗？

法律咨询

某健身器材厂急需生产一批健身器材，由于人手不够，厂长只好临时聘用了庚某在内的十余位退休职工。对于这些非全日制职工，厂长还与他们订立了口头协议。请问，非全日制用工可以订立口头协议吗？

律师答疑

非全日制用工可以订立口头协议。在现阶段，为了给劳动者创造灵活就业的条件和环境，法律对非全日制用工的协议形式未严格限定，可以订立书面形式，也可以订立口头协议。非全日制用工一般期限较短，有时甚至是即时给付劳动，即时支付报酬，因而非全日制用工协议内容也较为简单。

订立口头协议，可以方便开展非全日制用工也方便一部分劳动者灵活就业。

法律依据

《中华人民共和国劳动合同法》

第六十九条 非全日制用工双方当事人可以订立口头协议。

从事非全日制用工的劳动者可以与一个或者一个以上用人单位订立劳动合同；但是，后订立的劳动合同不得影响先订立的劳动合同的履行。

132. 非全日制用工终止劳动合同时劳动者可以要求经济补偿吗？

法律咨询

耿某的新房装修完毕后需要打扫卫生，为此，他聘用了“小时工”姜师傅。姜师傅很快就完成了耿某交付的清扫任务，耿某便向姜师傅结算了工资，但是姜师傅要求耿某额外向其支付一笔经济补偿。请问，非全日制用工终止劳动合同时，劳动者可否要求经济补偿？

律师答疑

非全日制用工在社会生活中最常见的表现形式就是“小时

工”，家庭中的清洁工作、保姆工作、家教工作甚至是一些单位的清洁工作都是由“小时工”来完成。非全日制用工，是指以小时计酬为主，劳动者在同一用人单位一般平均每日工作时间不超过4小时，每周工作时间累计不超过24小时的用工形式。

由于这种用工形式具有很大的灵活性，法律对其进行了特殊规定，如非全日制用工双方当事人不得约定试用期、非全日制用工双方当事人任何一方都可以随时通知对方终止用工等这都是对该用工形式灵活性的认可。与之相适应，法律也规定终止用工时，用人单位不需要向劳动者支付经济补偿，因为其不像其他劳动合同有长时间的对用人单位的贡献，在自由的前提下也相应地牺牲一些经济利益。

法律依据

《中华人民共和国劳动合同法》

第七十条 非全日制用工双方当事人不得约定试用期。

第七十一条 非全日制用工双方当事人任何一方都可以随时通知对方终止用工。终止用工，用人单位不向劳动者支付经济补偿。

133. 小时工的工资可以按月为单位结算吗？

法律咨询

甲公司聘用“小时工”匡某负责公司的清洁工作已半年有余，工资按月结算。不久前，匡某突然提出按周结算工资，甲公司认为双方已经形成了按月结算工资的惯例,因此不宜作出变更。请问,小时工的工资可以按月为单位结算吗?

律师答疑

非全日制用工的用人单位应当按时足额支付非全日制劳动者的工资,用人单位支付非全日制劳动者的小时工资不得低于用人单位所在地人民政府规定的小时最低工资标准。非全日制用工的小时最低工资标准由省、自治区、直辖市规定,并报人力资源和社会保障部备案。

但由于非全日制用工具有短时、灵活的特点,在工资的计算支付上有其特殊之处,此前2003年5月30日劳动和社会保障部颁发的《关于非全日制用工若干问题的意见》第9条规定,非全日制用工的工资支付可以按小时、日、周或月为单位结算。而《劳动合同法》缩短了非全日制劳动结算的最长周期,不再允许以月为结算单位,非全日制用工劳动报酬结算周期最长不得超过15日,从而更好地保证劳动者及时领取报酬,维护其经济利益。

法律依据

《中华人民共和国劳动合同法》

第七十二条 非全日制用工小时计酬标准不得低于用人单位所在地人民政府规定的最低小时工资标准。

非全日制用工劳动报酬结算支付周期最长不得超过十五日。

第四节 服务期与违约金

134. 用人单位可以与劳动者约定违约金吗？

法律咨询

郭某是某外企的一名员工，郭某入职时，单位在劳动合同中明确约定：劳动者在劳动合同到期前提出解除劳动合同的，需要支付违约金。郭某求职心切，对该条款并未在意。那么，用人单位可以与劳动者约定违约金吗？

律师答疑

用人单位常常利用其优势地位，预先在劳动合同中设定高额违约金，限制劳动者在职业上的自由流动，也侵害了劳动者的择业自主权，并由此引发大量劳动争议。《劳动合同法》第 22 条以及第 23 条对违约金条款给予了严格的限制，明确规定只有两类劳动者可以在劳动合同中约定违约金。

一是用人单位为劳动者提供专项培训费用，对其进行专业技术培训的，可以与该劳动者订立协议，约定服务期。如果劳动者违反服务期约定的，应当按照约定向用人单位支付违约金。但违约金的数额不得超过用人单位提供的培训费用。

二是对负有保守商业秘密和知识产权义务的高级管理人员、

高级技术人员和其他负有保密义务的人员,用人单位可以与之约定竞业限制,如劳动者违反竞业限制的约定,应当按照约定支付违约金。

除这两种情形外,用人单位不得与劳动者约定由劳动者承担违约金。

法律依据

《中华人民共和国劳动合同法》

第二十二条 用人单位为劳动者提供专项培训费用,对其进行专业技术培训的,可以与该劳动者订立协议,约定服务期。

劳动者违反服务期约定的,应当按照约定向用人单位支付违约金。违约金的数额不得超过用人单位提供的培训费用。用人单位要求劳动者支付的违约金不得超过服务期尚未履行部分所应分摊的培训费用。

用人单位与劳动者约定服务期的,不影响按照正常的工资调整机制提高劳动者在服务期期间的劳动报酬。

第二十三条 用人单位与劳动者可以在劳动合同中约定保守用人单位的商业秘密和与知识产权相关的保密事项。

对负有保密义务的劳动者,用人单位可以在劳动合同或者保密协议中与劳动者约定竞业限制条款,并约定在解除或者终止劳动合同后,在竞业限制期限内按月给予劳动者经济补偿。劳动者违反竞业限制约定的,应当按照约定向用人单位支付违约金。

135. 违反服务期约定就一定要支付违约金吗?

法律咨询

文某入职后,单位主动向其提供了专业技术培训。与此同时,单位要求文某必须为单位服务8年。2年后,文某发现单位经常不向其支付足额的工资,他便要求解除劳动合同,单位则以服务期未满为由向文某索要高额违约金。那么,违反服务期约定就一定需要支付违约金吗?

律师答疑

服务期是劳动合同当事人通过协商约定的因劳动者获得特殊的劳动条件,而劳动者为用人单位必须服务的期限。服务期的作用主要是避免员工在享受了特殊待遇后任意离职而给用人单位造成损失。约定服务期必须符合相应条件:(1)用人单位为劳动者提供的培训费用必须是专项的;(2)培训性质必须是专业技术培训,而非一般普通的职业培训。

之所以规定服务期,是因为用人单位对劳动者有投入并导致劳动者获得利益。约定服务期及服务期违约金,可以大体平衡用人单位和劳动者双方的利益。那么是否违反服务期约定劳动者就一定需要支付约定的违约金呢?

(1)服务期约定是否合法。现实中,有些用人单位为了达到约定高额违约金的目的,仅仅对员工进行简单的几天培训就要求约定服务期,此时劳动者如在服务期内离职就可主张服务期的约定无效。

(2)违约金数额的约定是否合理。即约定违反服务期违约金的数额不得超过用人单位提供的培训费用。劳动者违反服务期约定时，劳动者所支付的违约金不得超过服务期尚未履行部分所应分摊的培训费用。这里有两点需要注意：①用人单位与劳动者约定违约金时有数额限制，即与用人单位提供的培训费用相挂钩，防止用人单位无限制地约定“天价违约金”，这里的“培训费用”包括用人单位为了对劳动者进行专业技术培训而支付的有凭证的培训费用、培训期间的差旅费用以及因培训产生的用于该劳动者的其他直接费用。②劳动者违反服务期约定时，用人单位要求劳动者支付的违约金不得超过服务期尚未履行部分所应分摊的培训费用。如培训费用是 20 万元，约定服务期限为 5 年，劳动者在工作 2 年后跳槽到其他单位，此时，原用人单位要求劳动者支付的违约金不得超过 12 万元，即服务期还未履行的时长——3 年乘以每年分摊的培训费用 4 万元。

（3）劳动者违反服务期约定是否事出有因。用人单位与劳动者约定了服务期，劳动者依照《劳动合同法》第 38 条的规定解除劳动合同的，不属于违反服务期的约定，用人单位不得要求劳动者支付违约金。

综上所述，违反服务期约定，是否需要支付违约金以及支付多少违约金都要根据实际个案来分析，不能一概而论，尤其需要注意的是，违反服务期的违约金要处理好当事人约定与法律强制规定之间的关系，“天价违约金”是受到法律限制的。

法律依据

《中华人民共和国劳动合同法》

第三十八条 用人单位有下列情形之一的，劳动者可以解除劳动合同：

（一）未按照劳动合同约定提供劳动保护或者劳动条件的；

（二）未及时足额支付劳动报酬的；

（三）未依法为劳动者缴纳社会保险费的；

（四）用人单位的规章制度违反法律、法规的规定，损害劳动者权益的；

（五）因本法第二十六条第一款规定的情形致使劳动合同无效的；

（六）法律、行政法规规定劳动者可以解除劳动合同的其他情形。

用人单位以暴力、威胁或者非法限制人身自由的手段强迫劳动者劳动的，或者用人单位违章指挥、强令冒险作业危及劳动者人身安全的，劳动者可以立即解除劳动合同，不需事先告知用人单位。

136. 服务期限的长短可以任意约定吗？

法律咨询

不久前，寇某与某软件开发公司签订了一份劳动合同，劳动合同的有效期为 3 年。由于公司承诺为寇某提供专项培训资金，双方还约定寇某在本单位的服务期为 20 年。那么，服务期限的长短可以任意约定吗？

律师答疑

关于服务期的年限，法律没有硬性规定，因此可以理解为服务期的长短可以由劳动合同双方当事人协议确定。但在具体操作中要把握一些指导性方针：

（1）用人单位在与劳动者协议确定服务期年限时不得滥用权利，要强调公平合理，重点是用人单位提供培训与劳动者必须服务之间达成平衡，以维护双方利益。

（2）注意保护劳动者在服务期内的合法权利义务，如果用人单位与劳动者约定的服务期较长的，那么用人单位应当按照工资调整机制提高劳动者在服务期间的劳动报酬，否则对劳动者来说也不公平，也容易引起劳动者不顾违约金束缚而“另觅良主”。

（3）劳动合同期限与服务期限冲突时要明确合同期与服务期应同步履行。现实中容易发生服务期长于合同期的情形，当合同期已满但服务期不满时，劳动合同应顺延至服务期满，除非当事人之间另有约定。此时对于用人单位而言，有两种解决方案：一是合同期满用人单位放弃对劳动者剩余服务期要求的，劳动合同终止，但用人单位不得向劳动者追索服务期的赔偿责任，即用人单位不能要求员工支付违约金或赔偿招用的费用等。二是合同期满后，用人单位继续提供工作岗位，要求劳动者继续履行服务期的，劳动合同应当续延至服务期满。

法律依据

《中华人民共和国劳动合同法实施条例》

第十七条 劳动合同期满，但是用人单位与劳动者依照劳动合同法第二十二条的规定约定的服务期尚未到期的，劳动合同应当续延至服务期满；双方另有约定的，从其约定。

137. 劳动者无论因何种原因辞职，用人单位都可以要求其支付违约金吗？

法律咨询

广某是某纺织厂的一名普通职工，近来，他决定转行。但是，当他向厂长提出辞职时，厂长要求他必须支付高额违约金才能辞职。请问，劳动者无论因何种原因辞职，用人单位均可要求其支付违约金吗？

律师答疑

违约金，亦称违约罚款，是指合同当事人约定在一方不履行合同时向另一方支付一定数额的货币。这种民事责任形式只有在合同当事人有约定或法律有直接规定时才能适用，当事人一方不能自行规定所谓的违约金。因此，除了劳动合同就劳动者保守商业秘密事项和服务期事项约定违约金外，其余情形下，用人单位要求约定违约金都是无效的。

法律依据

《中华人民共和国劳动合同法》

第二十二条　用人单位为劳动者提供专项培训费用，对其进行专业技术培训的，可以与该劳动者订立协议，约定服务期。

劳动者违反服务期约定的，应当按照约定向用人单位支付违约金。违约金的数额不得超过用人单位提供的培训费用。用人单位要求劳动者支付的违约金不得超过服务期尚未履行部分所应分摊的培训费用。

用人单位与劳动者约定服务期的，不影响按照正常的工资调整机制提高劳动者在服务期期间的劳动报酬。

第二十三条 用人单位与劳动者可以在劳动合同中约定保守用人单位的商业秘密和与知识产权相关的保密事项。

对负有保密义务的劳动者，用人单位可以在劳动合同或者保密协议中与劳动者约定竞业限制条款，并约定在解除或者终止劳动合同后，在竞业限制期限内按月给予劳动者经济补偿。劳动者违反竞业限制约定的，应当按照约定向用人单位支付违约金。

138. 服务期未到，劳动者因用人单位拖欠工资而辞职，应否支付违约金？

法律咨询

近年来，禄某的工作单位因经营不善经常拖欠职工的工资。禄某考虑到服务期尚未届满，因而不敢辞职，对单位拖欠工资的行为敢怒不敢言。请问，服务期未到，劳动者因用人单位拖欠工资而辞职的，劳动者还应支付违约金吗？

律师答疑

依据《劳动合同法》第 22 条的规定，用人单位与劳动者协商一致，签订专项培训协议，约定服务期，双方就应当遵守约定，依法履行。如果劳动者违反服务期约定的，应当按照约定向用人单位支付违约金，这是一般的原则。但是，并非在约定的服务期内，只要劳动者解除劳动合同都被视为违反服务期约定，均构成违约，这还要视具体解除合同的理由而定。依据《劳动合同法实施条例》第26条第1款的规定，用人单位与劳动者约定了服务期，劳动者依照《劳动合同法》第38条的规定解除劳动合同的，不属于违反服务期的约定，用人单位不得要求劳动者支付违约金。而《劳动合同法》第38条所规定的解除劳动合同的理由为：未按照合同约定提供劳动保护或者劳动条件的、未及时足额支付劳动报酬的、未依法为劳动者缴纳社会保险费等六种情形。也就是说，如果在约定的服务期内，劳动者以《劳动合同法》第38条规定的理由中的任意一个理由解除劳动合同，都不会被认定为违反服务期约定，也无须向用人单位支付违约金。

法律依据

《中华人民共和国劳动合同法》

第二十二条　用人单位为劳动者提供专项培训费用，对其进行专业技术培训的，可以与该劳动者订立协议，约定服务期。

劳动者违反服务期约定的，应当按照约定向用人单位支付违约金。违约金的数额不得超过用人单位提供的培训费用。用人单位要求劳动者支付的违约金不得超过服务期尚未履行部分所应分摊的培训费用。

用人单位与劳动者约定服务期的，不影响按照正常的工资调整机制提高劳动者在服务期期间的劳动报酬。

第三十八条　用人单位有下列情形之一的，劳动者可以解除劳动合同：

（一）未按照劳动合同约定提供劳动保护或者劳动条件的；

（二）未及时足额支付劳动报酬的；

（三）未依法为劳动者缴纳社会保险费的；

（四）用人单位的规章制度违反法律、法规的规定，损害劳动者权益的；

（五）因本法第二十六条第一款规定的情形致使劳动合同无效的；

（六）法律、行政法规规定劳动者可以解除劳动合同的其他情形。

用人单位以暴力、威胁或者非法限制人身自由的手段强迫劳动者劳动的，或者用人单位违章指挥、强令冒险作业危及劳动者人身安全的，劳动者可以立即解除劳动合同，不需事先告知用人单位。

《中华人民共和国劳动合同法实施条例》

第二十六条第一款 用人单位与劳动者约定了服务期，劳动者依照劳动合同法第三十八条的规定解除劳动合同的，不属于违反服务期的约定，用人单位不得要求劳动者支付违约金。

139. 未约定服务期，合同到期劳动者辞职，应否返还培训费？

法律咨询

冷某在甲单位工作期间先后接受了多次专业技术培训，为了不辜负单位领导的厚爱，他工作兢兢业业，任劳任怨。现在，冷某的劳动合同到期了，由于双方并未约定服务期，他便决定辞职转行到其他领域。请问，未约定服务期时，合同到期劳动者辞职的，劳动者应否返还培训费？

律师答疑

对于违约金的约定并非《劳动合同法》所规定的劳动合同的必备条款，依据《劳动合同法》第 22 条第 1 款、第 2 款的规定，用人单位为劳动者提供专项培训费用，对其进行专业技术培训的，可以与该劳动者订立协议，约定服务期。如果劳动者违反服务期约定的，应当按照约定向用人单位支付违约金。如果没有约定服务期，劳动者在合同期内解除劳动合同是否需要返还培训费，并承担违约责任呢？对此《劳动合同法》没有作出具体的规定。既然法律规定违约金是符合法定事由的劳动者与用人单位的约定事项，并非强制性规定，劳动合同未作约定，就不能主张该违约金。

如果双方未约定服务期，劳动合同期满，劳动者要求终止合同，则用人单位不得要求劳动者支付该项培训费用。

法律依据

《中华人民共和国劳动合同法》

第二十二条　用人单位为劳动者提供专项培训费用，对其进行专业技术培训的，可以与该劳动者订立协议，约定服务期。

劳动者违反服务期约定的，应当按照约定向用人单位支付违约金。违约金的数额不得超过用人单位提供的培训费用。用人单位要求劳动者支付的违约金不得超过服务期尚未履行部分所应分摊的培训费用。

用人单位与劳动者约定服务期的,不影响按照正常的工资调整机制提高劳动者在服务期期间的劳动报酬。

Chapter 9

第九章

劳动者的保护

第一节 劳动者的职业病保护

140. 用人单位必须对劳动者提供哪些防治职业病保护措施？

法律咨询

林某是某村村民，因种地收入不高，为补贴家用，就在朋友的介绍下进入了当地的一家化工厂工作。林某听说在化工厂工作对身体健康有害，时间长了会患上职业病，因此，他想知道一般用人单位必须对劳动者提供哪些防治职业病保护措施？

律师答疑

一般用人单位必须对劳动者防治职业病采取以下保护措施：

（1）用人单位必须采用有效的职业病防护设施，并为劳动者提供个人使用的职业病防护用品。用人单位为劳动者个人提供的职业病防护用品必须符合防治职业病的要求；不符合要求的，不得使用。

（2）用人单位应当优先采用有利于防治职业病和保护劳动者健康的新技术、新工艺、新设备、新材料，逐步替代职业病危害严重的技术、工艺、设备、材料。

（3）产生职业病危害的用人单位，应当在醒目位置设置公告栏，公布有关职业病防治的规章制度、操作规程、职业病危害事故应急救援措施和工作场所职业病危害因素检测结果。对产生严重职业病危害的作业岗位，应当在其醒目位置，设置警示标识和中文警示说明。警示说明应当载明产生职业病危害的种类、后果、预防以及应急救治措施等内容。

（4）对可能发生急性职业损伤的有毒、有害工作场所，用人单位应当设置报警装置，配置现场急救用品、冲洗设备、应急撤离通道和必要的泄险区。对放射工作场所和放射性同位素的运输、贮存，用人单位必须配置防护设备和报警装置，保证接触放射线的工作人员佩戴个人剂量计。对职业病防护设备、应急救援设施和个人使用的职业病防护用品，用人单位应当进行经常性的维护、检修，定期检测其性能和效果，确保其处于正常状态，不得擅自拆除或者停止使用。

（5）用人单位应当实施由专人负责的职业病危害因素日常监测，并确保监测系统处于正常运行状态。用人单位应当按照国务院卫生行政部门的规定，定期对工作场所进行职业病危害因素检测、评价。检测、评价结果存入用人单位职业卫生档案，定期向所在地卫生行政部门报告并向劳动者公布。职业病危害因素检测、评价由依法设立的取得国务院卫生行政部门或者设区的市级以上地方人民政府卫生健康主管部门按照职责分工给予资质认可的职业卫生技术服务机构进行。职业卫生技术服务机构所作检测、评价应当客观、真实。发现工作场所职业病危害因素不符合国家职业卫生标准和卫生要求时，用人单位应当立即采取相应治理措施，仍然达不到国家职业卫生标准和卫生要求的，必须停止存在职业病危害因素的作业；职业病危害因素经治理后，符合国家职业卫生标准和卫生要求的，方可重新作业。

法律依据

《中华人民共和国职业病防治法》

第二十条 用人单位应当采取下列职业病防治管理措施:

(一)设置或者指定职业卫生管理机构或者组织,配备专职或者兼职的职业卫生管理人员,负责本单位的职业病防治工作;

(二)制定职业病防治计划和实施方案;

(三)建立、健全职业卫生管理制度和操作规程;

(四)建立、健全职业卫生档案和劳动者健康监护档案;

(五)建立、健全工作场所职业病危害因素监测及评价制度;

(六)建立、健全职业病危害事故应急救援预案。

第二十一条 用人单位应当保障职业病防治所需的资金投入,不得挤占、挪用,并对因资金投入不足导致的后果承担责任。

第二十二条 用人单位必须采用有效的职业病防护设施,并为劳动者提供个人使用的职业病防护用品。

用人单位为劳动者个人提供的职业病防护用品必须符合防治职业病的要求;不符合要求的,不得使用。

第二十三条 用人单位应当优先采用有利于防治职业病和保护劳动者健康的新技术、新工艺、新设备、新材料,逐步替代职业病危害严重的技术、工艺、设备、材料。

第二十四条 产生职业病危害的用人单位,应当在醒目位置设置公告栏,公布有关职业病防治的规章制度、操作规程、职业病危害事故应急救援措施和工作场所职业病危害因素检测结果。

对产生严重职业病危害的作业岗位，应当在其醒目位置，设置警示标识和中文警示说明。警示说明应当载明产生职业病危害的种类、后果、预防以及应急救治措施等内容。

第二十五条　对可能发生急性职业损伤的有毒、有害工作场所，用人单位应当设置报警装置，配置现场急救用品、冲洗设备、应急撤离通道和必要的泄险区。

对放射工作场所和放射性同位素的运输、贮存，用人单位必须配置防护设备和报警装置，保证接触放射线的工作人员佩戴个人剂量计。

对职业病防护设备、应急救援设施和个人使用的职业病防护用品，用人单位应当进行经常性的维护、检修，定期检测其性能和效果，确保其处于正常状态，不得擅自拆除或者停止使用。

第二十六条　用人单位应当实施由专人负责的职业病危害因素日常监测，并确保监测系统处于正常运行状态。

用人单位应当按照国务院卫生行政部门的规定，定期对工作场所进行职业病危害因素检测、评价。检测、评价结果存入用人单位职业卫生档案，定期向所在地卫生行政部门报告并向劳动者公布。

职业病危害因素检测、评价由依法设立的取得国务院卫生行政部门或者设区的市级以上地方人民政府卫生行政部门按照职责分工给予资质认可的职业卫生技术服务机构进行。职业卫生技术服务机构所作检测、评价应当客观、真实。

发现工作场所职业病危害因素不符合国家职业卫生标准和卫生要求时，用人单位应当立即采取相应治理措施，仍然达不到国家职业卫生标准和卫生要求的，必须停止存在职业病危害因素的作业；职业病危害因素经治理后，符合国家职业卫生标准和卫生要求的，方可重新作业。

141. 用人单位未告知劳动者工作过程中可能产生职业病危害，劳动者应该怎么办？

法律咨询

洪某一直在外地打工。2016 年 10 月，洪某在老家结婚。2017 年年初，因为妻子怀孕，洪某就从外地回来进入当地一家印刷厂工作。但是印刷厂没有告诉洪某工作中可能会产生职业病，洪某应该怎么办？

律师答疑

洪某有权拒绝从事存在职业病危害的作业，印刷厂不能因此解除与洪某的合同。根据《职业病防治法》第 33 条的规定，用人单位与劳动者订立劳动合同（含聘用合同，下同）时，应当将工作过程中可能产生的职业病危害及其后果、职业病防护措施和待遇等如实告知劳动者，并在劳动合同中写明，不得隐瞒或者欺骗。劳动者在已订立劳动合同期间因工作岗位或者工作内容变更，从事与所订立劳动合同中未告知的存在职业病危害的作业时，用人单位应当依照前款规定，向劳动者履行如实告知的义务，并协商变更原劳动合同相关条款。用人单位违反上述规定的，劳动者有权拒绝从事存在职业病危害的作业，用人单位不得因此解除与劳动者所订立的劳动合同。

法律依据

《中华人民共和国职业病防治法》

第三十三条　用人单位与劳动者订立劳动合同（含聘用合同，下同）时，应当将工作过程中可能产生的职业病危害及其后果、职业病防护措施和待遇等如实告知劳动者，并在劳动合同中写明，不得隐瞒或者欺骗。

劳动者在已订立劳动合同期间因工作岗位或者工作内容变更，从事与所订立劳动合同中未告知的存在职业病危害的作业时，用人单位应当依照前款规定，向劳动者履行如实告知的义务，并协商变更原劳动合同相关条款。

用人单位违反前两款规定的，劳动者有权拒绝从事存在职业病危害的作业，用人单位不得因此解除与劳动者所订立的劳动合同。

142. 申请职业病诊断和鉴定需要提交什么材料？

法律咨询

吕某是某市某钢铁厂一线工人，每天长时间在噪声比较大的车间作业，十几年下来，吕某的听力大不如前。吕某前段时间在离家较近的医院就诊，诊断为噪声性耳聋。吕某想申请职业病诊断和鉴定,请问他需要提交什么材料?

律师答疑

根据《职业病诊断与鉴定管理办法》第 21 条、第 22 条的规定,劳动者依法要求进行职业病诊断的,职业病诊断机构应当接诊,并告知劳动者职业病诊断的程序和所需材料。劳动者应当填写《职业病诊断就诊登记表》,并提交其掌握的本办法第 21 条规定的职业病诊断资料。职业病诊断需要以下资料:(1)劳动者职业史和职业病危害接触史(包括在岗时间、工种、岗位、接触的职业病危害因素名称等);(2)劳动者职业健康检查结果;(3)工作场所职业病危害因素检测结果;(4)职业性放射性疾病诊断还需要个人剂量监测档案等资料。

同时,如果劳动者对职业病的诊断有异议,可以依法提出鉴定。《职业病诊断与鉴定管理办法》第 34 条、第 35 条第 1 款规定,当事人对职业病诊断机构作出的职业病诊断有异议的,可以在接到职业病诊断证明书之日起 30 日内,向作出诊断的职业病诊断机构所在地设区的市级卫生健康主管部门申请鉴定。设区的市级卫生健康主管部门组织的职业病诊断鉴定委员会负责职业病诊断争议的首次鉴定。当事人对设区的市级职业病鉴定结论不服的,可以在接到诊断鉴定书之日起 15 日内,向原鉴定组织所在地省级卫生健康主管部门申请再鉴定,省级鉴定为最终鉴定。该办法第 43 条规定,当事人申请职业病诊断鉴定时,应当提供以下材料:(1)职业病诊断鉴定申请书;(2)职业病诊断证明书;(3)申请省级鉴定的还应当提交市级职业病诊断鉴定书。

法律依据

《职业病诊断与鉴定管理办法》

第二十一条　职业病诊断需要以下资料：

（一）劳动者职业史和职业病危害接触史（包括在岗时间、工种、岗位、接触的职业病危害因素名称等）；

（二）劳动者职业健康检查结果；

（三）工作场所职业病危害因素检测结果；

（四）职业性放射性疾病诊断还需要个人剂量监测档案等资料。

第三十四条　当事人对职业病诊断机构作出的职业病诊断有异议的，可以在接到职业病诊断证明书之日起三十日内，向作出诊断的职业病诊断机构所在地设区的市级卫生健康主管部门申请鉴定。

职业病诊断争议由设区的市级以上地方卫生健康主管部门根据当事人的申请组织职业病诊断鉴定委员会进行鉴定。

第三十五条　职业病鉴定实行两级鉴定制，设区的市级职业病诊断鉴定委员会负责职业病诊断争议的首次鉴定。当事人对设区的市级职业病鉴定结论不服的，可以在接到诊断鉴定书之日起十五日内，向原鉴定组织所在地省级卫生健康主管部门申请再鉴定，省级鉴定为最终鉴定。

第四十三条　当事人申请职业病诊断鉴定时，应当提供以下资料：

（一）职业病诊断鉴定申请书；

（二）职业病诊断证明书；

（三）申请省级鉴定的还应当提交市级职业病诊断鉴定书。

143. 职业病的诊断机构有哪些？对职业病鉴定有异议怎么办？

法律咨询

冯某是一名玻璃厂的普通工人，她的工作就是在加工好的玻璃上涂上某种黏合剂。该黏合剂味道有点冲，时间一长，冯某开始感觉喘不上气，胸闷。冯某觉得是职业病，她想知道业病的诊断机构有哪些，如果对职业病鉴定有异议怎么办？

律师答疑

《职业病防治法》第53条规定，职业病诊断鉴定委员会由相关专业的专家组成。省、自治区、直辖市人民政府卫生健康主管部门应当设立相关的专家库，需要对职业病争议作出诊断鉴定时，由当事人或者当事人委托有关卫生健康主管部门从专家库中以随机抽取的方式确定参加诊断鉴定委员会的专家。职业病诊断鉴定委员会应当按照国务院卫生健康主管部门颁布的职业病诊断标准和职业病诊断、鉴定办法进行职业病诊断鉴定，向当事人出具职业病诊断鉴定书。职业病诊断、鉴定费用由用人单位承担。

职业病诊断鉴定委员会组成人员应当遵守职业道德，客观、公正地进行诊断鉴定，并承担相应的责任。职业病诊断鉴定委员会组成人员不得私下接触当事人，不得收受当事人的财物或者其他好处，与当事人有利害关系的，应当回避。

人民法院受理有关案件需要进行职业病鉴定时，应当从省、自治区、直辖市人民政府卫生行政部门依法设立的相关的专家库中选取参加鉴定的专家。

法律依据

《中华人民共和国职业病防治法》

第五十三条　职业病诊断鉴定委员会由相关专业的专家组成。

省、自治区、直辖市人民政府卫生行政部门应当设立相关的专家库，需要对职业病争议作出诊断鉴定时，由当事人或者当事人委托有关卫生行政部门从专家库中以随机抽取的方式确定参加诊断鉴定委员会的专家。

职业病诊断鉴定委员会应当按照国务院卫生行政部门颁布的职业病诊断标准和职业病诊断、鉴定办法进行职业病诊断鉴定，向当事人出具职业病诊断鉴定书。职业病诊断、鉴定费用由用人单位承担。

《职业病诊断与鉴定管理办法》

第三十四条　当事人对职业病诊断机构作出的职业病诊断有异议的，可以在接到职业病诊断证明书之日起三十日内，向作出诊断的职业病诊断机构所在地设区的市级卫生健康主管部门申请鉴定。

职业病诊断争议由设区的市级以上地方卫生健康主管部门根据当事人的申请组织职业病诊断鉴定委员会进行鉴定。

第三十五条　职业病鉴定实行两级鉴定制，设区的市级职业病诊断鉴定委员会负责职业病诊断争议的首次鉴定。当事人对设区的市级职业病鉴定结论不服的，可以在接到诊断鉴定书之日起十五日内，向原鉴定组织所在地省级卫生健康主管部门申请再鉴定，省级鉴定为最终鉴定。

144. 高危职业工作者在离职时未进行职业健康检查,解除劳动合同有效吗?

法律咨询

王某在某公司从事电焊工作,双方签有劳动合同及《职业病危害告知书》,载明了噪声、电焊烟尘等危害因素。劳动合同到期后,公司向王某发出《劳动合同到期通知》,通知王某在劳动合同到期后,将不再与王某续签合同,并支付了经济补偿金。同日,双方办理了离职交接。交接完毕后,公司向王某发出《离职体检通知书》,通知王某于次日前往医院进行职业健康体检。王某体检后,医院建议将体检结果提交职业病诊断机构进一步明确诊断。然而王某与公司因在“确认职业史”问题上发生争议,导致王某未做进一步诊断。一个月后,王某申请仲裁,要求恢复与某公司的劳动关系。高危职业工作者在离职时未进行职业健康检查,解除劳动合同有效吗?

律师答疑

根据《职业病防治法》规定,对从事接触职业病危害的作业的劳动者,用人单位应当按照国务院卫生健康主管部门的规定组织上岗前、在岗期间和离岗时的职业健康检查,并将检查结果书面告知劳动者,对未进行离岗前职业健康检查的劳动者不得解除或者终止与其订立的劳动合同。另外,《劳动合同法》规定,从事接触职业病危害作业的劳动者未进行岗前职业健康检查的,用人单位不得依照劳动合同法第 40 条、第 41 条的规定解除劳动合同。因此,高危职业工作者在离职时,需要做职业健康检查。对于没有做职业健康检查而直接与劳动者协商解除劳动合同的用人单位，将面临恢复劳动合同或支付赔偿金的风险。

法律依据

《中华人民共和国职业病防治法》

第五十五条第二款　用人单位应当及时安排对疑似职业病病人进行诊断；在疑似职业病病人诊断或者医学观察期间，不得解除或者终止与其订立的劳动合同。

《中华人民共和国劳动合同法》

第四十二条　劳动者有下列情形之一的，用人单位不得依照本法第四十条、第四十一条的规定解除劳动合同：

（一）从事接触职业病危害作业的劳动者未进行离岗前职业健康检查，或者疑似职业病病人在诊断或者医学观察期间的；

……

第二节　女性劳动者的特殊保护

145. 用人单位对招聘职位要求“限男性”的行为是否合法？

法律咨询

某企业在某科技会展中心举行了一场大型招聘会，主要招聘市场销售代表、区域主管等。这两个岗位明确要求“限男性”，许多应聘者对此心存不满。那么，该用人单位对招聘职位要求“限男性”的行为是否合法?

律师答疑

该企业的行为如果是对女性就业的歧视，便是违法行为，侵犯了女性的平等就业权。

事实上，无论竞争有多么激烈，用人单位都只能选择最适合这个工作岗位的人，不能预先假定某些人就是不适合某些职位，特别是列出和工作内容没有必然联系的条件；或者设置男女录用比例。

对男女分开招聘或者设置男女录取比例目前在公务员招考中尤为常见。无论什么理由，这样的做法都明显同相关法律法规相违背。作为政府部门，更应该身先士卒地履行法律，贯彻男女平等，消除任何形式的对女性的歧视。

广大女性在遭受此种歧视时，应当有勇气拿起法律武器保护自己的合法权益，争取更加公平的社会就业权利。

法律依据

《中华人民共和国妇女权益保障法》

第四十三条 用人单位在招录(聘)过程中，除国家另有规定外，不得实施下列行为:

(一)限定为男性或者规定男性优先;

(二)除个人基本信息外，进一步询问或者调查女性求职者的婚育情况;

(三)将妊娠测试作为入职体检项目;

（四）将限制结婚、生育或者婚姻、生育状况作为录（聘）用条件；

（五）其他以性别为由拒绝录（聘）用妇女或者差别化地提高对妇女录（聘）用标准的行为。

《中华人民共和国就业促进法》

第二十七条　国家保障妇女享有与男子平等的劳动权利。

用人单位招用人员，除国家规定的不适合妇女的工种或者岗位外，不得以性别为由拒绝录用妇女或者提高对妇女的录用标准。

…………

146. 同一工作岗位，男女职工工资却截然不同的做法是否合法？

法律咨询

曹某（女）就职于一家公司，担任行政助理职位。一次偶然的机会，曹某发现与自己同职位的梁某（男）工资比自己高出许多。曹某向上级反映，上级给出的理由却是因为曹某是女性。请问：同一工作岗位，男女职工工资却截然不同的做法是否合法？

律师答疑

该公司的做法不合法。我国实行同工同酬，与职工的性别没有关系。女性在工资待遇和福利待遇方面享有与男子平等的权利。这是《妇女权益保障法》第45条的明确规定。《劳动法》第

46 条第 1 款也作了相同的规定："工资分配应当遵循按劳分配原则，实行同工同酬。"

当然，这并不排除，在一些采用计件工资的企业，做同样的活，某些女性职工的工资比不上男性职工——只要计件方式是相同的，计件薪酬是相同的，只是因为劳动熟练程度不同才导致工资不同的情况是可以被允许的。用人单位有权依法自主确定本单位的工资分配方式和工资水平。

同样，这也并不意味，同一岗位的男女职工每一个月所拿到的工资必须是相同的，如果不同就是性别歧视。由于每个人在工作中的出勤、绩效、加班等情况都不是完全相同的，出现工资差异也是可以理解的。

那么，究竟在哪种情况下，男性职工的工资比女性工资高才是不被法律所允许的？

《劳动部办公厅关于〈劳动法〉若干条文的说明》第 46 条第 3 款中规定，同工同酬，是指用人单位应当对从事相同工作，付出等量劳动且取得相同劳绩的劳动者，应支付同等的劳动报酬。也就是说，只要男女做的是同样的工作，完成了相同的工作量，他们的工资就应当也是相同的。如果不同，可以向所在单位的主管部门或者当地劳动部门提出申诉，或者向劳动争议仲裁委员会提起劳动仲裁、向人民法院提起劳动诉讼。

法律依据

《中华人民共和国妇女权益保障法》

第四十五条 实行男女同工同酬。妇女在享受福利待遇方面享有与男子平等的权利。

《劳动部办公厅关于〈劳动法〉若干条文的说明》

第四十六条　工资分配应当遵循按劳分配原则，实行同工同酬。

…………

本条中的"同工同酬"是指用人单位对于从事相同工作，付出等量劳动且取得相同劳绩的劳动者，应支付同等的劳动报酬。

…………

147. 用人单位不能安排经期妇女从事哪些工作？

法律咨询

张某（女）高考失利，加上家中困难，便决定去外地打工。在老乡的介绍下，张某进入一家工厂工作。但是因为生产需要，车间内的温度很低。张某平时还能忍受，但生理期会感觉特别不舒服。张某想知道，经期用人单位不能安排妇女从事哪些工作？

律师答疑

用人单位不能安排经期妇女从事高处、低温、冷水作业和国家规定的第三级体力劳动强度的劳动。根据《妇女权益保障法》第47条及《劳动法》第60条的相关规定，女性在经期受法律的特殊保护。

《女职工劳动保护特别规定》附录明确列出女职工在经期禁忌从事的劳动范围：（1）冷水作业分级标准中规定的第二级、第三级、第四级冷水作业；（2）低温作业分级标准中规定的第二级、第三级、第四级低温作业；（3）体力劳动强度分级标准中规定的第三级、第四级体力劳动强度的作业；（4）高处作业分级标准中规定的第三级、第四级高处作业。

用人单位在女性经期期间，不能安排其从事上述工作。若用人单位作出此种安排，处于经期的女性可以拒绝。

女性在月经期，正常的生理机能和肌体活动能力出现变化，身体防御能力暂时被破坏，生理波动较大，作业能力下降，不适于从事过重的体力劳动。但是这并不意味着女性不适于从事这些工作。用人单位不能单纯因为女性在经期不能从事这样的工作为由拒绝录取女性。

法律依据

《中华人民共和国劳动法》

第六十条 不得安排女职工在经期从事高处、低温、冷水作业和国家规定的第三级体力劳动强度的劳动。

《中华人民共和国妇女权益保障法》

第四十七条 用人单位应当根据妇女的特点，依法保护妇女在工作和劳动时的安全、健康以及休息的权利。

妇女在经期、孕期、产期、哺乳期受特殊保护。

《女职工劳动保护特别规定》附录

二、女职工在经期禁忌从事的劳动范围：

（一）冷水作业分级标准中规定的第二级、第三级、第四级冷水作业；

（二）低温作业分级标准中规定的第二级、第三级、第四级低温作业；

（三）体力劳动强度分级标准中规定的第三级、第四级体力劳动强度的作业；

（四）高处作业分级标准中规定的第三级、第四级高处作业。

148. 怀孕期间的女职工享有哪些特殊劳动保护？

法律咨询

黄某（女）是某工厂车间的工人，2017 年 10 月和同车间的林某结婚。2018 年年初，黄某经过检查发现自己已怀孕一个多月，黄某现在想知道，怀孕期间的女职工享有哪些特殊劳动保护？

律师答疑

根据《女职工劳动保护特别规定》附录当中的相关规定，女职工在怀孕期间禁忌从事的劳动主要有以下几种：

（1）作业场所空气中铅及其化合物、汞及其化合物、苯、镉、铍、砷、氰化物、氮氧化物、一氧化碳、二硫化碳、氯、己内酰胺、氯丁二烯、氯乙烯、环氧乙烷、苯胺、甲醛等有毒物质浓度超过国家职业卫生标准的作业；

（2）从事抗癌药物、己烯雌酚生产，接触麻醉剂气体等的作业；

（3）非密封源放射性物质的操作，核事故与放射事故的应急处置；

（4）高处作业分级标准中规定的高处作业；

（5）冷水作业分级标准中规定的冷水作业；

（6）低温作业分级标准中规定的低温作业；

（7）高温作业分级标准中规定的第三级、第四级的作业；

（8）噪声作业分级标准中规定的第三级、第四级的作业；

（9）体力劳动强度分级标准中规定的第三级、第四级体力劳动强度的作业；

（10）在密闭空间、高压室作业或者潜水作业，伴有强烈振动的作业，或者需要频繁弯腰、攀高、下蹲的作业。

凡是在孕期从事上述规定的禁忌范围的女职工，都可以要求用人单位给其调换工作岗位。

法律依据

《女职工劳动保护特别规定》附录

三、女职工在孕期禁忌从事的劳动范围：

（一）作业场所空气中铅及其化合物、汞及其化合物、苯、镉、铍、砷、氰化物、氮氧化物、一氧化碳、二硫化碳、氯、己内酰胺、氯丁二烯、氯乙烯、环氧乙烷、苯胺、甲醛等有毒物质浓度超过国家职业卫生标准的作业；

（二）从事抗癌药物、己烯雌酚生产，接触麻醉剂气体等的作业；

（三）非密封源放射性物质的操作，核事故与放射事故的应急处置；

（四）高处作业分级标准中规定的高处作业；

（五）冷水作业分级标准中规定的冷水作业；

（六）低温作业分级标准中规定的低温作业；

（七）高温作业分级标准中规定的第三级、第四级的作业；

（八）噪声作业分级标准中规定的第三级、第四级的作业；

（九）体力劳动强度分级标准中规定的第三级、第四级体力劳动强度的作业；

（十）在密闭空间、高压室作业或者潜水作业，伴有强烈振动的作业，或者需要频繁弯腰、攀高、下蹲的作业。

149. 用人单位拒不调整已怀孕的女性职工的工作岗位，怀孕女职工有何救济途径？

法律咨询

耿某是某医院的医生，由于常年的高强度工作，耿某结婚多年一直没有怀孕。2017年年底，耿某通过检查确定怀孕，但是由于是高龄产妇，她不能适应原来的工作强度。耿某向医院申请工作调整，遭到拒绝。请问，耿某应该怎么办？

律师答疑

耿某可以向当地的劳动保障部门提出投诉、举报，依法向劳动人事争议调解仲裁机构申请调解、仲裁，对仲裁裁决不服的，依法向人民法院提起诉讼。《女职工劳动保护特别规定》第6条规定："女职工在孕期不能适应原劳动的，用人单位应当根据医疗机构的证明，予以减轻劳动量或者安排其他能够适应的劳动。对怀孕7个月以上的女职工，用人单位不得延长劳动时间或者安排夜班劳动，并应当在劳动时间内安排一定的休息时间。怀孕女职工在劳动时间内进行产前检查，所需时间计入劳动时间。"

需要说明的是，这里的“原劳动”并不局限于《女职工劳动保护特别规定》中所列的10种怀孕女职工禁忌从事的劳动。

只要女职工能证明自己在孕期不能适应原劳动的，并提供医疗机构的证明，用人单位就有义务对怀孕女职工的原有工作进行调整或者适当减轻其劳动量。

法律依据

《女职工劳动保护特别规定》

第六条 女职工在孕期不能适应原劳动的，用人单位应当根据医疗机构的证明，予以减轻劳动量或者安排其他能够适应的劳动。

对怀孕7个月以上的女职工，用人单位不得延长劳动时间或者安排夜班劳动，并应当在劳动时间内安排一定的休息时间。

怀孕女职工在劳动时间内进行产前检查，所需时间计入劳动时间。

《中华人民共和国劳动法》

第六十一条 不得安排女职工在怀孕期间从事国家规定的第三级体力劳动强度的劳动和孕期禁忌从事的劳动。对怀孕七个月以上的女职工，不得安排其延长工作时间和夜班劳动。

150. 职业母亲母乳喂养有何保障性规定？

法律咨询

史某大学毕业后进入一家贸易公司，担任市场专员。2017年史某结婚生子。产假结束后，史某按规定要回到工作岗位上。但是，史某现在还处于哺乳期，她想知道法律对职业母亲母乳喂养有何保障性规定？

律师答疑

《女职工劳动保护特别规定》第 9 条第 2 款规定，用人单位应当在每天的劳动时间内为哺乳期女职工安排 1 小时哺乳时间；女职工生育多胞胎的，每多哺乳 1 个婴儿每天增加 1 小时哺乳时间。

除此之外，女职工比较多的用人单位，还应当根据女职工的需要，建立女职工卫生室、孕妇休息室、哺乳室等设施，妥善解决女职工在生理卫生、哺乳方面的困难，从而得以工作家庭两不误。根据《女职工保健工作规定》第 12 条第 5 款的规定，有哺乳婴儿 5 名以上的单位，便算是女职工比较多的用人单位，对于这样的用人单位，便应当逐步建立哺乳室。

法律依据

《女职工劳动保护特别规定》

第九条第二款　用人单位应当在每天的劳动时间内为哺乳期女职工安排 1 小时哺乳时间；女职工生育多胞胎的，每多哺乳 1 个婴儿每天增加 1 小时哺乳时间。

《女职工保健工作规定》

第十二条　哺乳保健

…………

5. 有哺乳婴儿 5 名以上的单位，应逐步建立哺乳室。

…………

151. 女职工在哺乳期禁忌从事哪些工作?

法律咨询

高某和丈夫在当地一家工厂工作。后来高某怀孕生子，产假结束后，高某回到工厂工作。由于从事的工作劳动强度特别大，高某明显不能适应。请问她应该怎么办？女职工在哺乳期禁忌从事哪些工作？

律师答疑

如果劳动强度达到体力劳动强度分级标准中规定的第三级、第四级体力劳动强度的作业，高某可以拒绝用人单位的安排。女职工在哺乳期间主要禁忌从事有毒有害物质的工作，避免接触能够从乳汁中排出化学物质的工作，以保证婴儿的身体健康。

《女职工劳动保护特别规定》的附录对女职工哺乳期禁忌从事的工作作了明确的规定，包括：(1)孕期禁忌从事的劳动范围的第1项、第3项、第9项，亦即作业场所空气中铅及其化合物、汞及其化合物、苯、镉、铍、砷、氰化物、氮氧化物、一氧化碳、二硫化碳、氯、己内酰胺、氯丁二烯、氯乙烯、环氧乙烷、苯胺、甲醛等有毒物质浓度超过国家职业卫生标准的作业；非密封源放射性物质的操作，核事故与放射事故的应急处置；体力劳动强度分级标准中规定的第三级、第四级体力劳动强度的作业。(2)作业场所空气中锰、氟、溴、甲醇、有机磷化合物、有机氯化合物等有毒物质浓度超过国家职业卫生标准的作业。

用人单位如果明知女职工仍处于哺乳期的仍然安排其从事上述工作，女职工可以拒绝。因为从事上述工作给婴儿的身体造成伤害的，用人单位应当予以赔偿。

法律依据

《女职工劳动保护特别规定》的附录

三、女职工在孕期禁忌从事的劳动范围：

（一）作业场所空气中铅及其化合物、汞及其化合物、苯、镉、铍、砷、氰化物、氮氧化物、一氧化碳、二硫化碳、氯、己内酰胺、氯丁二烯、氯乙烯、环氧乙烷、苯胺、甲醛等有毒物质浓度超过国家职业卫生标准的作业；

…………

（三）非密封源放射性物质的操作，核事故与放射事故的应急处置；

…………

（九）体力劳动强度分级标准中规定的第三级、第四级体力劳动强度的作业；

…………

四、女职工在哺乳期禁忌从事的劳动范围：

（一）孕期禁忌从事的劳动范围的第一项、第三项、第九项；

（二）作业场所空气中锰、氟、溴、甲醇、有机磷化合物、有机氯化合物等有毒物质浓度超过国家职业卫生标准的作业。

152. 用人单位能否降低女性职工在孕期、产期或哺乳期的工资？

法律咨询

唐某是一家纺织厂的老板，纺织厂以女职工居多。女职工怀孕后，工作能力和强度大不如前，有的还会因为身体原因经常请假。唐某想知道能否降低女性职工在孕期、产期或哺乳期的基本工资？

律师答疑

用人单位不能降低女性职工在孕期、产期或哺乳期的基本工资。《女职工劳动保护特别规定》第5条明确规定，用人单位不得因女职工怀孕、生育、哺乳降低其工资、予以辞退、与其解除劳动或者聘用合同。有些单位认为，孕期、产期或哺乳期的女性职工，既然已经享受了诸多好处如工作岗位的调换或者工作强度的降低或者休假等，自己自然有权利降低其工资。这种观点显然违反上诉法律规定。

法律依据

《女职工劳动保护特别规定》

第五条 用人单位不得因女职工怀孕、生育、哺乳降低其工资、予以辞退、与其解除劳动或者聘用合同。

153. 用人单位能否与“三期”期间的女性职工解除劳动合同？

法律咨询

沈某大学时的专业是汉语言文学，毕业后进入一家杂志社担任编辑助理。两年后，沈某结婚，婚后没多久就怀孕了。杂志社则以员工不得擅自结婚、怀孕、生育为由与沈某解除劳动合同。请问，杂志社的做法正确吗？

律师答疑

杂志社的做法不正确，其不能单方与沈某解除劳动合同。根据《妇女权益保障法》第 48 条第 1 款的规定，用人单位不得因结婚、怀孕、产假、哺乳等情形，降低女职工的工资和福利待遇，辞退女职工，单方解除劳动（聘用）合同或者服务协议。但是，女职工要求终止劳动（聘用）合同或者服务协议的除外。

因此，用人单位不得单方解除与“三期”（孕期、产期、哺乳期）期间的女性职工之间的劳动合同。然而，如果是女职工本人自愿辞职或单方解除劳动（聘用）合同或服务协议的，无论其是否以结婚、怀孕、生育和哺乳为理由，都不受本条规定限制。

当然，在此必须说明的是，如果女职工在“三期”期间严重违反用人单位的规章制度的；或者严重失职，徇私舞弊，给用人单位造成重大损害的；或者同时与其他用人单位建立劳动关系，对完成本单位的工作任务造成严重影响，或经用人单位提出，仍拒不改正的，用人单位则不必受本条规定限制。也就是说，除非用人单位能够证明“三期”期间的女性职工有《劳动合同法》第39条中规定的法定解除条件,否则不得单方与之解除劳动关系。

法律依据

《中华人民共和国妇女权益保障法》

第四十八条 用人单位不得因结婚、怀孕、产假、哺乳等情形,降低女职工的工资和福利待遇,限制女职工晋职、晋级、评聘专业技术职称和职务,辞退女职工,单方解除劳动(聘用)合同或者服务协议。

女职工在怀孕以及依法享受产假期间,劳动(聘用)合同或者服务协议期满的,劳动(聘用)合同或者服务协议期限自动延续至产假结束。但是,用人单位依法解除、终止劳动(聘用)合同、服务协议,或者女职工依法要求解除、终止劳动(聘用)合同、服务协议的除外。

用人单位在执行国家退休制度时,不得以性别为由歧视妇女。

《中华人民共和国劳动合同法》

第二十六条 下列劳动合同无效或者部分无效:

(一)以欺诈、胁迫的手段或者乘人之危,使对方在违背真实意思的情况下订立或者变更劳动合同的;

…………

第三十九条 劳动者有下列情形之一的,用人单位可以解除劳动合同:

(一)在试用期间被证明不符合录用条件的;

(二)严重违反用人单位的规章制度的;

（三）严重失职，营私舞弊，给用人单位造成重大损害的；

（四）劳动者同时与其他用人单位建立劳动关系，对完成本单位的工作任务造成严重影响，或者经用人单位提出，拒不改正的；

（五）因本法第二十六条第一款第一项规定的情形致使劳动合同无效的；

（六）被依法追究刑事责任的。

第四十二条　劳动者有下列情形之一的，用人单位不得依照本法第四十条、第四十一条的规定解除劳动合同：

…………

（四）女职工在孕期、产期、哺乳期的；

…………

Chapter 10

第十章

劳动就业中的刑事问题

154. 拒不支付劳动报酬有可能构成何种犯罪？

法律咨询

2017 年，周某经人介绍承包了一个工程，遂带着 30 多名老乡在工地上辛苦忙碌了一年。2017 年年底，周某找到开发商结算工程款，但开发商却早已把其名下财产转移，拒绝支付工人工资。请问开发商拒付劳动报酬有可能构成何种犯罪？

律师答疑

根据《刑法》第 276 条之一的规定，开发商拒付劳动报酬有可能构成拒不支付劳动报酬罪。

以逃避支付劳动者的劳动报酬为目的，具有下列情形之一的，应当认定为“以转移财产、逃匿等方法逃避支付劳动者的劳动报酬”：（1）隐匿财产、恶意清偿、虚构债务、虚假破产、虚假倒闭或者以其他方法转移、处分财产的；（2）逃跑、藏匿的；（3）隐匿、销毁或者篡改账目、职工名册、工资支付记录、考勤记录等与劳动报酬相关的材料的；（4）以其他方法逃避支付劳动报酬的。

具有下列情形之一的，应当认定“数额较大”：（1）拒不支付 1 名劳动者 3 个月以上的劳动报酬且数额在 5000 元至 2 万元以上的；（2）拒不支付 10 名以上劳动者的劳动报酬且数额累计在 3 万元至 10 万元以上的。

各省、自治区、直辖市高级人民法院可以根据本地区经济社会发展状况，在前款规定的数额幅度内，研究确定本地区执行的具体数额标准，报最高人民法院备案。

经人力资源和社会保障部或者政府其他有关部门依法以限期

整改指令书、行政处理决定书等文书责令支付劳动者的劳动报酬后，在指定的期限内仍不支付的，应当认定为《刑法》第 276 条第 1 款规定的“经政府有关部门责令支付仍不支付”，但有证据证明行为人有正当理由未知悉责令支付或者未及时支付劳动报酬的除外。

行为人逃匿，无法将责令支付文书送交其本人、同住成年家属或者所在单位负责收件的人的，如果有关部门已通过在行为人的住所地、生产经营场所等地张贴责令支付文书等方式责令支付，并采用拍照、录像等方式记录的，应当视为“经政府有关部门责令支付”。

具有下列情形之一的，应当认定为“造成严重后果”：(1)造成劳动者或者其被赡养人、被扶养人、被抚养人的基本生活受到严重影响、重大疾病无法及时医治或者失学的；(2)对要求支付劳动报酬的劳动者使用暴力或者进行暴力威胁的；(3)造成其他严重后果的。

法律依据

《中华人民共和国刑法》

第二百七十六条之一　以转移财产、逃匿等方法逃避支付劳动者的劳动报酬或者有能力支付而不支付劳动者的劳动报酬，数额较大，经政府有关部门责令支付仍不支付的，处三年以下有期徒刑或者拘役，并处或者单处罚金；造成严重后果的，处三年以上七年以下有期徒刑，并处罚金。

单位犯前款罪的，对单位判处罚金，并对其直接负责的主管人员和其他直接责任人员，依照前款的规定处罚。

有前两款行为，尚未造成严重后果，在提起公诉前支付劳动者的劳动报酬，并依法承担相应赔偿责任的，可以减轻或者免除处罚。

155. 在生产、作业中违反有关安全管理的规定，因而发生重大伤亡或者造成其他严重后果的应受到什么处罚？

法律咨询

姜某高中毕业后就去南方发展，经过多年努力，有了一定积蓄。经过多方考察，2018 年年初，姜某回到家乡开了一家面粉厂。面粉厂生意很红火，但是好景不长。姜某在生产、作业中违反有关安全管理的规定，致使厂内工人一死两伤。请问，姜某的行为应受到什么处罚？

律师答疑

姜某可能构成重大责任事故罪，将会被处 3 年以下有期徒刑或者拘役；如果还有其他特别恶劣的情节，将会被处 3 年以上 7 年以下有期徒刑。根据《刑法》第 134 条第 1 款的规定，在生产、作业中违反有关安全管理的规定，因而发生重大伤亡或者造成其他严重后果的，构成重大责任事故罪。构成本罪的，处 3 年以下有期徒刑或者拘役；情节特别恶劣的，处 3 年以上 7 年以下有期徒刑。

用人单位中的对生产、作业负直接责任的人员构成本罪。如果用人单位没有严格执行国家有关安全生产的法律法规，或者是本单位没有制定相应的安全制度或者是没有严格执行相应制度，最终导致劳动者在生产作业过程中出现安全事故，导致劳动者伤亡的情况；那么，此时构成本罪的应该是单位中对安全生产负有直接责任的管理人员，而不包括职工在内。

本罪的成立要求行为人在生产、作业中违反有关安全管理规定。这里的安全管理规定是指违反有关生产安全的法律、法规、规章制度，包括以下三种情形：一是国家颁布的各种有关安全生产的法律、法规等规范性文件；二是企业、事业单位及其上级管理机关制定的反映安全生产客观规律的各种规章制度，包括工艺技术、生产操作、技术监督、劳动保护、安全管理等方面的规程、规则、章程、条例、办法和制度；三是虽无明文规定，但反映生产、科研、设计、施工的安全操作客观规律和要求，在实践中为职工所公认的行之有效的操作习惯和惯例等。如果在生产、作业过程中，没有出现违反有关安全规定的行为，即使出现重大伤亡或者其他严重后果，也不构成本罪。

本罪的成立还要求发生重大伤亡或者造成其他严重后果，其他严重后果一般是指造成重大的财产损失或者影响重大工程的进度等。

法律依据

《中华人民共和国刑法》

第一百三十四条　在生产、作业中违反有关安全管理的规定，因而发生重大伤亡事故或者造成其他严重后果的，处三年以下有期徒刑或者拘役；情节特别恶劣的，处三年以上七年以下有期徒刑。

…………

156. 安全生产设施或者安全生产条件不符合国家规定，因而发生重大伤亡事故或者造成其他严重后果的，应受什么处罚？

法律咨询

蒋某是一家生产标准件的工厂的老板，为节省成本，蒋某在车间使用已经淘汰的设备。在一次生产中，老设备产生故障，造成重大伤亡。请问，蒋某应受到什么处罚？

律师答疑

蒋某构成重大劳动安全事故罪，根据《刑法》第135条的规定，安全生产设施或者安全生产条件不符合国家规定，因而发生重大伤亡事故或者造成其他严重后果的构成重大劳动安全事故罪。构成本罪的，对直接负责的主管人员和其他直接责任人员，处3年以下有期徒刑或者拘役；情节特别恶劣的，处3年以上7年以下有期徒刑。

用人单位中对重大劳动安全事故直接负责的主管人员和其他直接责任人员可构成重大劳动安全事故罪，单位中的其他人不构成本罪。

有以下两种情形之一的，可构成本罪：一是负责生产设施或安全生产条件的人员，没有设置合格的安全生产条件，因而发生重大伤亡事故或者其他严重后果。例如，煤矿中的瓦斯检查工在工作中玩忽职守，让煤炭工人在瓦斯浓度超过标准的情况下下矿井，最终导致矿难发生，多名矿工被埋地下。二是在安全生产设施或者安全生产条件不符合国家规定的情况下，直接负责的主管人员或者其他直接责任人员，不改善安全生产设施与安全生产条件，因而发生重大伤亡事故或者造成其他严重后果。比如，工厂的电力设备不符合安全生产条件，经有关部门责令整改依然没有整改最终导致火灾发生，多名工人葬身火海。如果安全生产设施、安全生产条件符合国家规定，即使发生重大劳动安全事故，也不构成本罪。

本罪的成立还要求发生重大伤亡或者造成其他严重后果，其他严重后果一般是指造成重大的财产损失或者影响重大工程的进度等。

法律依据

《中华人民共和国刑法》

第一百三十五条　安全生产设施或者安全生产条件不符合国家规定，因而发生重大伤亡事故或者造成其他严重后果的，对直接负责的主管人员和其他直接责任人员，处三年以下有期徒刑或者拘役；情节特别恶劣的，处三年以上七年以下有期徒刑。

157. 强令违章冒险作业，因而发生重大伤亡事故或者造成其他严重后果，危害公共安全的，应受什么处罚？

法律咨询

任某擅自成立了一支工程队，在安全措施不符合规定的情况下，安排建筑工人黄某等进场施工。相关部门责令停止施工后，任某仍违法强令工人违章冒险作业，导致黄某从未设置防护栏的脚手架上坠落后死亡。请问，任某应受到什么处罚？

律师答疑

任某构成强令他人违章冒险作业罪。

构成本罪的主体应当限定为作业的领导者、管理者，因为只有他们才有可能强令他人违章冒险作业。

本罪的成立要求有强令违章冒险作业的行为，这里所说的强令是指明知作业违章并存在很大的危险而仍然强迫下属进行。同时还要求发生重大伤亡事故或者造成其他严重后果，否则不构成本罪。但如果此时行为人的强令行为构成其他犯罪的，以其他犯罪论处。比如，以非法拘禁的方式强迫下属违章冒险作业，虽然不构成强令违章冒险作业罪，但其行为可构成非法拘禁罪。

法律依据

《中华人民共和国刑法》

第一百三十四条第二款 强令他人违章冒险作业，或者明知存在重大事故隐患而不排除，仍冒险组织作业，因而发生重大伤亡事故或者造成其他严重后果的，处五年以下有期徒刑或者拘役；情节特别恶劣的，处五年以上有期徒刑。

158. 强迫劳动罪、协助他人强迫劳动罪应受什么处罚？

法律咨询

范某以招工为名，先后从中介处招来钟某、苏某、周某等人在自己的劳保加工厂干活。其间，范某把工厂门上锁禁止工人外出，强迫工人干活，并雇用罗某帮助看管工人。请问范某、罗某应受到什么处罚？

律师答疑

范某构成强迫劳动罪，罗某构成协助他人强迫劳动罪。根据《刑法》第 244 条的规定，以暴力、威胁或者限制人身自由的方法强迫他人劳动的，构成强迫劳动罪。明知他人实施强迫劳动罪，为其招募、运送人员或者有其他协助强迫他人劳动的构成协助他人强迫劳动罪。构成上述两罪的，处 3 年以下有期徒刑或者拘役，并处罚金；情节严重的，处 3 年以上 10 年以下有期徒刑，并处罚金。单位犯前两款罪的，对单位判处罚金，并对其直接负责的主管人员和其他直接责任人员，依照前款的规定处罚。

在《刑法修正案（八）》出台之前，只有“强迫职工劳动罪”，是指用人单位违反劳动管理法规，以限制人身自由方法强迫职工劳动，情节严重的行为。《刑法修正案（八）》出台后，本罪被修改为“强迫劳动罪”，并将之前共犯行为独立出来规定为“协助强迫劳动罪”。

从立法修改可以看出以下几点变化：第一，将被害人从“职工”改为了“他人”，这是因为现今我国很多务工人员与用人单位并没有签订劳动合同，却存在事实上的劳动关系，如果将被害人仅限于职工的话，将致使强迫与用人单位没有签订劳动合同却存在事实劳动关系的务工人员劳动的行为不构成犯罪，这不利于这个群体利益的保护。第二，将构成本罪的主体从原来的“用人单位”扩大为也包括自然人，也是从现实出发的结果。因为当前我国一些组织并不是法律上的用人单位，但他们却雇用劳动者从事生产劳动。例如，近几年来触目惊心的“黑砖窑”“黑煤窑”现象，这些“黑砖窑”“黑煤窑”并不是合法的用人单位，但他们使用关押、毒打等手段强迫他人劳动，这样的行为应该受到刑法的规制。因此，规定自然人可构成本罪，有利于将不具有用人单位资格的人的此类行为纳入犯罪，适用刑罚。第三，删除了“用人单位违反劳动管理法规”的规定，规定只要是以“暴力、威胁或者限制人身自由的方法强迫他人劳动的”一律构成犯罪。这样可以避免劳动法规不完善导致部分行为不能定罪量刑。第四，原来刑法对该罪名只规定了一档法定刑，即对直接责任人员处 3 年以下有期徒刑或者拘役，并处或者单处罚金。现在本罪的法定刑改为：犯本罪的，处 3 年以下有期徒刑或者拘役，并处罚金；情节严重的，处 3 年以上 10 年以下有期徒刑，并处罚金。增加了量刑档次，加重了法定刑，较前法而言刑罚更严密，有利于严厉打击强迫劳动罪。第五，以前对于协助他人强迫劳动的，一般是以强迫职工劳动罪的共犯处理，基本上都是以从犯论处，从宽处罚。但是，明知他人强迫劳动，并为他人招募、运送人员的行为从源头上为他人实施强迫劳动罪提供方便，这样的行为进行从宽处罚，可能出现“罚不当罪”的情形。因此，将这样的行为单列出来规定为独立的犯罪，可以从源头上减少强迫劳动罪的发生。现实中就出现过为“黑砖窑”“黑煤窑”招募或运送劳动者的现象，对于这样的行为应当从严处罚。

强迫他人劳动罪要求使用暴力、威胁或者限制人身自由的方法。暴力，是指行为人对劳动者实施殴打、捆绑等暴力行为，但这里的暴力如果造成劳动者重伤或死亡，应该以故意伤害罪或故意杀人罪论处。威胁，包括暴力威胁或者以其他内容相威胁，强迫劳动者劳动，如不劳动就不给饭吃等。限制人身自由，是指将劳动者的人身自由控制在一定范围、一定限度内，如不准职工外出、不准职工参加社交活动等。

只要实施了强迫他人劳动的行为，即构成本罪，并不需要行为造成严重后果。如果行为造成了其他严重后果，如导致重大事故发生，应该以强迫他人劳动罪和相关犯罪进行数罪并罚。

法律依据

《中华人民共和国刑法》

第二百四十四条　以暴力、威胁或者限制人身自由的方法强迫他人劳动的，处三年以下有期徒刑或者拘役，并处罚金；情节严重的，处三年以上十年以下有期徒刑，并处罚金。

明知他人实施前款行为，为其招募、运送人员或者有其他协助强迫他人劳动行为的，依照前款的规定处罚。

单位犯前两款罪的，对单位判处罚金，并对其直接负责的主管人员和其他直接责任人员，依照第一款的规定处罚。

159. 雇用未满16周岁的未成年人从事危重劳动，应受什么处罚？

法律咨询

姬某雇用15岁的曹某到其公司工作，在明知该公司仓库存放具有危险性的甲苯溶剂的情况下，仍安排曹某进入仓库工作。曹某在无任何安全保护措施的情况下进入仓库，后导致溶剂燃烧，造成曹某受伤。请问，姬某应受什么处罚？

律师答疑

姬某构成雇用童工从事危重劳动罪。根据《刑法》第244条之一的规定，违反劳动管理法律、法规，雇用未满16周岁的未成年人从事超强度体力劳动，或者从事高空、井下作业，或者在爆炸性、易燃性、放射性、毒害性等危险环境下从事劳动，情节严重的构成雇用童工从事危重劳动罪。构成本罪的，对直接责任人员处3年以下有期徒刑或者拘役，并处罚金；情节特别严重的，处3年以上7年以下有期徒刑，并处罚金。如果有前款行为，造成事故，又构成其他犯罪的，依照数罪并罚的规定处罚。

本罪的被害人必须是未满16周岁的未成年人，已满16周岁的人不能成为本罪的犯罪对象，行为人雇用已满16周岁的人从事危重劳动不构成本罪。

雇用童工所从事的必须是危重劳动，包括以下三种情形：（1）从事超强体力劳动；（2）从事高空、井下作业；（3）在爆炸性、易燃性、放射性、毒害性等危险环境下从事劳动。如果只是从事一般的工作，不构成犯罪，但有可能违反行政法规，会受到行政处罚。

法律依据

《中华人民共和国刑法》

第二百四十四条之一　违反劳动管理法规，雇用未满十六周岁的未成年人从事超强度体力劳动的，或者从事高空、井下作业的，或者在爆炸性、易燃性、放射性、毒害性等危险环境下从事劳动，情节严重的，对直接责任人员，处三年以下有期徒刑或者拘役，并处罚金；情节特别严重的，处三年以上七年以下有期徒刑，并处罚金。

有前款行为，造成事故，又构成其他犯罪的，依照数罪并罚的规定处罚。

Chapter 11

第十一章

劳动争议的处理

160. 解决劳动争议的基本程序是什么？

法律咨询

2017年6月，田某大学毕业后，找到了一份工作，在未与用人单位签订劳动合同的情况下就直接上班了。工作一年后，田某公司的人事部门还未与田某签订劳动合同，田某遂打算主动与公司签订劳动合同，但公司一直以各种理由回绝。无奈之下，田某希望借助外力解决该问题，那么目前我国解决劳动争议的基本程序是什么？

律师答疑

我国目前的劳动争议处理制度可以用“一调一裁两审”来概括，即发生劳动争议后，当事人除先进行协商外，可以申请劳动调解，调解不成，或者不愿意调解的，当事人可以向劳动争议仲裁委员会申请仲裁；对仲裁裁决不服的，可以向人民法院提起诉讼，其诉讼程序按照民事诉讼法的规定，实行两审终审制。其中，“一调一裁两审”的制度将仲裁作为诉讼的一个前置程序，不经仲裁，当事人不能直接向人民法院提起诉讼。

劳动争议的调解是指在劳动争议调解委员会的主持下，在双方当事人自愿的基础上，通过宣传法律、法规、规章和政策，劝导当事人化解矛盾，自愿就争议事项达成协议，使劳动争议及时得到解决的一种活动。劳动调解的组织包括企业劳动争议调解委员会、依法设立的基层人民调解组织和在乡镇、街道设立的具有劳动争议调解职能的组织。这里要指出的是，调解程序也是一个自愿程序，当事人不愿调解的，可以直接向劳动争议仲裁委员会申请仲裁；如果自劳动争议调解组织收到调解申请之日起 15 日内没有达成调解协议，或者达成调解协议后在协议约定的期限内，一方当事人不履行的，另一方当事人可以向劳动争议仲裁委员会申请仲裁。

劳动仲裁是指劳动争议仲裁机构对劳动争议当事人争议的事项，根据劳动方面的法律、法规、规章和政策等的规定，依法作出裁决，从而解决劳动争议的一项劳动法律制度。

如果当事人对劳动争议仲裁委员会的仲裁裁决不服的，除法律另有规定的外，当事人可以向人民法院提起诉讼。

法律依据

《中华人民共和国劳动法》

第七十七条　用人单位与劳动者发生劳动争议，当事人可以依法申请调解、仲裁、提起诉讼，也可以协商解决。

调解原则适用于仲裁和诉讼程序。

161. 用人单位一方不服仲裁裁决可以提起诉讼吗？

法律咨询

李某在一家修理厂工作了 10 多年。在这些年里，李某一直对修理厂尽职尽责。2018 年年初，李某以单位在过去的一年里，未给自己支付加班费 1000 元为由，向当地劳动仲裁委员会申请劳动仲裁。仲裁裁决要求修理厂支付加班费，修理厂不服仲裁裁决，可以提起诉讼吗？

律师答疑

根据《劳动争议调解仲裁法》第47条的规定,下列劳动争议,除本法另有规定的外,仲裁裁决为终局裁决,裁决书自作出之日起发生法律效力:(1)追索劳动报酬、工伤医疗费、经济补偿或者赔偿金,不超过当地月最低工资标准12个月金额的争议;(2)因执行国家的劳动标准在工作时间、休息休假、社会保险等方面发生的争议。

对于上述劳动争议案件的裁决,劳动者不服的,可以直接向人民法院提起诉讼;但是用人单位一方不服的,只能向劳动争议仲裁委员会所在地的中级人民法院申请撤销仲裁裁决。

法律依据

《中华人民共和国劳动争议调解仲裁法》

第四十七条 下列劳动争议,除本法另有规定的外,仲裁裁决为终局裁决,裁决书自作出之日起发生法律效力:

(一)追索劳动报酬、工伤医疗费、经济补偿或者赔偿金,不超过当地月最低工资标准十二个月金额的争议;

(二)因执行国家的劳动标准在工作时间、休息休假、社会保险等方面发生的争议。

第五十条 当事人对本法第四十七条规定以外的其他劳动争议案件的仲裁裁决不服的,可以自收到仲裁裁决书之日起十五日内向人民法院提起诉讼;期满不起诉的,裁决书发生法律效力。

162. 用人单位不履行劳动争议调解委员会作出的调解协议，怎么办?

法律咨询

2017 年年底，魏某以公司拖欠其工资为由，申请劳动争议调解委员会进行调解。劳动争议调解委员会作出调解协议，要求魏某所在的公司在一个月内支付魏某工资。然而，一个月过去了，魏某所在的公司并没有按照调解协议的要求支付魏某工资。在这种情况下，魏某应该怎么办?

律师答疑

依据《劳动争议调解仲裁法》第 15 条的规定，经劳动争议调解组织调解达成调解协议后，如果一方当事人在协议约定期限内不履行调解协议的，另一方当事人可以申请劳动仲裁。同时，依据该法第 16 条的规定，因支付拖欠劳动报酬、工伤医疗费、经济补偿或者赔偿金事项达成的调解协议，用人单位在协议约定期限内不履行的，劳动者可以持调解协议书依法向人民法院申请支付令。

另外，需要提醒注意的是：劳动争议调解组织主持下达成的调解协议与劳动争议仲裁委员会主持下达成的调解协议的法律效力是不同的。因此，同样是调解协议不被履行，处理方法却并不相同。依据《劳动争议调解仲裁法》第 51 条的规定，逾期不履行发生法律效力的劳动争议仲裁委员会的调解书的，另一方当事人可以直接向人民法院申请执行。

法律依据

《中华人民共和国劳动争议调解仲裁法》

第十五条 达成调解协议后，一方当事人在协议约定期限内不履行调解协议的，另一方当事人可以依法申请仲裁。

第十六条 因支付拖欠劳动报酬、工伤医疗费、经济补偿或者赔偿金事项达成调解协议，用人单位在协议约定期限内不履行的，劳动者可以持调解协议书依法向人民法院申请支付令。人民法院应当依法发出支付令。

第五十一条 当事人对发生法律效力的调解书、裁决书，应当依照规定的期限履行。一方当事人逾期不履行的，另一方当事人可以依照民事诉讼法的有关规定向人民法院申请执行。受理申请的人民法院应当依法执行。

163. 劳动仲裁申请书应该包含哪些内容？

法律咨询

魏某在一家私企工作。工作一年后，魏某发现，公司领导一直要求其和同事进行加班，但却从不按照法律规定支付加班费。魏某认为公司的做法侵犯了其合法权益，想申请劳动仲裁。那么，劳动仲裁申请书应该包含哪些内容呢？

律师答疑

当事人申请劳动仲裁应当采用书面形式。以书面形式申请仲裁，有利于明确表达申请人的仲裁请求及其所根据的事实和理由，也便于劳动争议仲裁委员会审查,决定是否受理,以及在决定受理后,向被申请人转达原告的仲裁请求及其依据,方便被申请人行使答辩的权利,有利于仲裁活动的进行。因此,当事人申请仲裁应当以书面方式进行,应当向劳动争议仲裁委员会提交仲裁申请书。

仲裁申请书是劳动争议的一方当事人向劳动争议仲裁委员会提出要求对争议事项进行仲裁审理的书面申请,仲裁申请书应当载明下列事项:

(1)劳动者的姓名、性别、年龄、职业、工作单位和住所,用人单位的名称、住所和法定代表人或者主要负责人的姓名、职务。申请书应当按申请人、被申请人分别列明以上情况。申请人由法定代理人代为仲裁的,或者申请人委托律师或他人代为仲裁的,还应说明法定代理人或委托代理人的基本情况。代理人是律师的,只要写明其所属律师事务所的名称,而不需写明律师的基本情况。写明当事人的基本情况,有助于仲裁委员会审核、认定双方当事人的主体资格,便于仲裁委员会与当事人进行联络。

(2)仲裁请求和所根据的事实、理由。仲裁申请书中的仲裁请求是申请人想通过仲裁程序达到的目的,是仲裁活动中的重要内容,也是仲裁申请书中必须记明的法定事项。因此,应当写明申请人通过劳动争议仲裁委员会向被申请人提出的具体实体权利请求,即要求劳动争议仲裁委员会裁决被申请人履行什么义务,以及通过仲裁所要达到的目的。仲裁请求应力求明确具体,切忌含混不清,模棱两可。在记明仲裁请求的同时,应当记明提出仲裁请求的客观基础,以充分的事实、理由来支持仲裁请求,这样才能使受案的劳动争议仲裁委员会明确其提起仲裁的事实依据和具体原因,并在此基础上对案件进行依法审理和裁决。仲裁请求所根据的事实和理由包括:当事人之间纠纷形成的事实、双方当事人争执的焦点,请求的依据和理由及适用的法律等。这部分内容作为仲裁申请书的核心内容,所述事实理由应当实事求是,于法有据,简明概括。

(3)证据和证据来源、证人姓名和住所。申请人提出仲裁申请应有事实根据,而申请人对自己主张的事实有责任提供证据加以证明。因此,在仲裁中,申请人提出的仲裁请求是否合理,所根据的事实是否存在,应当有证据加以证明,如书证、物证等。申请人在提出证据的同时,应当提供证据的来源,以便劳动争议仲裁委员会核实。如提供的是证人的,要写明证人的姓名和住所或工作单位,以便于仲裁委员会及时核实和调查这些证据,确定能否作为定案的证据,从而及时、公正地裁决。

一份完整的仲裁申请书除上述内容以外,还要写明选定的申请仲裁的劳动争议仲裁委员会的全称,申请仲裁的时间,并在右下方写明申请人的姓名;申请人是法人或其他组织的,要写全称,并另行写明法定代表人或主要负责人的姓名、职务,加盖法人或其他组织的公章。此外,还应注明仲裁申请书副本的份数,以及提交证据的名称、份数,并将其按编号顺序附于仲裁申请书后。

法律依据

《中华人民共和国劳动争议调解仲裁法》

第二十八条 申请人申请仲裁应当提交书面仲裁申请,并按照被申请人人数提交副本。

仲裁申请书应当载明下列事项:

(一)劳动者的姓名、性别、年龄、职业、工作单位和住所,

> 用人单位的名称、住所和法定代表人或者主要负责人的姓名、职务；
>
> （二）仲裁请求和所根据的事实、理由；
>
> （三）证据和证据来源、证人姓名和住所。
>
> 书写仲裁申请确有困难的，可以口头申请，由劳动争议仲裁委员会记入笔录，并告知对方当事人。

164. 劳动争议仲裁的地域管辖如何确定？当事人是否可以约定管辖？

法律咨询

杨某的父亲一直居住和工作在A市。一天杨某的父亲在下班途中，发生事故。杨某认为父亲的这种情况属于工伤，公司应该承担工伤责任。但杨某父亲所在公司拒绝承担工伤责任。杨某希望通过劳动仲裁解决该劳动争议，那么该劳动争议的地域管辖如何确定，杨某是否可以在A市以外的仲裁委员会提起仲裁？

律师答疑

根据《劳动争议调解仲裁法》的规定，劳动争议仲裁委员会按照统筹规划、合理布局和适应实际需要的原则设立。省、自治区人民政府可以决定在市、县设立；直辖市人民政府可以决定在区、县设立。直辖市、设区的市也可以设立一个或者若干个劳动争议仲裁委员会。劳动争议仲裁委员会不按行政区划层层设立。从劳动争议仲裁委员会的设立可以看出，劳动争议的管辖区域与各级行政区划不完全一致。可能一个劳动争议仲裁委员会同时管辖好几个市辖区,也可能一个劳动争议仲裁委员会只管辖一个县或者市辖区内的劳动争议案件。这就需要省级人民政府在依法设立劳动争议仲裁委员会的时候,同时划定该劳动争议仲裁委员会的管辖区域。

劳动争议仲裁委员会负责管辖本区域内发生的劳动争议,那么如何确定劳动争议是否发生在某个劳动争议仲裁委员会的管辖区域范围内?根据《劳动争议调解仲裁法》的规定,劳动争议由劳动合同履行地或者用人单位所在地的劳动争议仲裁委员会管辖。发生劳动争议的当事人必须到有管辖权的劳动争议仲裁委员会申请仲裁。这里的劳动合同履行地是指劳动者实际工作场所地,用人单位所在地一般是指用人单位的注册、登记地,用人单位如果未经注册、登记的,其出资人、开办单位或者主管部门所在地为用人单位所在地。

如果劳动合同履行地和用人单位所在地不在同一个地区,发生劳动争议后,双方当事人分别向劳动合同履行地和用人单位所在地的劳动争议仲裁委员会申请仲裁的,由劳动合同履行地的仲裁委员会管辖。

由此可见,法律并不允许双方当事人协议选择劳动合同履行地或者用人单位所在地以外的其他仲裁委员会进行管辖,即使是劳动合同履行地和用人单位履行地这两个地点,也是劳动合同履行地优先,不存在协议选择的可能性。

如果当事人认为受理该劳动争议案件的仲裁委员会没有管辖权的,有权提出管辖异议,但应当在答辩期满前书面提出。当事人逾期提出的,不影响仲裁程序的进行,当事人因此对仲裁裁决不服的,可以依法向人民法院起诉或者申请撤销。

法律依据

《中华人民共和国劳动争议调解仲裁法》

第十七条 劳动争议仲裁委员会按照统筹规划、合理布局和适应实际需要的原则设立。省、自治区人民政府可以决定在市、县设立；直辖市人民政府可以决定在区、县设立。直辖市、设区的市也可以设立一个或者若干个劳动争议仲裁委员会。劳动争议仲裁委员会不按行政区划层层设立。

第二十一条 劳动争议仲裁委员会负责管辖本区域内发生的劳动争议。

劳动争议由劳动合同履行地或者用人单位所在地的劳动争议仲裁委员会管辖。双方当事人分别向劳动合同履行地和用人单位所在地的劳动争议仲裁委员会申请仲裁的，由劳动合同履行地的劳动争议仲裁委员会管辖。

165. 申请劳动仲裁应当在多长时间内提出？

法律咨询

郑某在某县的一家钢厂上班。在上班过程中，不慎被一块钢材砸在腿上。后被送往医院救治。郑某在医院救治期间，郑某的家属一直和郑某的单位沟通，希望单位承担工伤医疗费。但是郑某单位一直逃避责任，郑某及其家属便想提起劳动仲裁，申请劳动仲裁应在多长时间内提出？

律师答疑

关于仲裁时效的期间，《劳动法》第 82 条规定，提出仲裁要求的一方应当自劳动争议发生之日起 60 日内向劳动争议仲裁委员会提出书面申请。但由于这一期限在实践中遇到很多问题，《劳动争议调解仲裁法》延长了申请仲裁的时效期间，将劳动争议仲裁的时效期间规定为 1 年，从当事人知道或者应当知道其权利被侵害之日起计算。权利人知道自己的权利遭到了侵害，这是其请求劳动争议仲裁机构保护自身权利的基础。从这一时间点开始计算仲裁时效期间，符合仲裁时效是权利人请求仲裁机构保护权利的法定期间的本意。知道权利遭受了侵害，指权利人主观上已了解自己权利被侵害事实的发生；应当知道权利遭受了侵害，指权利人尽管主观上不了解其权利已被侵害的事实，但根据他所处的情景，有理由认为他已了解已被侵害的事实。

法律依据

《中华人民共和国劳动争议调解仲裁法》

第二十七条 劳动争议申请仲裁的时效期间为一年。仲裁时效期间从当事人知道或者应当知道其权利被侵害之日起计算。

前款规定的仲裁时效，因当事人一方向对方当事人主张权利，或者向有关部门请求权利救济，或者对方当事人同意履行义务而中断。从中断时起，仲裁时效期间重新计算。

因不可抗力或者有其他正当理由，当事人不能在本条第一款规定的仲裁时效期间申请仲裁的，仲裁时效中止。从中止时效的原因消除之日起，仲裁时效期间继续计算。

劳动关系存续期间因拖欠劳动报酬发生争议的，劳动者申请仲裁不受本条第一款规定的仲裁时效期间的限制；但是，劳动关系终止的，应当自劳动关系终止之日起一年内提出。

《中华人民共和国劳动法》

第八十二条　提出仲裁要求的一方应当自劳动争议发生之日起六十日内向劳动争议仲裁委员会提出书面申请。仲裁裁决一般应在收到仲裁申请的六十日内作出。对仲裁裁决无异议的，当事人必须履行。

166. 有关劳动报酬争议的仲裁时效有特殊规定吗？

法律咨询

2016年年底，许某到一家建筑公司上班，主要做物资采购工作。虽然工作累点，但是挣得比较多，许某感到很欣慰。然而，一年来，公司一直未给许某发工资，于是许某想申请劳动仲裁。那么，有关劳动报酬争议的仲裁时效有特殊规定吗？

律师答疑

在有些情况下，一年的仲裁时效期间还不能保护劳动者的合法权益。如在有的行业，尤其是建筑业，拖欠工资问题比较突出，工人的劳动报酬很多到年底才结算；还有些劳动者为了维持劳动关系，在劳动关系存续期间对用人一单位拖欠劳动报酬的行为不敢主张权利。如果都适用一年的仲裁期间，不利于保护他们的合法权益。因此，劳动关系存续期间因拖欠劳动报酬发生争议的，劳动者申请仲裁不受《劳动争议调解仲裁法》第 27 条第 1 款规定的仲裁时效期间的限制，劳动关系终止的，应当自劳动关系终止之日起一年内提出。

法律依据

《中华人民共和国劳动争议调解仲裁法》

第二十七条 劳动争议申请仲裁的时效期间为一年。仲裁时效期间从当事人知道或者应当知道其权利被侵害之日起计算。

前款规定的仲裁时效，因当事人一方向对方当事人主张权利，或者向有关部门请求权利救济，或者对方当事人同意履行义务而中断。从中断时起，仲裁时效期间重新计算。

因不可抗力或者有其他正当理由，当事人不能在本条第一款规定的仲裁时效期间申请仲裁的，仲裁时效中止。从中止时效的原因消除之日起，仲裁时效期间继续计算。

劳动关系存续期间因拖欠劳动报酬发生争议的，劳动者申请仲裁不受本条第一款规定的仲裁时效期间的限制；但是，劳动关系终止的，应当自劳动关系终止之日起一年内提出。

167. 哪些劳动争议仲裁裁决书发出后即发生效力？

法律咨询

郑某因单位不予支付工伤保险费用，无力承担住院期间的治疗费用，遂向当地仲裁庭申请了劳动争议仲裁。没过多久，劳动争议仲裁庭就作出了劳动争议裁决书，那么该劳动争议仲裁裁决作出后，会即刻发生效力吗？

律师答疑

一般而言，劳动争议仲裁作为劳动诉讼的前置程序，其裁决书可由当事人不服而向人民法院提出诉讼，但在一些特殊的劳动争议仲裁案件中，劳动争议仲裁裁决书具有终局效力，即当事人不得就同一议事项再向仲裁委员会申请仲裁或向法院起诉，而应当依照规定的期限履行。

一裁终局仅限于小额和标准明确的仲裁案件。

（1）小额仲裁案件，所谓小额仲裁案件是指不超过当地月最低工资标准 12 个月金额的仲裁案件。包括四种：一是追索劳动报酬的案件。二是追索工伤医疗费的案件。三是追索经济补偿的案件。四是追索赔偿金的案件。

（2）标准明确的仲裁案件。国家劳动标准是指国家对劳动领域内规律性出现的事物或行为进行规范，以定量或定性形式所作出的统一规定。我国对劳动标准建设一直相当重视，初步形成了以劳动法为核心的劳动标准体系，基本涵盖了劳动领域的主要方面。国家劳动标准包括工作时间、休息休假、社会保险等方面。国家劳动标准具有以下特点：①通过规范性文件加以规定；②标准明确，往往是用定量的方式加以规定；③适用范围广泛，涵盖了劳动领域的主要方面。

法律依据

《中华人民共和国劳动争议调解仲裁法》

第四十七条 下列劳动争议，除本法另有规定的外，仲裁裁决为终局裁决，裁决书自作出之日起发生法律效力：

（一）追索劳动报酬、工伤医疗费、经济补偿或者赔偿金，不超过当地月最低工资标准十二个月金额的争议；

（二）因执行国家的劳动标准在工作时间、休息休假、社会保险等方面发生的争议。

168. 什么情况下用人单位可以申请撤销劳动仲裁终局裁决？

法律咨询

许某是一家公司的总经理。近日该公司与已离职员工魏某因劳动报酬问题，申请了劳动仲裁。仲裁庭作出了终局裁决。裁决作出后，许某发现，该公司与魏某的劳动争议案件应由另一个仲裁庭管辖，这种情况下，许某公司可以申请撤销该劳动仲裁终局裁决吗？

律师答疑

一裁终局的裁决发生法律效力后，用人单位不得就同一争议事项再向仲裁委员会申请仲裁或向人民法院提起诉讼。为了保护用人单位的救济权利，法律规定用人单位可以向人民法院申请撤销仲裁裁决。对于劳动者而言，其救济途径是在收到裁决书15日内向人民法院提出诉讼。

申请撤销裁决的条件包括：(1)必须有证据证明一裁终局的仲裁裁决有法定应予撤销情形之一的。(2)应当在法定期间内提出申请，即自收到裁决书之日起30日内。(3)应当向有管辖权的法院提出申请，即向劳动争议仲裁委员会所在地的中级人民法院申请撤销裁决。

其中，申请撤销仲裁裁决的情形包括：(1)适用法律法规确有错误的。主要是指：适用法律、行政法规、地方性法规错误的，这里并不包括法律法规以外的其他规范性文件；适用已失效或尚未生效的法律法规的；援引法条错误的；违反法律关于溯及力规定的。(2)劳动争议仲裁委员会无管辖权的。(3)违反法定程序的。主要是指：仲裁组织的组成不合法的；违反了有关回避规定的；违反了有关期间规定的；审理程序违法等。(4)裁决所根据的证据是伪造的。伪造证据，是指制造虚假的证据，对证据内容进行篡改，使其与真实不符，如制造虚假的书证、物证、鉴定结论等。(5)对方当事人隐瞒了足以影响公正裁决的证据的。足以影响公正裁决的证据包括证明案件基本事实的证据、证明主体之间权利义务关系的证据等。(6)仲裁员在仲裁该案时有索贿受贿、徇私舞弊、枉法裁决行为的。受贿是指仲裁员利用职务上的便利，收受他人财物并为他人谋取利益的行为。索贿是受贿人以公开或暗示的方法，主动向行贿人索取贿赂，有的甚至是公然以要挟的方式，迫使当事人行贿；徇私舞弊是指仲裁员利用职务上的便利，为他人谋利；枉法裁决是指依法承担仲裁职责的人员，在仲裁活动中故意违背事实和法律作枉法裁决。

法律依据

《中华人民共和国劳动争议调解仲裁法》

第四十九条 用人单位有证据证明本法第四十七条规定的仲裁裁决有下列情形之一,可以自收到仲裁裁决书之日起三十日内向劳动争议仲裁委员会所在地的中级人民法院申请撤销裁决:

(一)适用法律、法规确有错误的;

(二)劳动争议仲裁委员会无管辖权的;

(三)违反法定程序的;

(四)裁决所根据的证据是伪造的;

(五)对方当事人隐瞒了足以影响公正裁决的证据的;

(六)仲裁员在仲裁该案时有索贿受贿、徇私舞弊、枉法裁决行为的。

人民法院经组成合议庭审查核实裁决有前款规定情形之一的,应当裁定撤销。

仲裁裁决被人民法院裁定撤销的,当事人可以自收到裁定书之日起十五日内就该劳动争议事项向人民法院提起诉讼。

169. 一裁终局的案件中,仲裁裁决被法院撤销后当事人该如何处理?

法律咨询

郑某是清洁工人,因原单位拖欠其半年工资,便申请仲裁裁决。仲裁裁决下来后，郑某原单位以作出仲裁的仲裁委员会无管辖权为由，向中级人民法院申请撤销该仲裁裁决，现中级人民法院撤销该仲裁裁决，此时郑某应该怎么办？

律师答疑

仲裁裁决被人民法院裁定撤销的，当事人可以自收到裁定书之日起15日内就该劳动争议事项向人民法院提起诉讼。这里应当注意：(1)当事人既包括用人单位，也包括劳动者。(2)仲裁裁决被人民法院裁定撤销的，当事人可以就同一劳动争议事项向人民法院提起诉讼。

法律依据

《中华人民共和国劳动争议调解仲裁法》

第四十九条　用人单位有证据证明本法第四十七条规定的仲裁裁决有下列情形之一，可以自收到仲裁裁决书之日起三十日内向劳动争议仲裁委员会所在地的中级人民法院申请撤销裁决：

（一）适用法律、法规确有错误的；

（二）劳动争议仲裁委员会无管辖权的；

（三）违反法定程序的；

（四）裁决所根据的证据是伪造的；

（五）对方当事人隐瞒了足以影响公正裁决的证据的；

（六）仲裁员在仲裁该案时有索贿受贿、徇私舞弊、枉法裁决行为的。

人民法院经组成合议庭审查核实裁决有前款规定情形之一的,应当裁定撤销。

仲裁裁决被人民法院裁定撤销的,当事人可以自收到裁定书之日起十五日内就该劳动争议事项向人民法院提起诉讼。

170. 仲裁裁决书已经生效,用人单位仍然不支付劳动报酬怎么办?

法律咨询

杨某因原单位拖欠其劳动报酬,向当地的劳动仲裁委员会申请劳动仲裁。仲裁委员会作出仲裁裁决,要求杨某原单位在一定时间内支付拖欠杨某的劳动报酬。现劳动仲裁裁决书规定的支付时间已过,但是杨某原单位仍然不支付劳动报酬,这种情况下,杨某应该怎么办?

律师答疑

当事人对发生法律效力的调解书、裁决书,应当依照规定的期限履行。一方当事人逾期不履行的,另一方当事人可以依照民事诉讼法的有关规定向人民法院申请执行。受理申请的人民法院应当依法执行。

根据民事诉讼法的规定,由人民法院执行的调解书、裁决书,由被执行人住所地或者被执行的财产所在人民地法院执行。人民法院自收到申请执行书之日起超过 6 个月未执行的,申请执行人可以向上一级人民法院申请执行。上一级人民法院经审查,可以责令原人民法院在一定期限内执行，也可以决定由本院执行或者指令其他人民法院执行。

申请执行的期间为2年。申请执行时效的中止、中断，适用法律有关诉讼时效中止、中断的规定。期间从法律文书规定履行期间的最后一日起计算；法律文书规定分期履行的，从规定的每次履行期间的最后一日起计算；法律文书未规定履行期间的，从法律文书生效之日起计算。

法律依据

《中华人民共和国民事诉讼法》

第二百三十三条　人民法院自收到申请执行书之日起超过六个月未执行的，申请执行人可以向上一级人民法院申请执行。上一级人民法院经审查，可以责令原人民法院在一定期限内执行，也可以决定由本院执行或者指令其他人民法院执行。

第二百四十四条第一款　对依法设立的仲裁机构的裁决，一方当事人不履行的，对方当事人可以向有管辖权的人民法院申请执行。受申请的人民法院应当执行。

171. 哪些劳动争议案件可以申请先予执行?

法律咨询

杨某在工作过程中受伤，在医院进行医治。杨某的单位不愿意支付杨某的工伤医疗费用。杨某的家人也无力支付该医疗费用。无奈之下，杨某提起劳动仲裁，申请仲裁委员会裁决杨某所在的单位支付杨某工伤医疗费用。这种情况下，杨某是否可以申请先予执行？

律师答疑

通常情况下，劳动争议案件应当在仲裁委员会审理终结作出裁决，待裁决生效后才能申请执行。但在特殊情况下，如果等待裁决生效后再执行将对当事人的生活造成严重后果的，那么当事人就可以向仲裁委员会申请先予执行。

根据《劳动争议调解仲裁法》的规定，仲裁庭对于追索劳动报酬、工伤医疗费、经济补偿或者赔偿金的案件，根据当事人的申请，可以裁决先予执行，移送人民法院执行。仲裁庭裁决先予执行的，应当符合以下条件：(1)当事人之间权利义务关系明确；(2)不先予执行将严重影响申请人的生活。劳动者申请先予执行的，可以不提供担保。

因此，当事人申请先予执行的，应当向仲裁委员会提出，仲裁委员会按照法律规定的条件进行审查，认为事实清楚、责任明确，不先予执行会影响当事人生活保障或者及时治疗的，可以作出先予执行裁决书。如果当事人对仲裁庭作出的先予执行的裁定不服，可以申请复议一次，复议期间不停止裁定的执行。

法律依据

《中华人民共和国劳动争议调解仲裁法》

第四十四条 仲裁庭对追索劳动报酬、工伤医疗费、经济补偿或者赔偿金的案件，根据当事人的申请，可以裁决先予执行，移送人民法院执行。

仲裁庭裁决先予执行的，应当符合下列条件：

（一）当事人之间权利义务关系明确；

（二）不先予执行将严重影响申请人的生活。

劳动者申请先予执行的，可以不提供担保。

172. 劳动争议案件中的举证责任如何分配？

法律咨询

近日，郑某被原公司辞退。原公司给出的理由是郑某违反公司规章制度。但郑某认为，是自己结婚后，即将怀孕生子，因此公司要将其辞退。为此郑某申请了劳动仲裁。该劳动争议案件中，双方各执一词，那么该案件的举证责任应该如何分配呢？

律师答疑

依据《劳动争议调解仲裁法》第6条规定，发生劳动争议，当事人对自己提出的主张，有责任提供证据。这是劳动争议案件举证责任的一般原则，即“谁主张，谁举证”。所以，无论是劳动者还是用人单位，因劳动纠纷而提起劳动仲裁或是诉讼，都需要对自己的主张提供基本的证据予以证明。

但在下列特殊情况，考虑到劳动者属于弱势一方，对相关材料的取证较为困难，则应由用人单位负担举证责任：

1. 劳动关系的举证。实践中部分用人单位与劳动者口头约定劳动合同，当发生劳动争议，往往会造成劳动关系认定困难。根据

《关于确立劳动关系有关事项的通知》(劳社部发〔2005〕12号)规定,认定双方存在劳动关系时可参照下列凭证:工资支付凭证或记录(职工工资发放花名册)、缴纳各项社会保险费的记录;劳动者填写的用人单位招工招聘"登记表""报名表"等招用记录。且明确规定用人单位对这些凭证负举证责任。

2. 开除、除名等用工行为的举证。《最高人民法院关于审理劳动争议案件适用法律问题的解释(一)》第44条规定,如果劳动者因用人单位作出的开除、除名、辞退、解除劳动合同、减少劳动报酬、计算劳动者工作年限等决定而发生的劳动争议,用人单位负举证责任。

3. 加班费的举证。实践中劳动者常提出要求用人单位支付加班费的请求,但往往难以确切地证明加班的时间。

4. 工伤认定的举证。根据《工伤保险条例》第19条第2款的规定,在工伤认定中,职工或者其近亲属认为是工伤,用人单位不认为是工伤的,由用人单位承担举证责任。

法律依据

《关于确立劳动关系有关事项的通知》(劳社部发〔2005〕12号)

二、用人单位未与劳动者签订劳动合同,认定双方存在劳动关系时可参照下列凭证:

(一)工资支付凭证或记录(职工工资发放花名册)、缴纳各项社会保险费的记录;

(二)用人单位向劳动者发放的"工作证"、"服务证"等能够证明身份的证件;

（三）劳动者填写的用人单位招工招聘“登记表”、“报名表”等招用记录；

（四）考勤记录；

（五）其他劳动者的证言等。

其中，（一）、（三）、（四）项的有关凭证由用人单位负举证责任。

…………

《最高人民法院关于审理劳动争议案件适用法律问题的解释（一）》

第四十四条　因用人单位作出的开除、除名、辞退、解除劳动合同、减少劳动报酬、计算劳动者工作年限等决定而发生的劳动争议，用人单位负举证责任。

《工伤保险条例》

第十九条第二款　职工或者其近亲属认为是工伤，用人单位不认为是工伤的，由用人单位承担举证责任。

173. 用人单位的规章制度能否作为审理的法律依据?

法律咨询

孙某原单位认为孙某违反单位的规章制度，将孙某开除。孙某不服单位的开除决定，遂向当地的劳动争议仲裁委员会提起仲裁。在仲裁过程中，孙某所在的单位将该单位的规章制度作为开除孙某的主要证据，那么用人单位的规章制度能否作为审理该案的法律依据呢？

律师答疑

用人单位的规章制度,也称为"厂规厂纪""工作规则"等,是指用人单位制定的、在本单位范围内实行的组织生产经营和进行劳动管理的规则。根据《劳动法》的规定,用人单位有义务建立和完善规章制度,保障劳动者享有劳动权利和履行劳动义务。那么,用人单位的规章制度,能否在法院审理劳动争议案件中作为法律依据?

用人单位根据《劳动合同法》第 4 条规定,通过民主程序制定的规章制度,不违反国家法律、行政法规及政策规定,并已向劳动者公示的,可以作为人民法院审理劳动争议案件的依据。

自 2008 年起施行的《劳动合同法》虽然没有对规章制度的效力进行界定,但对其制定程序有了明确的规定,我们可以从中推断出,符合法定程序的规章制度,对双方当事人具有约束力。根据《劳动合同法》的规定,用人单位制定的规章制度要作为审理劳动争议案件的依据,必须符合以下法定环节:

(1)用人单位的规章制度不得违反法律、法规的规定。(2)用人单位在制定、修改或者决定有关劳动报酬、工作时间、休息休假、劳动安全卫生、保险福利、职工培训、劳动纪律及劳动定额管理等直接涉及劳动者切身利益的规章制度或者重大事项时,应当经职工代表大会或者全体职工讨论,提出方案和意见,与工会或者职工代表平等协商。(3)用人单位应当将直接涉及劳动者切身利益的规章制度和重大事项决定公示,或者告知劳动者;用人单位未尽到公示或告知义务的,不能作为处理劳动争议案件的依据。(4)在规章制度和重大事项决定实施过程中,工会或者职工认为有不适当的,有权向用人单位提出,通过协商予以修改完成。

综上,劳动规章制度发生效力,必须完全具备法定有效要件。其中包括:(1)制定主体必须合法。我国现行立法对劳动规章制度的制定主体尚未作明确规定，但应当依据经工商行政管理部门核准登记的企业章程来确定什么机构有资格制定。（2）内容合法。劳动规章制度的内容，不能违反法律、法规、政策和集体合同的规定，即其规定劳动者的利益不得低于法律、法规、政策和集体合同规定的标准。（3）制定程序合法，需要符合法定程序，并严格履行。

法律依据

《最高人民法院关于审理劳动争议案件适用法律问题的解释（一）》

第五十条　用人单位根据劳动合同法第四条规定，通过民主程序制定的规章制度，不违反国家法律、行政法规及政策规定，并已向劳动者公示的，可以作为确定双方权利义务的依据。

用人单位制定的内部规章制度与集体合同或者劳动合同约定的内容不一致，劳动者请求优先适用合同约定的，人民法院应予支持。

《中华人民共和国劳动法》

第四条　用人单位应当依法建立和完善规章制度，保障劳动者享有劳动权利和履行劳动义务。

174. 工资纠纷调解后，用人单位不履行调解协议，劳动者可以直接向人民法院起诉吗？

法律咨询

近日，张某因单位一直拖欠其工资，便申请劳动争议调解委员会进行调解，后在劳动争议调解委员会的调解下，双方达成协议，调解协议中写明，用人单位愿意支付拖欠张某的劳动报酬。可是该调解协议达成后，用人单位迟迟不履行该调解协议。这种情况下，张某可以直接起诉到人民法院吗？

律师答疑

当事人在劳动争议调解委员会主持下达成的具有劳动权利义务内容的调解协议，具有劳动合同的约束力，可以作为人民法院裁判的根据。

当事人在劳动争议调解委员会的主持下仅就劳动报酬争议达成调解协议，用人单位不履行调解协议确定的给付义务，劳动者直接向人民法院起诉的，人民法院可以按照普通民事纠纷受理，不需要先申请劳动仲裁。

法律依据

《最高人民法院关于审理劳动争议案件适用法律问题的解释（一）》

第十五条 劳动者以用人单位的工资欠条为证据直接提起诉讼，诉讼请求不涉及劳动关系其他争议的，视为拖欠劳动报酬争议，人民法院按照普通民事纠纷受理。

第五十一条 当事人在调解仲裁法第十条规定的调解组织主持下达成的具有劳动权利义务内容的调解协议，具有劳动合同的约束力，可以作为人民法院裁判的根据。

当事人在调解仲裁法第十条规定的调解组织主持下仅就劳动报酬争议达成调解协议，用人单位不履行调解协议确定的给付义务，劳动者直接提起诉讼的，人民法院可以按照普通民事纠纷受理。

175. 对部分仲裁裁决不服而提起诉讼的，仲裁裁决其他部分的效力如何？

法律咨询

近日，郑某与其所在的单位解除劳动合同的仲裁裁决书送达郑某手中。郑某对于用人单位应予支付的劳动报酬等裁决无异议。但是对仲裁裁决中的经济补偿金条款产生了异议，不服该部分的仲裁裁决。假如郑某因该部分仲裁裁决提起诉讼，那么仲裁裁决其他部分的效力如何？

律师答疑

根据《最高人民法院关于审理劳动争议案件适用法律问题的解释（一）》第 16 条规定，劳动争议仲裁机构作出仲裁裁决后，当事人对裁决中的部分事项不服，依法提起诉讼的，劳动争议仲裁裁决不发生法律效力。

但如果当事人只对部分仲裁裁决起诉的，法院在审理时就会面临着一个问题：依据民事诉讼“不告不理”的原则，人民法院只可对当事人就劳动仲裁裁决部分事项不服而提出的请求进行审理，而不能对劳动争议案件进行全面审理。而这样的结果就是，当事人对没有提起诉讼的部分劳动仲裁裁决的事项，将失去向法院申请强制执行的依据，反而成为了不可执行的“无效裁决”。

如果法院对劳动仲裁裁决的全部内容都审理，虽然解决了当事人因对部分裁决未起诉而造成的无法执行的难题，但却又违反了民事诉讼“不告不理”的原则。这就出现了审理劳动争议案件诉讼程序和民事诉讼程序的冲突和衔接问题。有些法官认为，“鉴于一方当事人起诉后仲裁裁决便不发生法律效力的情况，我们认为这类案件一旦进入诉讼程序，双方当事人就恢复到仲裁前的地位。在审理中应要求原告对仲裁裁决的每一项内容提出意见，然后进行全面审查”。笔者认为这样处理是考虑到实际情况的，与“不告不理”原则也并非相悖。劳动者对劳动仲裁的部分裁决不服而提起诉讼的，并不是放弃了其他请求事项，而是在内心里当然地认为得到仲裁裁决支持的在诉讼中也应得到人民法院的支持，鉴于劳动仲裁在解决劳动争议案件中的前置的地位，一旦当事人对裁决不服而提起诉讼的，人民法院应当就裁决的全部事项进行逐一审理，并作出判决。

对于具备专业的劳动法知识和办案技能的律师而言，如果当事人对仲裁裁决的一部分不服向人民法院提起诉讼的，应当将全部仲裁事项在起诉书中一一列明，这样才能更好地保护当事人的利益。

法律依据

《最高人民法院关于审理劳动争议案件适用法律问题的解释（一）》

第十六条 劳动争议仲裁机构作出仲裁裁决后，当事人对裁决中的部分事项不服，依法提起诉讼的，劳动争议仲裁裁决不发生法律效力。